本书受国家社会科学基金项目"城乡要素共生视角的乡村产业融合发展机制与路径研究"（项目编号：19BGL149）资助

守望乡村

初心当**守**
希冀为**望**
乡萦旧梦
村焕新颜

庄晋财 著

经济管理出版社
ECONOMY & MANAGEMENT PUBLISHING HOUSE

图书在版编目（CIP）数据

守望乡村/庄晋财著 .—北京：经济管理出版社，2023.8
ISBN 978-7-5096-9202-8

Ⅰ.①守⋯　Ⅱ.①庄⋯　Ⅲ.①农村—社会主义建设—研究—中国　Ⅳ.①F320.3

中国国家版本馆 CIP 数据核字（2023）第 158648 号

组稿编辑：曹　靖
责任编辑：郭　飞
责任印制：黄章平
责任校对：王淑卿

出版发行：经济管理出版社
　　　　　（北京市海淀区北蜂窝 8 号中雅大厦 A 座 11 层　100038）
网　　址：www.E-mp.com.cn
电　　话：（010）51915602
印　　刷：唐山昊达印刷有限公司
经　　销：新华书店
开　　本：720mm×1000mm/16
印　　张：19.75
字　　数：345 千字
版　　次：2023 年 8 月第 1 版　2023 年 8 月第 1 次印刷
书　　号：ISBN 978-7-5096-9202-8
定　　价：88.00 元

·版权所有　翻印必究·
凡购本社图书，如有印装错误，由本社发行部负责调换。
联系地址：北京市海淀区北蜂窝 8 号中雅大厦 11 层
电　　话：（010）68022974　邮编：100038

序

　　庄晋财教授在他的微信公众号"三农庄园"里写下了大量的农村调研心得，并于2018年结集出版了著作《问道三农》，现在，结集的第二部著作《守望乡村》即将出版。《守望乡村》写作时间的跨度为2017年10月至2020年12月，其间遭遇了新冠病毒感染等公共事件的发生。三年多的时间围绕近50个"三农"主题集结了57篇文章，共计25万字之多，这些数字背后体现的工作量非常人所为，确实惊人。庄晋财教授带领他的"三农庄园"团队，领略过贵州的红色乡村旅游，见识过江西老区的乡村特色产业，回顾过安徽小岗村的改革历史，学习过浙江乡村建设的先锋模范，体验过东北黑土地上一望无际的规模农业，也走进过西北黄土高坡的窑洞与满山遍野的苹果地。尤其是2020年，因为特殊情况不能外出，他带领学生走遍了生活已有10年之久的镇江市各个乡镇。所谓"读万卷书，行万里路"，跑得多，看得多，读得多，想得多，写得多。通过深入的调查研究，提出了有关中国农业现代化及实施乡村振兴战略的许多重大问题，探讨了解决问题的办法，提出了很多宝贵的意见和建议，得到了有关政府部门的重视和采纳。如农业农村现代化的着力点在哪里？乡村凋敝真的是规律吗？如何认识"壮大农村集体经济"？如何让农民成为乡村振兴的主体？山区农村的小农户如何衔接现代农业？乡村产业集群如何实现"三生"融合？等等，都是当前乡村振兴实践过程中迫切需要研究和解决的重大课题。庄晋财教授出生于江西吉安一个贫困的山村，他感念乡情，心中始终牵挂着全体农村、农民。他研究"乡村凋敝""小农户""农村老龄化""外来农民工"等农村、农民的实际问题，迫切希望能尽快帮助农民富裕起来。

  我作为农业科技人员，从事"三农"工作已经有 60 多年了。改革开放以前，主要研究水稻、小麦，后来懂得了帮助农民增加收入，除了要抓好粮食生产外，丘陵山区发展果树、蔬菜、畜禽等也很重要，后来又懂得了除帮助农民种植、养殖生产出产品外，还得帮助农民销售产品，使农民赚到钱，才能实现农民富裕。而要做好以上这些工作，就得依靠农村基层党组织，通过教育、发动，把农民组织起来，互助合作，发展高效农业，联合走向市场，去分到自己应该得到的那份"蛋糕"才行。这样我又加大了对农业、农村经济知识的学习和研究。其间，我不断从"三农庄园"公众号读到庄老师的文章。与某些专家的理论文章不同，庄老师的文章乡土气息浓厚、实用价值高，给我留下了深刻印象。后来终于结识了庄老师，他快人快语，热情洋溢，容易相处。我们经常在一起互相交流，他向我了解有关农业生产方面的技术，我向他请教有关农业经济方面的知识，共同研究探讨江苏、镇江的农业、农村、农民问题，双方都受益匪浅，我在句容戴庄、丁庄的工作得到了他和他团队同志们的很大帮助。

  祝贺《守望乡村》一书的出版，期待庄晋财教授的"三农庄园"公众号有更多的好文章发表！

2023 年 5 月 1 日

目 录

1 // 序　赵亚夫

1 // 乡村蓝图篇

　　3 // 乡村凋敝真的是规律吗？
　　7 // 为什么需要实施乡村振兴战略？
　11 // 乡村振兴战略的逻辑起点在哪里？
　15 // 乡村振兴的核心目标究竟是什么？
　19 // 为何乡村振兴的着力点是农村不是城市？
　23 // 如何实现稳定脱贫与乡村振兴的有机衔接？
　33 // 乡村振兴如何寻找正确的打开方式？
　39 // 如何理解"乡村建设行动"的逻辑？
　44 // 农业农村现代化的着力点在哪里？
　54 // 如何认识"壮大农村集体经济"？
　60 // 如何让农民成为乡村振兴的主体？
　65 // 乡村振兴为何要特别重视农民培训？
　69 // 乡村振兴需要如何传承乡土文化？

75 // 乡村创业篇

　　77 // 如何理解乡村创业？
　　81 // 乡村创业何以发生？
　　86 // 如何把握乡村创业机会？

91 // 何谓乡愁型创业？
96 // 何谓乡村庭院型创业？
102 // 为什么不能毁掉农村的"庭院经济"？
108 // 如何才能提高乡村创业活跃度？
112 // 乡村创业为何是"国内经济大循环"的关键？
119 // 如何让山里的茶叶变成茶业？
124 // 农村可以通过资源拼凑来缓解要素不足吗？
129 // 如何才能将农村的资源变成财富？
134 // 农村产业发展应如何转换传统思维？
138 // 如何通过"市场创造"来实现农业增收？
142 // 农民缺的是"产权"还是"平台"？
146 // 山区农村的小农户如何衔接现代农业？
150 // 乡村产业集群如何实现"三生"融合？
154 // 民营中小企业是否能在乡村振兴中开辟蓝海？
158 // 江苏应该如何推进乡村产业融合？
164 // 如何让"井冈蜜柚"佑及井冈乡民？
171 // 如何跨越"井冈蜜柚"产业发展的技术门槛？

179 // 乡村治理篇

181 // 如何应对日趋严重的农村老龄化问题？
186 // 你是否关注到乡村里的"银发族"？
191 // 农村的生育意愿还会回来吗？
196 // 农村老家的年味到哪里去了？
201 // 关于乡村治理积分制的一些思考
207 // 乡村振兴为何需要重视村干部选拔？
211 // 新农村建设为何需要"软硬兼施"？
215 // 为什么迫切需要加强乡村创业的软环境建设？
221 // 乡村治理如何防止"内卷化"？

225 // 城乡融合篇

227 // 农村人口流向东部及大城市是"客观规律"吗？

234 // 村庄究竟是已死还是会复活？

238 // 农民工兄弟，疫情过后会留在乡村吗？

243 // 究竟是农村城市化还是城市乡村化？——美国的印象

253 // 中国为什么需要发展农村小城镇？

259 // 如何实现让"农二代"主动返乡？

264 // 农民进城换"规模经营"能实现乡村振兴吗？

268 // 政府在改变城乡要素单一流向中如何作为？

272 // 城乡要素如何在乡村产业振兴中共生发展？

276 // 城市资本下乡应该"进村"还是"入镇"？

281 // 工商资本下乡能干些什么？

286 // 为什么不能仅从"需要"来对待外来农民工？

290 // 乡村振兴为什么需要鼓励人力资本下乡？

297 // 农村土地到底该不该入市？

301 // 城乡建设用地"增减"真的能"挂钩"吗？

305 // 后记：满怀期冀守望乡村　庄晋财

乡村蓝图篇

乡村凋敝真的是规律吗？

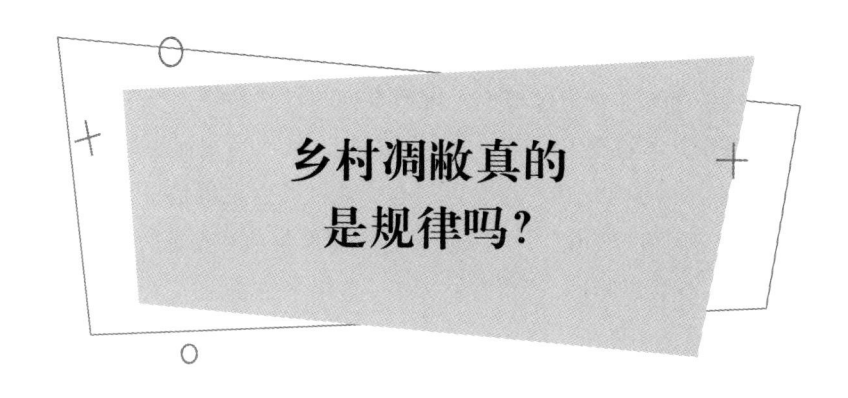

也许因为出生于农村的缘故，也许因为长期关注"三农"问题的缘故，我总希望农村能够发展起来。希望有一天农村人能够像城市人一样体面与骄傲，不再因为被称为"乡下人"而感到羞愧。就个人的信念而言，我也十分坚信这一天迟早会到来，因此会在任何场合的交流中坚持这样一个看法，并努力探寻这一信念的合理性。这些年不断以此为研究对象，在国家自然科学基金项目的支持下，带着学生，带着信念，走东串西，深入调研，试图寻求农村不必凋敝的理由，走得越多，看得越多，心中的信念也就越坚定。然而，有点沮丧的是，在参加学术会议的交流中，我发现许多学者不赞成农村繁荣的想法，甚至认为乡村凋敝是城市化与工业化发展的必然趋势，是经济发展的规律，并用许多的理论来解释，由此在政策主张上也就自然而然地坚持城市偏向。我十分担心这样的倾向会加剧"城乡发展不平衡，乡村发展不充分"，因为一旦这种"不平衡不充分"被当作是"规律"，就不会有人去关注农村发展了。那么，乡村凋敝真的是规律吗？

读大学时的哲学教科书告诉我们，所谓规律，是指事物现象之间必然的、本质的关系，它反映的是事物之间的内在必然联系，决定着事物发展的必然趋向。哲学课本上所说的规律，是不以人的意志为转移的，人只能利用规律，但不能创造或者消灭规律。如果说乡村凋敝是规律，那就意味着乡村只能走向衰退而无法向前，这是多么可怕啊！但是，现实当中我们却发现，不少乡村由于发挥人的主观能动性，让原本的凋敝一去不复返，源源不断吸引着城市人的到来。这种逆城市化现象是一种例外，还是被当作"规律"的东西原本就不是"规律"呢？我们得先去探寻把"乡村凋敝"当作"规律"的源头究竟在哪里！

在历史的演进中，原本没有城只有乡，所以亚当·斯密在《国富论》中提出的"自然秩序"非常肯定地说，按照事物的自然趋势，每个处于发展中的社会的大部分资本的投入顺序，首先是农业，其次是工业，最后是国际贸易①，说明先有乡村后有城市，城乡发展与农业及商业发展是一种有着发展顺序的演进关系。所谓"城市"并不天然就是要素聚集地和高端产业衍生地。从概念来看，城与市并不相同，古代的"城"是用来防御敌人入侵的设施，而"市"则是交易聚集的场所，两者并不在一起。只是在后来的发展中，随着城里人口的增加，产生了交易需求，城里的基础设施条件好、人口多、交易需求旺盛，吸引了市井与乡村的交易，才使"城"与"市"合二为一。可见，今天的城市繁荣其实并非是天然的，而是历史演进的结果。

这个结果的出现包括三个条件：一曰要素条件。"城"用来防御敌人，需要修建各种工事设施，由于国防属于政府公共服务，因此这些设施是由政府（尽管在封建时代政府也是私人的）出资修建的，但在客观上造成城里的基础设施条件优于乡野。二曰人口条件。用于防御的"城"要抵挡敌人的入侵，不能仅有空城，还需要有军队驻扎，因此城里的人口密度要远高于乡野。由于人口集中，也就有了消费需求的集中，有需求就有市场，因此才有了城里复杂丰富的交易活动。三曰制度条件。本来城里驻扎的用于防御敌人的军队就是纪律严明的，完全不同于乡野居民。随着城里集中的"市"规模越来越大，交易越来越频繁，就会产生许多纠纷，需要用制度加以规制。尤其是，城里聚集的人具有极大的随机性，不像乡野中基本上是以"家族"为单位，有着共同的"家族规则"，因此城里的"公共制度"一般是由政府供给的，并要求所有人严加遵守。而一般的乡野，随着外姓人杂居的出现，"家族规则"就慢慢失去作用，所以，城市的制度供给与需求都要比乡野复杂和丰富。有要素就吸引了人口，有人口就需要制度规制，有制度规制让人们感觉到安全可靠，能够安心谋发展，大家安心发展就使经济不断繁荣，要素价格不断提高，从而能够吸引更多的要素到城市来。这样，城市就像一个抽水机，

---

① 亚当·斯密. 国民财富的性质和原因的研究 [M]. 郭大力，王亚南，译. 北京：商务印书馆，1972.

源源不断地将乡野的要素、人口吸引到城市来，城乡的差别也就越来越大。可见，城市发展最初的原动力其实是来自政府，直到今天，城市的发展也离不开政府制度及要素供给的偏向。从某种程度来说，正是来自政府的要素及制度供给的偏向，才促使城市在发展上把乡村远远抛在身后。从经济角度来说，将要素聚集于城市，让城市先发展起来，通过城市化推动人的生活现代化，是一条有效率的路径。但是，如果以此说农村的凋敝是规律，显然不那么有说服力，因为在这个历史演进的过程中，政府的要素及制度供给起到了十分重要的作用，这一点直到今天也没有改变。

所以，我们不能因为城市是有效率的，就把乡村衰败说成是天然的规律，其实是政府的要素与制度供给偏向了城市，才出现了农村荒废的结果。为了国家的经济进步与繁荣，每个国家或许都需要走城市化的道路，因为不管从哪个角度来说，向城市投入的要素效率与边际报酬率都是经济可行的。然而，经济的进步与繁荣毕竟不是目的，人的全面发展才是目的。这里的人不是一群人，一部分人，而是所有人。2018年是马克思诞辰200周年，他的思想之所以伟大，就在于他的理论心系劳苦大众，心系社会底层。因此，即便城市里没有了阶级分层，人人都生活安逸，但只要农村没有发展，生活在农村的居民不能过上安乐的生活，社会发展就有缺憾，而且，这种缺憾是可以改变的。按照城市的演进历史，我们毫无理由说乡村凋敝是规律，如果政府改变要素与制度供给的城市偏好，乡村的发展就可以期待。这里需要注意三个问题：

一是城乡发展不是替代关系，需协调发展。以前的城市化、工业化，农村为此做出了巨大的牺牲，这是历史特定阶段的策略问题，不要把它当成是铁律而由此为忽略乡村找到一个理由；同样，今天说乡村振兴，也不能不顾要素在城市的投入的确存在具有效率优势的现实，而企图用乡村发展替代城市发展。城乡发展不是替代关系，而是互补关系，即便是在古代，城堡里的交易要能活跃，也是依靠乡野里的丰富物产，没有乡野丰富的物产，城市里的交易就会惨淡得多。今天是五一假期，人们一定感受到城里人纷纷逃离城市在路上备受拥堵的煎熬，我们要问，为什么城里人明明知道路上会拥堵，也不愿放弃驱车下乡一游的享受呢？说明美丽的乡村自有吸引城市人目光的东西，如果没有，遗憾的不是农村，而是城市！城乡需要协调发展，才能减少城市人的这种遗憾；就中国而言，不管城市如何发展，总会有人居住在农村，我国14亿人口中，即便将来有10亿人居住在城市，也还会有4亿~5亿农民将居住在农村，如果不能通过农村发展让这4亿~5亿人享受现代文明，社会的发展就是不全面的。

二是乡村凋敝不是规律使然，需加强投入。正如前文所述，城市发展得益于政府要素及制度供给偏好，乡村的衰退在很大程度上跟政府的这种偏好相关。政府与市场的双重力量推动农村要素向城市单向流动，是造成乡村凋敝的主要原因。但这种所谓的趋势并不是规律，政府如果改变要素与制度供给的偏好，关注于乡村的发展，加强向农村的投入，就能够改变城市单轮驱动的发展模式，使城乡协调，改善乡村凋敝。我的同事在美国考察后告诉我，跟中国相比，美国的城市并不怎么样，但美国的农村特别棒，我在日本学习与考察后，也发现那里的农村不必然衰退，在经历高度工业化导致的农村"过疏化"萧条之后的今天，日本政府调整政策，使农村变成城市人向往的地方，使农业成为年轻人喜欢的体面职业。

三是乡村振兴不能用"一刀切"，需灵活施策。现在推进乡村振兴战略，是人们固有的"乡村凋敝是规律"认知的改变。但是，长期在农村的人知道，现在聚焦于乡村一二三产业融合发展来改善农村单一产业结构，以产业兴旺为抓手推动要素向乡村回流，道理上是正确的，但在现实中实施起来并不容易。在这里，我们需要对"乡村"有一个认识，是不是有人居住的乡野都称之为"乡村"，都需要振兴呢？以我在西部农村地区考察的经验，在一些大石山区、荒漠区，由于历史原因形成了人们栖息的村落，几乎与世隔绝的大山深处，在农耕时代为了躲避战争，的确有人安居在此，但这种散落在大山荒野深处的零星人家，未必算得上经济学意义上的"乡村"。以今天的情况来看，那里或许本就不具备起码的生存条件，不应该有人居住。对于这样的特困地区，振兴的最好办法，或许是让他们永远离开那里，让他们迁往生存条件相对有保障的空间去居住。从这个角度来说，在中国广阔的大地上，的确有一些现在的"乡村"是需要让其凋敝以回到过去的原生态，而不是要求地方干部在根本不具备生存条件的地方去振兴乡村，把振兴乡村变成了教条。

我相信乡村凋敝不是规律所致，是可以改变的，但改变需要方法与策略，需要智慧，通过政府制度供给，让要素与人口回归乡村，乡村凋敝就可以得到治理。我们刚刚踏上乡村振兴的征途，困难虽多，前景光明！

2018年5月1日

为什么需要实施乡村振兴战略？

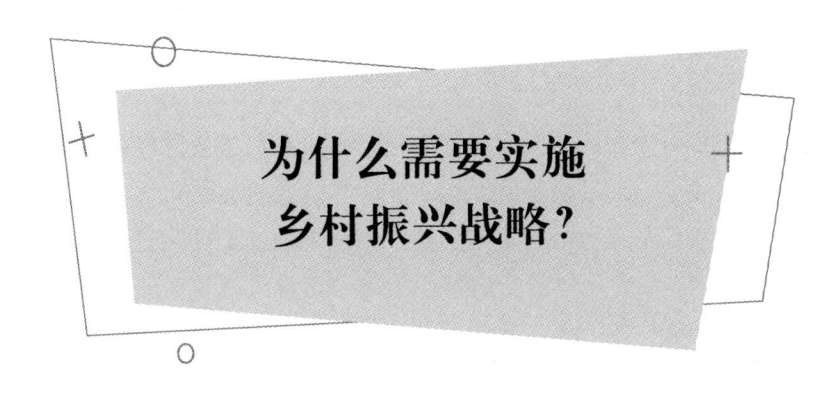

2017年10月18日是一个重要的日子，因为在这一天，中国共产党第十九次全国代表大会胜利开幕了，中共中央总书记习近平作了题为《决胜全面建成小康社会 夺取新时代中国特色社会主义伟大胜利》的报告，报告全文有32000多字，耗时210分钟，党中央在中国伟业上真可谓凝神聚力了。该报告告诉我们，中国特色社会主义已经进入新时代，这个时代新的社会主要矛盾已经从人民日益增长的物质文化需要同落后的社会生产之间的矛盾，转化为人民日益增长的美好生活需要和不平衡不充分的发展之间的矛盾。面临新的社会矛盾，我们需要用新时代中国特色社会主义思想作指导，从2020年，到2035年，再到2050年经过两个15年，完成全面建成小康社会，基本实现现代化，到最终建成社会主义现代化强国的目标任务，实现中国人民从"站起来"到"富起来"，再到"强起来"的中华民族伟大复兴的中国梦！这个报告有着非常清晰的逻辑，即：新时代面临新矛盾，新矛盾需要新思想，新思想指导新征程，新征程实施新方略，新方略实现新目标！

该报告对新时代面临新矛盾的描述，应该说是一个极其准确而重要的论断！随着我国经济社会的发展，今天大家的生活水平已经上了一个大台阶，物质文化需要的满足程度已经达到了相当的水平，中国作为世界第二大经济体，社会生产也不再落后，正是在这样的基础上，人们有了更多的对美好生活的追求。但是，从现实来看，过去几十年的经济发展并没有很好地惠及到所有地区所有人的所有方面，这就是报告中说的中国发展还存在着"不平衡不充分"问题。由于我出身农村又长期研究农村的缘故，我个人觉得，要说中国在这几十年发展中存在的最明显的不平衡，就是城乡之间的不平衡，最严重的不充分就是农村发展的不充分。所以，现在提出"乡村振兴战略"应该是推动中国经济社会持续发展所必须完成的"补短板"。为什么这么说呢？我认为有三个理由：

一是没有乡村振兴的中国发展是不平衡的。我们过去曾经执行过很长时间的城乡二元政策，通过牺牲农业保工业，牺牲农村保城市，实施工农剪刀差等措施，完成工业化所需的资本积累，推动中国的工业化进程。这种城市偏斜政策的实施，对于在一穷二白基础上的中国推进现代工业体系的建立是有必要的，也是成功的。但在此之后把这种政策固化，没有随着时代的变化而调整，就造成了严重的城乡二元结构。尽管与之前相比，改革开放政策使农村与城市之间要素流动的藩篱被逐步拆除，但要素流动在收益驱动的作用下，几乎是由农村向城市单向流动的，造成本来就捉襟见肘的农村要素存量更是濒临枯竭，由此出现大面积的乡村凋敝景况。由于大多数发达的城市集中在东部沿海，因此农村要素流动又有明显的自西向东的特征。如今人们习惯用夜晚的灯光亮度来判断一个国家的经济繁荣状况，在我国的夜晚灯光图景上，灯光亮点集中在东部沿海地区，而大面积的中西部地区灯光是零星分布的，这些零星分布的点就是西部的城市。另外，中国是农业大国，农村人口占绝大多数，如此之众的农村农民不能生活在发展带来的繁荣之下，即便进入城市的农民也仅仅能够蜷缩在城市底层的偏角，这体现了身份不同的人群之间的发展不平衡。不管是区域发展的不平衡、城乡发展的不平衡，还是群体之间发展的不平衡，都是不符合以人为核心的城市化目标的，而在这些不平衡当中，农村与农民发展落后，是导致不平衡的首要因素。因此必须振兴乡村，才能确保城乡一体，区域收敛，群体同乐，才能实现中国发展的全面性，这就是党的十九大报告里说要坚持"农业农村优先发展"的初衷。

二是没有乡村振兴的中国城市化是难以推进的。我们以前的城市化思维，基本上是以城市为中心的，即通过城市的发展吸纳农村人口实现城市化。这样的思路在城市化前期是有效的，因为要素聚集于城市产生大量的就业岗位，按照刘易斯的说法，通过城市工业接纳农村剩余劳动力，可以达到城市化的目的。不过在中国，这种情况出现了例外，中国农村劳动力进入城市表现出严重的"钟摆式"迁徙特征，那些"户籍在农村，工作在城市，身份是农民，职业是工人"的农民工，通过城乡之间"钟摆式"流动，大多数人并没有真正扎下根。因此在计算中国的城市化率时，尽管数字比较好看，可能现在已经达到了50%~60%，但这些人离"居民身份的城市化，生活方式的市民化，从事职业的非农化"还很远。对许多人来说，20~50岁可能是城市人，到50岁以后又得回到农村做农民，在我的老家，这样的农民兄弟还不少。造成这样的结果，除了城乡二元体制的原因，城市的接纳能力有限也是不容忽视的。试想，我们目前的城市有办法做到让进入城市的农民工完全享受到跟城市居民一样的待遇吗？即便城市愿意，能力恐怕也难以达到！所以仅仅依靠城市发展来实现城市化的思路，在现在看来是遇到了前所未有的挑战。农村城市化应该补充一条内生化道路，就是通过振兴乡村，让农民在乡村就能够过上与城市居民相同甚至更好的生活，这样通过两条腿来推进城市化可能更贴近中国的现实。

三是没有乡村振兴的中国发展是不充分的。怎样的发展才算是充分的发展呢？从最一般意义上来理解，应该是全面的发展。在分工社会中，人的技能非常专业，用马克思的话来说，专业化分工造就了畸形工人，虽然我们现在脱离不了专业化分工带来的效率好处，但由于生活在专业化社会里，的确少了许多情趣，这一点在城市生活中表现得尤为明显。人的全面发展要实现体力与智力的充分、自由、和谐的发展，但在城市里，每个人在各自的精细分工范围内生活，与大自然的接触越来越少，甚至与周边的人的接触都越来越少，这或许是越来越多城市人越来越向往农村生活的原因。一方面，目前的中国农村普遍出现的凋敝现象，堵住了城市人前往农村贴近自然的去路，千篇一律的城市生活，让人们失去了该有的个性，没有地方舒展心情，抒发情怀，在物质生活越来越丰富的今天，人们的精神世界却越来越找不到慰藉，这不能不说是一个遗憾。另一方面，广大的农村居民却还在努力为生计奔波，物质上的满足都还没有实现小康，精神上就更是贫瘠。所以，乡村振兴不仅仅是中国城乡平衡发展的要求，同时也是城乡居民充分发展的需要。如果乡村发展好了，城市居民在闲暇有个去处，城乡互动就会增加，人们除了专业化分工提高效率之外，会在城乡互动中找到社会整合的另一种效率，生活品质才会提高。中国每年都有一个黄金周，看看那浩浩荡荡出游的人群，是那么的不顾一切艰辛也要到城市周边农村吸一口新鲜空气，赏一回美丽的鲜花，乐一次田间野趣，找一回先祖农耕文化的气息，那种悠然自得，令人忘记疲惫，流连忘返，说明这是人充分发展的一种需要。每一个人往上追溯三五代，可能都是农村人,所以这种农村情怀是先天的,美丽乡土给人们带来的精神享受是抹不掉的。因此,乡村振兴让人们"望得见山,看得见水,记得住乡愁",是一种莫大的精神慰藉,是在物质社会充分发展之后,弥补精神缺憾的重要载体,乡村衰败下的人的发展是不充分的!

　　由此观之,那种认为城市化进程中乡村衰败是必然趋势的论断,是没有考虑到发展的平衡性与充分性要求的论断,人不仅是物质的人,还是精神的人,孕育几千年的乡村文化、乡土气息,是人类精神极好的养分,缺少乡土文明的滋养,是一件极其遗憾的事情。然而今日之中国,乡村面临着一种生死危机,一群群年轻人远离乡村而去,留下一片破败在身后,等他们拖着疲惫衰老的身躯不得不从喧嚣的城市返回农村时,才发现年轻时抛下的乡村才是自己最终能够依偎的家。在中国城市尚没有完全做好准备以接纳这些农村人的时候,在中国城市根本没有可能完全接纳这些农村人的时候,在中国城市居民自己都对农村有着无数期待的时候,我们有一百个理由让乡村振兴。因此,党的十九大报告提出的"乡村振兴战略",不仅仅是一个经济发展战略,更是一种新的发展思维,是一种由城市偏斜到城乡融合的新思维,是促进中国社会平衡发展充分发展的新思维。在这个新思维之下的中国乡村改造,必将唤起一种乡村精神的回归,如果哪一天我们发现,成群结队的年轻人开始返回农村,那时中国发展一定会透出另一股活力,我们期待着这一天的到来!

2017 年 10 月 20 日

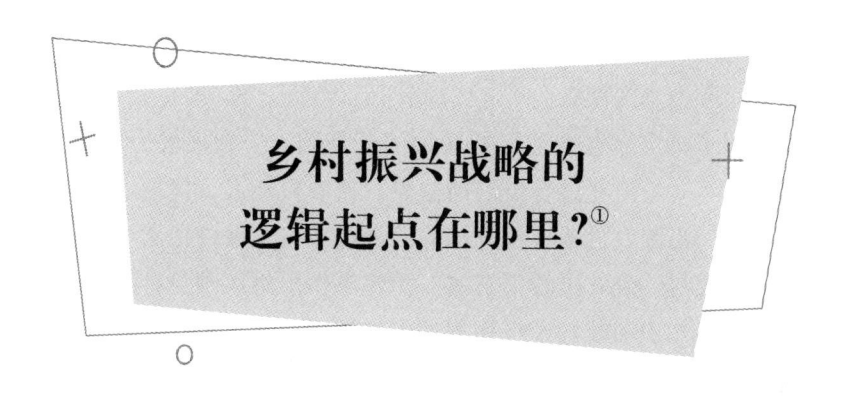

乡村振兴战略的逻辑起点在哪里?[①]

党的十九大报告首次提出了"乡村振兴战略",并明确"农业农村优先发展"。这对于我这个生于农村、长于农村、研究农村的人来说,有着说不完的兴奋!回想我国的城乡发展关系,中华人民共和国成立初期是"城市优先"并通过制度将城乡隔离,直到改革开放政策实施,城乡隔离的藩篱才切开一个口子,允许农村劳动力进城,以此推动"工业化与城市化"。但这个过程基本是生产要素从农村向城市单向流动的,只不过借用的方法不是强制性流动,而是发挥市场机制的作用。这种城乡要素的单向流动延续了几十年,直到我国工业化水平有了较大的提高,才感觉到农村发展滞后带来的不良后果,于是在21世纪初提出"新型城镇化",强调城乡统筹发展,但城乡统筹的主体是政府,统筹的方向是城市化,基本的思维仍然是如何通过城镇化来实现农村人口向城市转移,从而摆脱农村的落后,走出传统农民的生活。党的十九大报告提出的"乡村振兴战略"不再是强调农村人口向城市转移来追求自己的美好生活,而是通过"城市融合发展"(不是简单的统筹城乡)来把农村打造成理想之地,让农民在农村而不是迈入城市就可以享受到现代文明。从"城市偏斜到乡村振兴"的战略转型,是习近平总书记提出的解决中国"三农"问题的新思维:

一是指明了改变中国农业弱质性的新的有效方式,使农业有望成为有奔头的产业。报告强调农村一二三产业融合发展,将有效克服传统农业的弱质

[①] 本文发表在《新疆农垦经济》2017年第11期,略有改动。

性。比如，鼓励以农业为基础的乡村创业活动，在农业中注入互联网、文化、创意等新内涵，使传统农业借力向二三产业拓展，把农业做成具有立体性的产业，就会克服以往以制造业为主的乡村工业造成的污染环境问题，从而使农业呈现出报酬递增的性质。

　　二是指明了奠定乡村产业结构转型的新基础，使农民成为体面的职业。为了适应农村一二三产业融合发展的需要，让农村能人，包括返乡农民工和一些城市人群，汇聚农村从事农业相关的创业项目，报告指出要培养造就一支懂农业、爱农村、爱农民的"三农"工作队伍。可以预见，把这些有丰富阅历、专业技术知识和较好经济积累的人输送到农村、扎根在农村，开创农村新业态，来帮助农民走出传统单一农业的困境，找到致富门路，学会现代技术与管理方法、树立现代经营理念，提高抵御市场风险能力，就会使农业不再是落后产业，农民不再是低素质职业。

　　三是指明了中国农村走出"城市幻想"的发展新路径，农村成为安居乐业的家园。报告要求城乡融合发展，城市要素通过市场机制作用流向农村，通过农民专业合作社等多种形式，实现城乡要素互惠共生，既产权明晰，又形成要素聚合，达到扩大经营规模，完善管理制度，实施科学管理，提高管理能力和抵御市场风险的能力的目标。随着农村"互联网+"作用的发挥，农村发展的基础设施条件的改善，在不断完善的物流网络和电子支付手段支持下，农村产业发展的市场空间将极大延伸，使农产品实现从使用价值到价值的跳跃不再惊险，从而开创农村就业致富的新途径。这样一来，农村就不再是贫穷的代名词，而有望成为人们安居乐业的幸福窝。

　　由此我们看见，党的十九大报告给我们描绘了一幅乡村振兴的美好蓝图，按照这幅蓝图的设想，农业应该报酬递增，农民应该体面受尊重，农村应该山清水秀，这就是报告中给我们呈现的一个"产业兴旺、生态宜居、乡风文明、治理有效、生活富裕"的美丽乡村。那么，走进这幅美丽乡村图景的"乡村振兴战略"，其逻辑起点在哪里呢？我们可以循着以下线索去寻找：

　　首先，产业兴旺是乡村振兴最重要的基础。从现实来看，目前农村存在的种种问题，都源于产业的缺失：因为没有兴旺的产业，农民就业困难，收入增长困难，人口聚集困难，乡村治理困难，生态维护困难。农村与城市差异，首先在于产业水平的差异。我们知道，产业是由许许多多的经济组织"细胞"组成的，许许多多的企业聚集在相关的领域就形成了产业。以往的农村产业组织只有承包土地进行农业耕耘的农户，分工水平低，农户之间的经济联系少，家家户户只会种地，由此导致产业结构单一、产业报酬低。要想让农村产业兴旺起来，就要改变传统农业的低水平分工状态，要延伸产业链，衍生新业态，增加产业组织之间的经济联系，这就是报告中说的要在农村实现"一二三产业融合发展"，也就是说要让农业通过分工拓展，向二三产业延伸，如果能做到这样，农村产业就会改变目前的单一结构，就不会出现乡村凋敝的状况。

其次，要素聚集是乡村产业兴旺最基本的要求。乡村振兴需要发展乡村产业，产业发展需要众多经济主体聚集，这些经济主体如何到农村去聚集呢？当然是去创业了，所以党的十九大报告强调"支持和鼓励农民就业创业"。不过话说回来，仅靠农民创业怕也不行。创业需要许多要素，比如资本、土地、技术、劳动力等。现在的乡村创业非常缺乏这些要素：长期的城乡二元结构和家庭联产承包责任制的实施，使农村居民缺乏积累的同时，集体经济又被瓦解，难以聚起产业发展所需的资金；家庭联产承包责任制将乡村土地分至各家各户，造成土地碎片化，难以满足二三产业创业对土地规模利用的需求；传统农业社会的单一产业结构，使农村很少有二三产业的衍生，一些新技术、新工艺、新理念难以到达村庄；城市偏斜的工业化城镇化政策使大量农村青壮年离开农村流向城市，造成农村劳动力剩下所谓"386160"部队，有知识有胆识的劳动力严重缺失，创业家精英团队难以组建。所有这一切表明，基于产业兴旺的乡村振兴面临着一个极大的挑战，即如何实现要素在乡村的聚集。因此，改变原有的要素从农村向城市的单向流动是我们未来需要做的重要工作。党的十九大报告提出要实现"城乡融合"发展，就是希望通过城乡融合互动，市场机制能够将城市产业发展要素引向农村，解决乡村振兴面临的要素紧缺难题。

最后，要素共生是实现乡村产业要素聚集的根本前提。从城乡统筹发展到城乡融合发展，是城乡关系的新阶段。这个阶段将促使经过几十年积累的城市产业要素向农村流动，以解决乡村产业振兴面临的要素难题。然而，在市场经济条件下，要素进入农村是要追求回报的，以前农村要素主体很单一，只有农户及他们自己的组织——村集体，利益关系相对比较简单，利益纠纷较少，简单的要素在农户及村集体的协调下，能够围着乡村自己的发展去实现自己的价值，只不过要素少，难以成就大产业！现在城乡闸门打开了，城市的要素可以进入农村，但是"天下熙熙皆为利来，天下攘攘皆为利往"，城市要素到达农村，与农村存量要素相结合才能生出"金蛋"，因为"土地是财富之母"！这样一来，资金、土地、技术、劳动力来到农村，却由于各自的所有者不同，又都作为私有者相对立，聚集在一起的要素如何才能发挥作用就成了一个难题。最近有不少所谓"工商资本下乡"就遇到与土地、劳动力的冲突问题，解决不好会导致农村要素与城市要素双输的结局。因此，要素在乡村聚集进而形成产业的一个前提，就是要素在农村形成一种共生关系，这种共生关系还不能是偏利的共生，而应该是互利共生，这样才能保证要素形成的产业其发展具有可持续性。

由此看来，乡村振兴的基本逻辑就是：城乡要素互动形成要素在乡村聚集共生，要素互利共生引发乡村创业，乡村创业聚集催生乡村新业态，延伸新产业，促进一二三产业融合发展，改变农村单一产业结构，进而使乡村产业兴旺，经济繁荣。在乡村经济振兴的基础上，进而实现乡村生态文明、社会和谐，最终实现美丽乡村建设的目标。从这个意义上说，产业要素共生，应该是乡村振兴的逻辑基础！显然，各种产业要素能否在乡村长期共生，取决于制度安排，尤其是利益分配制度的安排。正因如此，为了实现城乡要素互动中形成要素共生关系，党的十九大报告作出了一系列制度安排：延长土地承包期、承包地"三权分置"、农村集体产权制度改革、乡村治理体系建立等。在这些完善的制度安排下，促进各种要素在乡村实现互利共生，创业才能活跃，产业才能形成，乡村振兴才有希望！

2017 年 10 月 26 日

乡村振兴的核心目标究竟是什么?

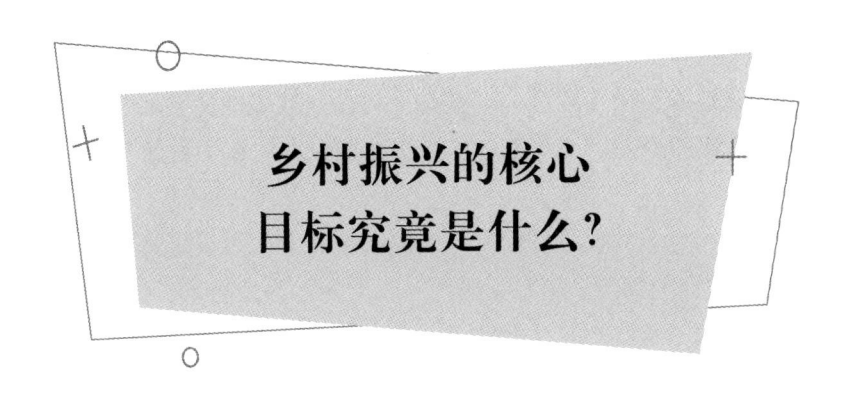

中国科学院院士朱清时教授,对大家来说是一个熟悉的名字,大家熟悉他,是因为南方科技大学的创办。其实,我对南方科技大学究竟跟国内其他大学相比有何不同并不是特别了解,但今天读到一篇关于朱清时院士的采访报道,得知他现在对佛学很有研究,并认为现在的世界,看起来纷繁复杂,日新月异,但人们的确存在"走得太快了,灵魂已掉在后面"的现象!比如现在大家热衷于人工智能,让它替代人所做的一切,实现成本更低,质量更稳,效率更高。但却很少人会去考虑,在人工智能的时代,人干什么呢?现在掌握人工智能的少数精英,根本不用依靠人就可以拥有上千亿的资产,而其他人却因为失去工作机会连生存都成问题,这算不算是社会进步呢[1]?

其实这种情况不仅仅在城市存在,在农村也同样存在。现在到农村去你会发现,地方政府对农村发展的心情是急切的,他们希望农村能够像城市一样变得富裕又美丽。所以,一方面竭尽全力促进农村经济发展,力主通过市场机制的作用聚集要素,努力提升农村经济发展的效率。诸如"工商资本下乡""土地规模化经营""城乡建设用地增减挂钩"等方法层出不穷,目的不为别的,就为农村生产要素能够尽快生出"金蛋"!另一方面他们也希望农村像城市一样漂亮夺目。因此在新农村建设中,要求统一规划使农村房屋整齐划一,同样的高度,同样的大小,走进村庄就像走进城市的居民小区。没

---

[1] 付珊. 中科院院士朱清时回应"研究真气":用科学的方法重新审视迷信的东西[N]. 新京报, 2017-11-04.

有选入新农村试点的，也尽量要求跟城里一样漂亮，于是禁止农村家庭养猪以免污染了房前屋后，禁止农民搭建铁皮屋以免影响了村庄外观，拆除农家不再居住的旧屋以免村庄看起来破败不堪。按理说，不管是追逐农村的经济发展，还是追逐农村的美丽漂亮，都是乡村振兴战略的应有之义。但是，在这些年农村发展过程中，"政策走得太快，把农民抛在了后面"的情况也着实堪忧！

那么，乡村振兴的核心目标是什么呢？党的十九大报告是这样表达乡村振兴目标的："产业兴旺、生态宜居、乡风文明、治理有效、生活富裕。"从这二十个字来看，最终要落实到"生活富裕"，谁的生活富裕？当然是农民的生活富裕了。因此依我看，党的十九大报告说的乡村振兴战略的核心目标是人，说到底是农民，就是要满足农民"日益增长的对美好生活的需求"。之所以如此，是因为在过去的几十年发展中，农民这个群体做出了极大的贡献，但却没有均衡地享受到社会进步的成果，城乡发展不平衡、农民发展不充分始终是一个社会问题。因此，明确乡村振兴战略的核心目标是"满足农民日益增长的对美好生活的需求"这一点非常重要，它要求我们始终要围绕农民的利益行事，循序渐进，逐步实现农民对美好社会追求的愿望：

首先，要满足农民对物质生活的追求，这是人的生存需求中最为基础的层次。确保农民收入稳定及不断增长，在现阶段仍然是核心工作之一。报告中指出要让农村的"产业兴旺"，让农村在一二三产业融合发展中衍生新业态，以此繁荣经济。但我们不能仅仅把目光停留在产业发展的"效率"上，不管是"工商资本下乡"、土地规模经营，还是农村新产业的兴起，都首先要考虑农民在产业兴旺当中是否能够获益。在乡村产业兴旺过程中，农村外部的要素进入是必须的，但外部要素进入农村以后与农村存量要素之间的"互惠连续共生"关系的形成有着极其重要的意义，可以说是乡村振兴的逻辑起点。如果没有要素共生，任凭外部要素雇佣了土地与农民，让产业振兴的成果不能惠及农民，乡村振兴的目标就不能实现。说到这里，我很赞同朱院士的一个看法：他认为黄山风景区没有用现代化的办法替代那些挑夫去运送山上所需的物资，因此而保住了附近农民的饭碗，是一个可以称道的举措。的确如此，与农民的饭碗相比，效率就不是唯一重要的事情了！

其次，要满足农民对人格尊重的需求，这是人的情感与归属不可或缺的需要。党的十九大报告中说到"治理有效"，明确指出要做到"健全自治、法治、德治相结合的乡村治理体系"，在这里，农民"自治"放在最前面，因为我们相信农民的素质与素养，不把农民看作是天然的低素质群体，这是对农民人格的尊重。在我的记忆中，城市导向的战略不知道什么时候起让城市人有一种天然的优越感，"乡下人"是一个具有典型意义的对农村人蔑视的贬义词。党的十九大报告提出的乡村振兴战略，希望改变这样的思维惯性，让农民成为体面的职业，让农民在人格上能够受到平等的对待。所以，我们的农村政策不管是在制定过程中还是在执行过程中，都需要考虑农民的人格尊重问题。比如，为了村庄外观好看，不管三七二十一拆掉农民的猪栏、铁皮屋、柴草房，整齐划一地要求农村房屋建得一样高、一样的格式，就有可能让村庄外表统一了，却使农民的心与政府不统一。有一句话说，乡村振兴，应该使农村像农村，而不是让农村像城市，是有一定道理的。因为几千年乡土文明在一朝被抹掉，农民在情感上是难以接受的。所以习近平总书记说，农村应该"望得见山，看得见水，记得住乡愁"！

最后，要满足农民对自我实现的需求，这是人的理想抱负实现的高层次需要。记得二十几年前我参与一个关于农村扶贫的国家社会科学基金项目的研究工作，在阅读文献时总看见不少研究者会把贫困农民描写成"封闭、愚昧、懒惰"的状态，似乎他们的穷都是个人原因造成的。但是为了完成那个研究我去了广西最为贫穷的河池地区都安县一个乡调研，发现那些贫困农民其实有着非常强烈的进取心，有着非常强烈的自我实现意愿，但是由于没有基本的设施条件，他们没有办法承担制度变迁的高昂成本，的确发生了一些向政府"等要靠"扶贫物资的事情。然而，后来在政府"以工代赈"扶贫政策帮助下，他们硬是利用政府资助的钢钎、炸药等物资，在陡峭的大石山区凿出了绕村公路，使村庄经济得到根本性改变。由此我想起舒尔茨的一句话："只要有了适当的刺激，农民也会点石成金。"这句话很好地概括了农民的自我实现需求。党的十九大报告的乡村振兴战略提出要"鼓励和支持农民就业创业"，这就是相信农民是具有自我实现需求的。然而，我们的许多学者和地方政府干部，是不太相信农民有自我实现需求的，我这几年着力于研究农民创业问题，在请教一些学者与地方领导时，许多人就问我一句："农民还能创业？他们怎么有能力创业呢？"但在现实中，农民创业并取得成功的例子并不鲜见，只是我们没有重视他们的创造力，而把农村产业振兴的希望仅仅寄托在"招商引资"上罢了。

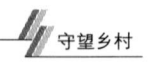

由此观之，乡村振兴的目的在于振兴农民生活，满足农民对美好生活的向往与追求，任何忘记这个目标的乡村振兴，都是远离我们初衷的。所以，在乡村振兴战略实施过程中，要培养一支"懂农业、爱农村、爱农民的工作队伍"，这个很重要，如果不爱农村与农民，怎么能够为"三农"服务？怎么能够真正实现乡村振兴呢？

2017 年 11 月 9 日

为何乡村振兴的着力点是农村不是城市？

前几天，我有幸受邀参加在日本大阪桃山学院大学举办的"中国经济经营学会2017年度年会"。恰逢国内召开党的十九大，并提出了令人振奋的"乡村振兴战略"，对长期关心农村发展的我来说，自然想借此机会与国际同行专家交流关于中国农村发展的问题，因此，我在本次年会上作了题为《特色小镇：中国农村发展新思维》的交流报告。在我看来，现在提出的农村特色小镇建设，不仅是一种促进农村发展的应对措施，更反映出一种处理城乡关系思维的转变，即从城市偏斜到城乡统筹再到乡村回归。党的十九大报告提出的"乡村振兴战略"，更是把农业农村放到了"优先发展"的重要地位，从而使我国城乡关系战略实现从"城市偏斜"向"农村偏斜"的巨大转变！

一直以来，对于城乡关系的处理都有不同的意见，有的人强调要素的效率，有的人强调发展的公平。强调效率者认为，目前的中国，中西部地区是要素过剩区域，东部地区是要素稀缺区域，因此应该发挥市场机制的作用，让要素向东部尤其是像上海这样的大城市集中，提高要素效率，以此来实现中国农村发展和农民的市民化，解决中国的"三农"问题；强调公平者认为，农村的发展关键要惠及农民，没有农民生活的改善就不能真正实现发展的目的。这两种思维导致两种完全不同的农村发展思路：是通过城市发展来解决农村问题，还是通过农村发展来解决农村问题。

在中华人民共和国成立后的很长一段时间里，我们是按前一种思路来解决农村问题的：改革开放前，通过户籍制度限制农村人口进入城市，运用"统购统销"政策形成工农产品价格剪刀差，造成城乡产品及要素之间的不平等交易，来实现城市的稳步发展；改革开放之后，虽然城乡要素流动的限制被陆续取消，但在推进城市化的政策导向下，通过市场机制发挥城市市场的引力作用，源源不断地将农村生产要素导向城市，与此同时，城市偏向的非价格政策比如"财政投入的城市偏斜""农村的高收税政策"等，造成城乡的公共品供给严重不平衡，农村经济发展的基础条件缺失，农村经济发展陷入困境；2002年中央提出城乡统筹发展，2006年国家取消农业税，此后连续14年的中央一号文件推进解决"三农"问题，中国城乡关系进入"工业反哺农业、城市支持乡村"的新阶段，即便如此，城乡发展仍然是一种非对称的格局，因为在资源配置、城乡发展中的统筹城乡仍然是以"城"为主，人们的思维仍然是"推进农村城市化"，城市化实现的落脚点仍然是"城市"。

尽管说城市偏斜的城乡关系战略对农村的发展起到了一定的带动作用，但这种作用犹如"涓滴效应"，远不如城市对农村要素吸纳的"虹吸效应"强，难以通过城市发展来完全彻底解决农村发展问题。在日本参加学术会议的几天，坐在电车里望着窗外不断变换的城乡景色，似乎很难知道日本城市与农村的边界在哪里！记起2017年8月跟着儿子去日本彦根丰乡小学寻找动漫场景，坐着那只有一个司机开的火车，沿途的农村百姓可以通过这种乡村火车往返于城与乡之间。到达所谓乡下的日本农村，各种公共设施也是一应俱全，跟城市的差别只是在集中的房屋旁边有成片的农田。我不禁在想：振兴农村的着力点究竟是农村还是城市？

最近有著名学者不断撰文主张中国的当务之急是发展大城市，但日本农村的见闻告诉我，通过城市要素进入农村来实现乡村振兴更为合理，这是因为：

一方面，投入到农村的公共设施能够覆盖到更多的农村人口。之所以学者认为应该发展大城市来解决农村问题，一个重要的观点就是要素投入农村的产出效率低，投入城市的产出效率高，因为有集聚效应。从新古典经济学的资源配置观点看，这是正确的，但新古典经济学的资源配置目的在于"利润最大化"，乡村振兴的目的是人，尤其是农民。显然，满足农民对美好生活追求的需要程度越高，乡村振兴的效果就越好。如果从这一点来看，投入农村的公共设施显然能够覆盖到更多的农民。比如在城市增加一辆公交车，能够解决几个农民的乘车难问题？而在农村地区增加一辆公交车能够惠及的农民又是多少呢？所以在日本有很多的乡村火车，看似不像城市火车那么拥挤，但乘车的几乎都是沿途的村民，让他们能够像城市人一样出行方便，从而真正缩小城市与农村的差距。我曾经去过日本的松山农村，很偏远的农家都有热水和煤气相通，这种基础设施条件在中国农村很少能够见到，或许我们应该改变一下"效率观"。

另一方面，投入到农村的产业要素更能体现社会阶层间的平等。通过城市发展来吸纳农村人口，实现农民市民化，这是原有城乡关系发展的一种思维。但是我们发现，进入城市的农民并不能跟城市居民一样平等地享受城市。尽管说这里面有许多体制方面的原因，但体制的变革成本高昂，短时间内难以消除。更为重要的是，由于长期的城乡隔离，城市与农村人口在现代产业适应能力上存在显著的差异，我们必须正视这种差异的存在性。当一个城市发展到一定水平，有着产业结构高度化的需求，从而产生排挤农民的可能性。因为高端产业对技术与知识的要求，由于城乡居民受教育水平的差异，使进城农民很难被这些产业吸纳，这就是我们看到的城市劳动力市场出现严重分层的原因。最近北京某出租公寓的一场大火，引发政府对相关场所的整治，被整治波及甚至可能流离失所的几乎都是外来的农民工。尽管从道义上来说，城市发展不能赶走这些被称为"低端劳动力"的人，但如何让这些被称为"低端劳动力"的人在城市能够与那些被称为"高端劳动力"的人一样体面生活，实在是一件困难的事情。因为在城市产业结构不断高度化的情况下，这些农民工由于自身的技能与产业的不匹配，只能在低收入水平的产业里求生存，这是不争的事实。如果将城市要素合理地引入农村，以农民为主导在农民熟悉的传统农业基础上衍生新的业态，农民参与新产业不仅可能，而且是必然。这些以农业为基础的新产业是在农民原有技能与知识的基础上衍生出来的，与农民有着天然的匹配性，可以消除因农民技能差异而导致的就业差异，从而避免因产业分层形成的社会分层。而且，由于农民参与整个农村产业演变的过程，即便将来农村产业结构也呈现高端化趋势，农民也会在此过程中提升自己的技能，使之与产业演进相适应。另外，如果没有那么多的农民工挤入城市，城市的传统服务业及劳动密集型产业会随着劳动力的卖方市场形成而变得高贵起来，到那时也许就不会有人把农民工称为"低端劳动力"了，从而真正实现"革命只有分工不同，职业没有高低贵贱之分"！

从日本回国时在关西国际机场看到许多人排队买日本糕点，有"白色恋人""古都的秋""日本漫游"等。一盒"白色恋人"的饼干内装 12 小块，可以卖到折合人民币四五十元，人们还排着长队等着买单，简直有点不可思议！这些糕点大都是来自日本农业比较发达的地区，是随着农业发展而衍生出来的新产业，但这种演进的过程农民一直参与其中，农民在产业演进中不断提高自己的技能与水平，从而使之与产业发展相适应。比如，日本的"一村一品"运动不仅带来了农业产业的提升，同时通过向乡村旅游业的延伸，在使农村产业结构不断高度化的同时，也使农民摆脱了传统农业"弱质性"的困扰。

日本农村城市化给我的启示是：乡村振兴的着力点在农村，不在城市。是城市要素进入农村把农村建设得像城市一样有完善的公共服务与齐全的公共基础设施，让农民享受现代文明，而不是把农村人移入城市去实现市民化！这个过程中，在传统农业基础上衍生新业态，让农民的知识与技能随着产业的演进而成长，是非常关键的路径！

2017 年 11 月 25 日

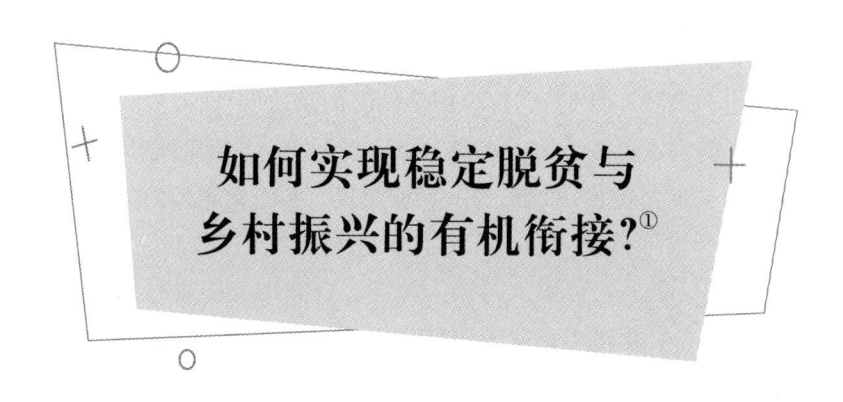

如何实现稳定脱贫与乡村振兴的有机衔接？[1]

中国政府一直致力于"消除贫困，改善民生，实现共同富裕"的目标，并确定将在2020年消除现行标准下的农村贫困问题，同时推动乡村振兴。然而，脱贫不是一个时点概念，不能一劳永逸，没有持续稳定的收入来源，就有可能返贫，因此需要找到稳定脱贫的路径；另外，乡村振兴的最终目的是实现农民生活富裕，本身包含农民脱贫致富奔小康的内涵。因此，2020年脱贫攻坚任务完成之后，如何让脱贫变得可持续，事实上成为乡村振兴的应有之义。那么，如何实现稳定脱贫和乡村振兴的有机衔接？这是一个值得关注的问题。

中国贫困治理历程与贫困演化

中国改革开放后的贫困治理，可以分为四个阶段：第一，1978~1985年的救济式扶贫阶段。家庭联产承包责任制的土地制度变迁，使二元结构下的农村贫困因劳动生产力的解放而得到极大缓解。一些"老、少、边、穷"地区由于区域条件约束无法解决温饱，需要依靠中央政府的转移支付进行"输血"式救济扶贫。因此，1984年中央划定了18个连片贫困地区，成为这个时期扶贫的主要瞄准对象。第二，1986~2000年的开发式扶贫阶段。改革开放的深化进一步释放了生产力，使大多数区域的人民生活水平得到了改善，

---

[1] 本文发表在《农业现代化研究》2020年第4期，作者为庄晋财、黄曼。略有改动。

即便是原来享受国家转移支付的"贫困区域",内部也出现了分化。因此,1986年开始国家把扶贫瞄准由"区域"改为"县",划定了331个国家级贫困县作为重点扶贫对象,以"县"为单位提供扶贫资源。1994年,国务院颁布《国家八七扶贫攻坚计划》,打算用7年时间解决8000万农村贫困人口的温饱问题,同时将国家级贫困县调整为592个。这一时期的扶贫方式改变了传统"输血"式救济的做法,改为以异地安置、基础设施大会战和发展县域经济为主的"开发"式扶贫。第三,2001~2013年的产业扶贫阶段。经过"八七扶贫攻坚"之后,贫困人口大大减少,在贫困县内也有许多农民经过"开发"式扶贫之后获得了自我发展能力,从而越过贫困实现温饱,使贫困人口呈现空间分散特征。2001年国家颁布《中国农村扶贫开发纲要(2001-2010)》,将扶贫瞄准重点由原来的"县"改为"村",总共确定了14.8万个贫困村,采用整村推进的"产业扶贫"方式,以"村"为单位调动农民参与产业开发。第四,2014~2020年的精准扶贫阶段。经过20世纪的"八七扶贫攻坚"和21世纪头十年的"农村扶贫开发",中国大多数贫困地区的基础设施明显改善,农村居民生存与温饱问题基本解决。到2011年颁发新的《中国农村扶贫开发纲要(2011-2020)》时,贫困发生呈现出"家庭特征",因病致贫返贫成为贫困发生的主要原因。2013年11月国家领导人在湖南湘西考察首次提出"精准扶贫"概念,2014年1月25日,中共中央、国务院出台《关于创新机制扎实推进农村扶贫开发工作的意见》,要求建立精准扶贫工作机制,扶贫瞄准对象就由原来的"贫困村"变为了"贫困户"。按照中央精神,除14个集中连片特困地区之外,要以"两不愁,三保障"为基本要求,对贫困户进行建档立卡,实行精准扶贫。

综上所述,我国贫困治理历程具有三个显著的演化特征:一是贫困治理方式从"输血式"救济到"造血"式开发转变;二是扶贫瞄准对象遵循"区域—县—村—户"的顺序由"面"及"点"演变;三是贫困治理目标由"解决温饱"到"两不愁,三保障"的"民生改善"转变。这些演化特征表明,中国贫困问题的性质,已经由早期的"绝对贫困",向现在的"相对贫困"转变。纵观历史,无论是就区域而言,还是就个体而言,中国的贫困治理都取得了举世瞩目的成就。但是,从横向比较来看,不同区域之间和不同个体之间的贫富差距仍然很大。我们以农村居民人均可支配收入来看这种差距:2019年集中连片特困地区农村居民人均可支配收入11443元,国家扶贫开发工作重点县为11524元，而同期地处长三角经济发达地区的江苏省，全省平均为22675元，是贫困地区的2倍；在江苏省内，苏南经济最发达的苏州市达35152元，而地处苏北的宿迁市仅有18121元，也几乎相差1倍；在苏北的宿迁市内部，经济相对较好的宿豫区是18353元，而低收入农户只有11051元，相差也接近1倍。如果从个体来看，贫富差距会更大。因此，尽管说经过几十年的扶贫攻坚，中国已经基本解决了温饱问题，绝对贫困局限在极少数因各种原因返贫的农户家庭，并已成为"精准扶贫"的对象，但是，相对贫困却一直存在，并成为当前贫困治理的主要问题。

世界银行《1981年世界发展报告》认为，当某些家庭或某些群体没有足够的资源去获取他们那个社会公认的、一般都能享受到的饮食、生活条件、舒适和参与某些活动的机会，就是处于贫困状态。这就意味着，在某种社会生产和生活方式下，某些个人或群体尽管能够解决温饱问题，但依靠他们的合法所得，无法在当地条件下享受被认为是最基本的除温饱之外的生活需求，这些个人或群体就处于相对贫困状态。显然，相对贫困的存在，是社会发展"不平衡，不充分"的结果。当前稳定脱贫的要义，就是让这些处于相对贫困的人口获得持续稳定的收入增长，不断提高民生改善的水平，以此缩小贫富差距"不平衡"和贫困人口发展"不充分"，最终实现"共同富裕"。值得注意的是，相对贫困问题不是一个简单的"收入不足"问题，更不是一个"温饱缺失"问题，而是人们在"温饱"之余谋求发展所需的最基本的机会和选择权问题，因为这种机会和选择权的存在，才能让人们享受到体面的生活和他人的尊重。这正是马克思人的全面发展理论中把人的本质归结为"生存需求、劳动与社会关系"之要义。

稳定脱贫与乡村振兴有机衔接的内在逻辑

党的十九大报告依据我国社会主要矛盾的变化，确定中国特色社会主义进入新时代。新时代的主要任务，是解决好人民日益增长的美好生活需要和不平衡不充分的发展之间的矛盾，决胜全面建成小康社会，进而全面建设社会主义现代化强国。脱贫攻坚和乡村振兴，被看作是为实现"两个一百年"奋斗目标而确立的国家战略，是全面建成小康社会的前提。这是因为，全面建成小康社会最艰巨、最繁重的任务在农村,没有农村的小康,特别是没有贫困地区的小康,就没有全面建成小康社会。由此观之,稳定脱贫和乡村振兴的目标是统一的,战略举措是互补的,两者有着紧密的逻辑关系,在实践中应将两者有机衔接起来。那么,如何实现稳定脱贫与乡村振兴的有机衔接呢?简单地说就是,以乡村产业为接口,以农民为主体,以创业为手段,让农民在参与乡村产业发展过程中,实现稳定脱贫,推动乡村振兴。这是稳定脱贫与乡村振兴的内在逻辑。

第一,以乡村产业为接口。从贫困治理的演进过程来看,稳定脱贫需要依靠产业发展的"造血"功能,而不是转移支付的"输血"功能,同样,乡村振兴要实现农民生活富裕的目标,也要依靠产业兴旺作为基础,因此,乡村产业是稳定脱贫与乡村振兴的有机衔接点。农村贫困发生与乡村经济衰退,有一个共同原因,就是乡村产业发展滞后。长期以来,乡村产业以传统农业为主,产业结构单一,再加上农业靠天吃饭的弱质性,导致从事农业生产的农民不仅收益低,而且很难走出"蛛网困境"。于是,追求劳动力要素报酬率提升的强力驱动,使大量农民"离土又离乡"进城打工。农村产业要素被城市定价,导致农村产业要素的"乡—城"单向流动,使农村产业发展失去要素基础而逐渐走向凋零,从而进一步加剧了农村贫困。所以,乡村产业的发展,既是农村稳定脱贫的抓手,也是乡村振兴的依托。值得注意的是,作为稳定脱贫和乡村振兴衔接点的乡村产业发展,应该选择与城市产业差异化的思路,以避免被城市定价而失去发展的动能。从要素禀赋优势来说,乡村产业秉承"绿水青山就是金山银山"的发展理念,在传统农业的基础上衍生新业态,在乡村空间中实现一二三产业融合发展,是一个合理的思路。

第二,以乡土农民为主体。如前文所述,稳定脱贫和乡村振兴可以在乡村产业发展中实现有机衔接,那么,实施衔接的主体是谁呢?显然是农民。这是因为,一方面农村贫困主要发生在农民身上,农村贫困实质上是农民的贫困;另一方面乡村振兴中产业兴旺的主要受益对象也是农民,乡村振兴的主要目标是让农民生活富裕。可见,无论是稳定脱贫还是乡村振兴,都聚焦于农民。因此,只有依靠农民,以农民为主体,才能真正实现稳定脱贫和乡村振兴的双重目标。从这个意义上说,作为稳定脱贫和乡村振兴衔接点的乡村产业发展,需要发挥农民的主体地位,让农民成为乡村产业发展的主力军。只有让农民参与到乡村产业发展当中,才能确保农民有持续的经济来源,实现收入的持续增长，从而才能稳定地摆脱贫困，实现生活富裕。

第三，以乡村创业为手段。企业是产业的基础，众多产业属性相关的企业聚在一起，形成有机的分工合作关系，延长产业链，才能形成产业。根据迂回理论，产业链的拉长，一方面需要有众多的节点，另一方面需要有众多企业聚合在每一个节点上。前者决定了产业链的长度，后者决定了产业链的稳定性。在分工经济下，产业链的节点多寡，也就是产业链的长短，取决于分工水平；产业链的稳定性，也就是产业链是否会断裂，取决于产业链节点的聚合度。分工越细，产业链越长，每个节点聚合的企业越多，产业链断裂的风险就越小。随着技术可分性的演进，产业链已经呈现出从线性向网状发展的趋势，因此需要的参与企业会越来越多。由此观之，如果没有大量的乡村创业发生，就很难实现乡村产业的兴起，"大众创业、万众创新"是乡村产业繁荣的路径。值得一提的是，在一般的观念中，创业似乎非常困难，要有大量的资金、要有超高的能力、要有丰富的经验等，于是认为农民不可能具备这样的能力。其实，从本质内涵来说，创业只是一种不拘泥于当前资源条件限制而对创业机会的追寻，是将不同的资源组合利用和开发机会并创造价值的过程。不同创业者可以视自己的不同条件开展创业活动，能力可高可低，事业可大可小，尤其在农村，只要环境允许，农民就有走出传统农业的冲动，让这种冲动变成现实，就是创业。无数农民通过创业形成一种汇聚力量，催生农村新业态，就能推动乡村产业繁荣发展。比如，江苏沭阳千万农民围绕花卉的创业，成就了全国闻名的沭阳花卉产业，让这个苏北经济欠发达地区的县域，成为全国经济百强县。有充足的创业才会有稳定的就业，稳定脱贫才有保障，产业振兴才有希望。

稳定脱贫与乡村振兴有机衔接的实践偏差

最近，我参与了民建江苏省委关于"如何借力解决相对贫困的长效机制，使脱贫攻坚与实施乡村振兴战略有机结合"的课题调研，赴苏北地区了解脱贫攻坚与乡村振兴有机结合的相关情况，感受到地方政府对脱贫攻坚与乡村振兴战略的高度重视和积极作为，并探索出一些把稳定脱贫与乡村振兴有机衔接的积极做法，主要包括：①以发展产业为抓手，使脱贫攻坚与区域发展相统筹，与乡村振兴相衔接。②以整合资源为突破，创新利益联结方式，通过"政府扶持+市场资本+入股分红"等模式，带动经济薄弱村和低收入农户稳定脱贫。③以壮大集体经济为依托，探索村股份经济合作、土地股份合作、专业合作社"三社"共建，提升经济薄弱村的自我经营和自我发展能力，带动农户脱贫。④以"电商+消费扶贫"创新消费模式，通过农民技能培训，拓宽经济薄弱村就业创业新渠道。⑤以政府转移支付为兜底，推进控费减负、扶贫助学、提升救助、住房安全、基础设施等民生保障不断完善。客观地说，上述做法抓住产业发展这个"牛鼻子"，试图通过资源整合、能力提升、利益共享等路径，推动稳定脱贫和乡村振兴，取得了一些成效。不过，在调研中我们发现，由于传统发展思维的惯性，当前地方政府对于推进稳定脱贫和乡村振兴有机衔接的实践仍然存在较大的认知偏差，具体表现在以下几个方面：

第一，以传统工业化思维发展乡村产业，忽视彰显乡村特色。如前文所述，无论是稳定脱贫还是乡村振兴，都要依赖于乡村产业。但是，乡村产业发展应该充分考虑乡村空间的真实情境，以"绿水青山就是金山银山"的"两山"理论为指导，在农业基础上衍生新业态，才能使乡村真正走出农业单一产业结构。然而，地方政府尽管知道产业发展是"牛鼻子"，但在实际工作中，仍然走不出传统工业发展的思维：资本化、规模化。在苏北调研中，地方政府提出产业发展"围绕打造千亿级现代农业产业"，投资数十亿元，推动重大项目数百个，足见其推动产业发展的力度。我们无意于否定个别地区的这种做法，但就实现稳定脱贫和乡村振兴而言，这种思维很难取得长期效应：一方面，资本密集型产业不符合农村资源禀赋状况，缺少乡村根植性，容易形成"无根产业"。在乡村，资本属于昂贵的生产要素，发展资本密集型产业面临的资金瓶颈，只能依赖招商引资。地方政府招商引资具有规模偏好，导致大多数招商引资项目都属于"无根产业"，难以在当地形成根植性。另一方面，传统规模化工业不符合农业新业态衍生的要求，容易形成"标准化产业"，不能彰显乡村特色。传统工业讲究成本优势，因此只能实行规模化与标准化生产。如果以这样的思维发展乡村产业，很容易与城市工业同构，乡村工业很难与城市相竞争，所以规模化的乡村工业往往容易失败。乡村产业应该选择与城市差异化的发展道路，以城乡市场互补来谋求发展。在农业基础上衍生新业态，通过"小规模、多品种、个性化"来彰显乡村特色，显然不是传统规模化、标准化工业能够做到的。

第二，以传统城市化思维实现农民市民化，忽视农民主体地位。让农民离开土地进城变成市民，是传统城市化的基本路径。因此人们往往以城镇人口比重来刻画城市化率，反映城市化水平的高低。调研发现，以这种思维推动城市化的做法普遍存在，最为典型的就是让农民搬迁，集中居住，社区化管理。近年来，为了减少因城市化造成的耕地占用，守住耕地红线，确保粮食安全，国家出台了"增减挂钩，占补平衡"政策，要求城市建设占用的耕地必须用农村相同面积与质量的复垦耕地来弥补。但在实践中，这项政策被理解成农村地区谋取发展资金，获取土地红利的利好机会。于是，一些地方政府便要求分散居住的农民集中居住，然后把农民宅基地复垦形成"增减挂钩"政策下的"增减挂节余指标"卖给城市，获得土地使用权变更让渡的补偿性收益。仅调研的地级市，2019年获得的入库增减挂钩指标就有6.9万亩，在省内转让1.6万多亩，实现交易收益近158亿元，而这种收益获得的代价，就是农民必须拆迁集中居住，即所谓"合村并居"。最近，某省因为大规模推进"合村并居"引起了舆论的高度关注，原因在于这种做法忽略了农民的主体地位，给农民带来极大的"未来不确定"，甚至形成眼前沉重的生活压力。

按理说，农民拥有居住地的选择权，是否选择集中居住，是拥有主体地位的理性农民经过利益得失权衡做出的理性决策。但是在现实中，地方政府以推进城市化、降低农村基础设施及公共服务成本、降低乡村治理成本、增加乡村建设资本支持等理由，替代农民行使居住地的自由选择权，要求农民拆迁合村并居。农民居住地自由选择权的异位，给农民带来了多重利益损失：一是需要为重新获得居住条件而付出额外的代价。通常的"合村并居"操作方法是先拆后建，首先，就会产生农民房屋被拆之后的租住费用；其次，被拆的农家房屋一般获得一平方米数百元的补偿，而农民到城镇购房则需要每平方米数千元，这之间的差额就会让农民因为农村房屋被拆而背负沉重的债务；最后，大多数农民的房屋都是在近十年修建的，房屋装修花费了农民长期积累的资金，这些花费随着房屋的拆迁得不到补偿而变为农民的沉默成本。二是需要为正常的农业生产支付额外的时间及精神成本。农民原本的居住地都在自家的承包地周边，农耕活动相对比较方便。集中居住之后，大多数农民被安排的居住地与承包地之间的空间距离都会增加，往返于农田与新居的

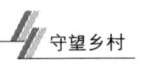

交通成本和精神成本自然会随之攀升。三是需要为正常的农村家庭消费付出大量的额外成本。家庭联产承包责任制的土地政策实行之后，大多数家庭其实是双结构家庭，即老人或者妇女留在家里种地，年轻人外出打工，粮食、蔬菜等农村家庭的平常消费，无须通过市场购买，而且还有部分庭院经济收入。"合村并居"之后，农民被安排居住楼房（否则就不能腾出更多的土地指标），没有了庭院收入，同时由于生活与承包地的空间距离增加带来的土地经营成本增加，很多家庭因无法让老人妇女继续承担耕作任务而选择退出农业，因此只能依靠外出务工收入维持家庭开支，再加上社区居住需要支付的物业费、水电费用，生活成本会有大幅度上升。四是需要为农村基础设施和公共服务配套建设重新支付。这些年国家加大了对农村的投资力度，支持农村基础设施和公共服务建设，但大多数基础设施和公共服务建设都是采用"项目制"完成的，每一个项目除了上级财政的转移支付，还需要有村集体经济的配套资金注入，有些项目还需要有农户"一事一议"或者自愿捐助方式集资注入才能完成。"合村并居"就让农户这些前期支付变成沉默成本而得不到任何补偿，而且，宅基地增减挂钩获得的指标净收益中，还要有大约10%扣除注入基金池，用于村集体经济支付移居地的基础设施和公共服务建设。显然，"合村并居"造成的农村基础设施和公共服务的重新支付，形成了农民负担。

第三，以传统城乡二元思维解决农民就业问题，忽视农民创业能力。在传统的二元经济社会结构中，农村劳动力是当作城市工业劳动力来源被安置就业的。在这种思维下，农村产业是单一的种植业，农业剩余劳动力的就业出路只能依赖城市工业。从调研情况来看，这一思维的惯性仍然在发挥极大的作用，甚至在得到强化。具体表现为：一方面，农村产业兴旺依靠的主体是通过招商引资来的外部社会资本，而不是农民力量。调研地明确提出把农业重大项目建设当作推进农村产业兴旺的重要抓手，以"工业化理念，项目化思维"推进农村重大项目建设，坚持招商不断档，项目不停步，积极引进社会资本投向农村。在这些项目推进中，农民只是简单的土地等要素的供给者，而不是催生产业的创业者。另一方面，乡村振兴的内生动力依靠的是激活农村要素收益，而不是农民创业的价值创造。有些村集体利用"合村并居"、农村公共空间资源清理得到的收益，在城镇购买标准化工业厂房，再通过招商引资，或者厂房出租，为壮大集体经济发展"飞地经济"，也为农村剩余劳动力提供一些就业岗位，对农民增收是有益的。但是，对农村和农民来说，这种做法激活的仅仅是农村的要素"收益"，而不是这些要素与农民创业相结合的价值创造收益。也就是说，村庄通过变卖和出租那些盘活的要素，得到要素租金和交易收入，却让农民丧失了使用这些要素进行创业的价值创造。要素变卖是一次性收益，要素出租则仅得到固定的租金收益，收益水平较低，没有创业活动的价值创造，要素给农村带来的收益相对较低，并且增值困难。

综上所述，稳定脱贫和乡村振兴有机衔接的实践偏差，其内在逻辑是：传统的工业化思维追求资本化与规模化，必然排挤小农而依赖社会资本，使小农被排挤在产业主体之外。小农只能以要素供给的身份被社会资本吸纳，必然造成乡村产业的"无根性"，这种没有"地域根植性"的乡村产业，随时都有空间变换的可能性，因此无法担当稳定脱贫和乡村振兴相结合推动乡村持续繁荣的重任。

结论与政策建议

通过上述调研与分析，我们得到以下结论：中国经过几十年的乡村贫困治理，取得了举世瞩目的成就，由温饱向小康进程中的贫困属于相对贫困；新时代背景下的稳定脱贫和乡村振兴，具有目标的统一性和措施的互补性，因此应该将两者有机衔接；稳定脱贫与乡村振兴相衔接的接口是乡村产业，主体是农民，手段是乡村创业；但在现实中，稳定脱贫与乡村振兴的结合出现了实践偏差，主要体现在以传统工业化思维发展乡村产业，以传统城市化思维促进农民市民化，以传统城乡二元思维解决农民就业问题，导致难以彰显乡村产业特色，难以确立农民主体地位，难以提升乡村农民创业能力，最终使乡村产业变成"无根产业"，稳定脱贫与乡村振兴失去可持续的内生动力。基于此，我们提出如下政策建议：

第一，以农业为基础衍生新业态，夯实稳定脱贫和乡村振兴的产业基础。发展农村产业要注意避免资本化、规模化的传统工业化思维，以"绿水青山就是金山银山"的理念，在农业基础上，充分利用各地农村的环境、资源、文化的差异性，衍生新业态，催生新产业，催生带有地域特色的乡村产业。

比如，特色农产品深加工、特色农业功能开发、地方文化嵌入的农业新产品与新服务衍生等。乡村产业发展应该追求特色，而不是规模，才能形成与城市工业的差异性而获得可持续发展。

第二，以农民为主体提升新能力，形成稳定脱贫与乡村振兴的内生力量。稳定脱贫的对象是农民，乡村振兴的目标是为了农民生活富裕，因此，农民是稳定脱贫和乡村振兴的内生力量。乡村特色产业发展要求在农业基础上衍生新业态，才能实现农村绿水青山与金山银山的结合，让农村生态价值化，价值生态化。农民与乡村产业的联结最直接，利益关系最深，因此只有发挥农民的主体地位，让农民参与到乡村产业发展中，成为乡村产业发展的内生力量，才能实现农民摆脱贫困走向富裕的目标。盘活农村要素，激活要素动能是正确的，但不能使农民仅仅成为要素的供给者和要素租金的分成者，要使农民成为要素价值增值的创造者，乡村振兴才可持续。因此，需要通过各种技能培训，提升农民的可行能力；通过各种政策，鼓励农民专业合作社、家庭农场、乡村个体经营者的发育成熟，形成有层次的农村产业新型经营主体体系。

第三，以创业为手段形成新动能，积蓄稳定脱贫与乡村振兴的持续动力。稳定脱贫与乡村振兴要以乡村产业发展为基础，以农民为主体，其主要途径就是鼓励支持乡村创业，把农民引入到乡村产业发展当中来。乡村创业活动把城市要素引入农村，让农民与要素相结合而创造新价值，这是乡村繁荣的基础。中国农村自 20 世纪 90 年代以来，大规模进行农村基础设施建设，具备了"路、电、水、网"的"四通"条件，在互联网技术、高铁捷运体系、快递物流系统的支持下，具备良好的创业基础与条件，用"互联网+"催生乡村创业，已经在许多农村有很好的实践。因此，政府政策设计要充分考虑农民作为创业者的角色，为农民与农村要素相结合实施创业活动提供便利条件。比如，将农村空间治理清理的资源优先供给农民创业者使用；农村增减挂钩的建设用地指标更多地用于本地乡村创业而不是拿去换取微量补偿；为乡村农民发展庭院经济、家庭作坊等微创业行为提供政策保障等。只有让更多的农民能够方便安全地以创业者身份参与到农村产业发展当中，农村就业才能真正得到解决，农民生活富裕才能真正得到实现。

2020 年 6 月 26 日

乡村振兴如何寻找正确的打开方式？

乡村振兴的话题最近从中央到地方，从政府到企业，从学界到实业，几乎都有说不完的话。大家对于为什么要实施乡村振兴战略大致上达成了共识，但对于究竟如何才能实现乡村振兴却是各有各的理解。中央给出的乡村振兴战略是"产业兴旺，生态宜居，乡风文明，治理有效，生活富裕"20个字，或许是因为大家对这20个字的侧重不同，才有现实中各种乡村振兴的理解与做法。作为长期关注"三农"问题的学者，我对乡村振兴战略的实施自然有着很高的期待，因此只要有时间，就会尽量带学生到农村去走一走，也希望能够找到通用的乡村振兴打开方式。2018年的暑假和国庆节，我们通过走访调研看到了三种不同的乡村振兴思路：

一是浙江何斯路村"以人为核心"的思路。8月底去何斯路村调研，一进村就感觉到这里与众不同的人文气息：首先是善待老人。村里有为老人专门设置的公共食堂、老年大学、晨练场地等，老人在这里过着无忧无虑的生活。其次是崇尚善举。村里通过设立"功德银行"鼓励村民的善德善行，从日常行为着手实施"人的教化工程"。村里的"功德榜"记载着每个村民所做的善行，一个月3次的老人晨练，让七八十岁的老人在一起打太极拳，志愿者为他们讲政策，讲善人善行，唱村歌，学礼仪等，点点滴滴改变着人的行为。在何斯路村，你会见到人人都很热情，地上没有垃圾，可谓村容整洁、人情浓郁。最后是崇敬祖先。走进村里即可见到路边矗立的从何斯路村走出去的先辈塑像，这些都是为国家与社会做出巨大贡献的何氏先辈，有医生、科学家、将军等。在村子中央位置的何氏宗祠里，既有对祖先的追思，也有对现在贤人的褒奖。总之，在这个村里随处可见的是对"人"的尊重。用村支书何允辉的话说，乡村发展首先得是"乡村人的生活呈现，然后才是对有需求的人共同分享快乐、分享经济、分享幸福"，因此一个乡村的发展好不好，游客量不是最重要的追求，人的进步与乡村和谐可持续才是。所以，何斯路村所有的一切几乎都是围绕"人"而展开的。比如，村里的集体经济首先解决的是老人的养老保障问题。村里给每一位老人都买了社会养老保险，让老人可以没有后顾之忧。也许因为把重心放在了"人"身上，在何斯路村似乎没有见到轰轰烈烈的产业发展景象，也没有什么年轻人留在村里。据说年轻人白天大多都去周边城市创业或者务工，晚上才回来一家老小团聚。留在村里的村民，种几亩黄桃，办一个家乡米酒的酿造作坊，都打着"何斯路村"的牌子去销售，村里的"草根休闲农业专业合作社"会为他们提供一些支持，但他们也需要将收益中的一部分留给村里作为集体收入。不过，何斯路村的产业，似乎并不在村里，而是在村外，村里没有规模很大的产业，但这里的人均收入却不低。在他们看来，回到村里就应该回归"农村人"的生活，只要觉得幸福就够了，不需要太多的钱。以我们所见，村里的老人是幸福的：因为建立了良好的养老保障，他们没有后顾之忧；因为村民崇尚善德善行，他们没有钩心斗角。身心愉悦使村里的老人快乐而健康，这从给我们讲解的那位80多岁的何老先生矫健的步伐、洪亮的声音里可以体会到。

二是安徽三瓜公社"以产业为核心"的思路。2018年的6月和10月，我两度走进位于安徽巢湖的三瓜公社，一听这个名字就很有创意，西瓜、冬瓜、南瓜，这是多么熟悉的名字，能够立即唤起儿时的记忆！这是安徽蚌埠的一家民营企业来巢湖打造的一个乡村发展样板，样板的核心追求是产业发展：首先是这里提出了"互联网+'三农'"的产业发展思维。这里的规划设计就是围绕"互联网+'三农'"的产业思路展开的，南瓜村的电商、冬瓜村的乡旅、西瓜村的农业有机组合，通过互联网招徕游客，通过互联网卖走产品，通过互联网催生创业。其次是这里围绕产业发展讲效益。为实现土地的规模化经营，通过政府的协调，将农民实行征地搬迁安置，将土地集中在工商资本手中。我们到西瓜村调研时，那里正在拆迁，村民告诉我们，政府以3万元左右的价格将他们的承包地征收，按每人50~65平方米的标准在巢湖城区安排安置房将他们的房屋征收，按照60岁以上的老人领取每月200多元的养老金补贴的方式让农村老人进城。尽管三瓜公社墙上写着"创业不必去远方,家乡一样铸辉煌",但事实上,经过征地拆迁之后的农民,基本上跟村庄没有什么关系,他们随着安置实现了从农民向市民身份的转变!国庆假期尚未过半,这里今年的游客接待量就已经突破了600万人次!公社的电子监测屏里随时显示着线上线下交易额的变化,在三瓜村,产业效益是优先的!最后这里年轻人成为产业发展的主力军。与别的农村完全不一样的是,三瓜公社可以说是年轻人的天堂。他们围绕三瓜品牌做电商,或成为三瓜公社的员工,或成为这里的电商创业者。有年轻人就热闹,与别的农村只有老人小孩留守形成鲜明的对比。不过这些年轻人大多与这个村庄没有关系,有的是大学生,有的是从别的地区来创业的,有的是三瓜公社自己的员工。

三是安徽古镇唐嘴村"以村集体为核心"思路。我们去唐嘴村多少有些意外,但却收获良多。这次原本只打算在三瓜公社做调研,结果时间有点充裕,问询度娘得知唐嘴村是安徽省榜上的千年古村落,我就爱看古村落,于是毫不犹豫想去走走。唐嘴村的调研有两点感受:首先是"老年农业"情况非常严重。我们刚上公交车就遇到一位82岁的唐嘴村老人,早上六点多乘第一趟公交到巢湖市区卖掉了自养的两只土鸡和鸡蛋,八点钟回村,刚好和我们在公交上相遇。见到农民大伯我的话就多了起来,老人告诉我:他有两个儿子,一个在外有工作,一个在外打工,他和老伴在家种有6~7亩地,其中3亩左右种水稻,还有玉米、花生、芝麻、草莓等旱作物。大儿子在家建了新房,大儿媳妇在家带孙子,两位老人住在老房子里。村里大多数人家的情况都是这样,有的年轻人在城里买了房子,但家里的土地还留着,老人种一部分,流转一部分,实在流转不出去就荒着,我们在村头的确发现不少荒地,看着可惜。在唐嘴村我们几乎没有见到年轻人,种地的"劳动力"年龄都在六七十岁以上。其次是农村老人的社会保障不完善。村头我们见到一位86岁的老年妇女在地里摘菜,看她步履蹒跚的样子很是可怜,交流中得知她是孤独老人,没有子女,养女在外打工,对她的关照很少。她腰腿不便,经常要麻烦村民到集市上给她带吃、带药,她就用自己种的菜作为答谢。可能村里留下来的都是老人,大家反倒相互能够团结,因为彼此都需要照应。我们找到村委会,恰好村支书在,跟我们说起了村里的未来:第一步是村庄统一规划,实现土地规模经营。现在土地荒废很可惜,主要是碎片化所致。村里将一个仅有6户人家80余亩地的村民小组实行了并村,让村民集中居住,宅基地复垦,承包权不变,土地流转给大户耕种。第二步是发展村庄产业,实现集体经济增收。现在村里被评为安徽省千年古村落，有上级政府下拨的500多万元项目经费，他们准备用于建设16栋民宿，发展乡村旅游。同时建立乡村农业专业合作社，让村里的资源变成财富，现在村集体一年的收入大约有10多万元，希望通过产业发展能够让集体经济不断增长。第三步是吸引年轻人回村创业，实现家人团聚老有所养。现在老人在家种田，年轻人出去打工，尽管生活上还过得去，但一家人不能团聚，老人太辛苦。以后民宿建起来了，就要鼓励支持年轻人回村来经营，老人可以做些后勤工作，一家人在一起才能和谐。而且，随着村集体经济的增长，老人的社会保障问题也更容易得到解决，年轻人回来创业的负担也会减轻一些。村支书信心满满地告诉我们，只要产业能够发展起来，年轻人就有可能回村，困难是现在资金太少，事业发展只能慢慢累积。

从上面三个村落的实践来看，乡村振兴的道路存在许多差异：

首先是乡村振兴侧重点各不相同。何斯路村关心的是"人"，主张净化人的内心，同时关心老人养老保障，所以这里的乡村治理是高效的，乡风文明，村容整洁，有鸡有鸭，有牛有羊，生活节奏慢，其乐融融，像个农村。三瓜公社关心的是"产业"，主张通过"互联网+'三农'"推动乡村产业发展，所以这里的产业是兴旺的。电商创业，农旅发展，农业规模化经营，生意做得风生水起，人来人往，熙熙攘攘，热闹非凡。唐嘴村关心的是"村"，主张通过集体经济发展让年轻人回来，希望通过"村民参与的产业发展让村民生活富裕"。村里正在建设的民宿、正在谋划的乡村产业能否真的能吸引年轻人回来，目前尚未可知，但他们在努力着。

其次是乡村振兴的牵引力量来源各异。何斯路村强调"人的教化以治理乡村"，领头人是村里的乡贤能人。在调研过程中，何书记给我们详细阐述了他的治村理念，以及他自己在外创业成功带着资金回村建设家乡的想法，他身上的人格魅力十分感染人，有能力，有情怀，有思想，有魄力，这是我们团队对他的评价。三瓜公社强调以"互联网+'三农'"带动经济，牵引力量是工商资本。这里是以项目形式由安徽某民营企业与合巢经开区联合打造的。工商资本负责项目设计与建设，地方政府负责拆迁安置与基础设施，有了工商资本的介入，资本投入多，村庄改变大，产业形成快，从2015年开始到现在，短短3年，即成如此规模，相当惊人。唐嘴村强调"村民参与推动产业发展实现生活富裕"，牵引力量来自于基层组织与村干部。村支书拿着规划图给我们详细介绍村庄未来的发展蓝图,要建多少项目,发展什么产业,带动多少本村村民创业就业,如何做到老有所养,干部心中有一盘棋,目前也建起了一些基础性设施,未来一切如此美好!

最后是乡村振兴条件不同结果迥异。何斯路村属于山区,全村农户466户,人口1023人,只有375亩耕地,周边全是山。但浙江是创业沃土,能人贤人辈出,以能人的情怀带动建设家乡比较多见。但是,无奈村里发展产业条件不足,只能选择产业在村外、建设在村里的方式,因此在何斯路是很少见到年轻人的,乡村振兴聚焦在让文明乡风下的村民老有所养,老有所尊。三瓜公社属于城市郊区,且有温泉这一天然资源,一方面适合乡村旅游开发,另一方面村民拆迁安置实现市民化相对来说比较容易。因此政府与工商资本开展合作,比较容易通过村民这一关。三瓜公社很少见到农村老人,他们都随着土地的征收、房屋的拆迁,跟随后代去城市安生了。三瓜公社欢迎年轻人回乡创业,但没有责任解决村里走出去的老年农民的晚年保障,这些老年农民最后的出路依托的是城市的融入条件,后面会如何现在无法预知。唐嘴村想的是通过村民参与发展产业,依靠集体力量来为全体村民谋得发展。但是没有工商资本的介入,资金累积慢,产业生成也就慢。如今幸好还有来自政府的千年古镇建设项目款,尽管不多,但总比没有好。因此这里的蓝图最美好,将来也许能够见到创业的年轻人和安度晚年的老人,但何时能够实现的确是个未知数。

乡村振兴究竟应该如何寻找正确的打开方式?从上面三个村庄的情况来看,实在是没有一种固定的模式,各地的做法也很难复制。何斯路村发展得很好,是因为有能人贤人带动,让村庄有了起步资金和良好的发展思路。但受山区条件所限,在村庄里发展产业的可能性较小,因此还是很难解决年轻人本地创业与就业问题,村庄没有年轻人的踪影,总是少了一点什么,但昔日一个贫穷落后的山村能够建成今日的图景,我们还能苛求什么呢?三瓜公社的建设严格说来就不是乡村振兴里的含义,因为这里已经不是严格意义上的乡村了,村民已经进城变了市民,这里也没有真正意义上的农家,感觉这里更像是城市化进程中为市民打造的一个闲暇去处,只不过这个去处是在乡村而已。如果有这样的城市化条件,能够像三瓜公社那样打造出几个像样的乡村旅游景点,尽管不好说是否真的能够让从这里拆迁安置出去的农民有机会返乡(其实已经不是他的乡)创业,至少一方面给了城市居民一个好去处，另一方面让这里荒凉的农村资源得到了非常高效的利用。不过值得关注的是，从村里拆迁安置出去的农民，到了城市需要尽快帮助他们融入，尤其是他们的社会保障。否则，那些现在身强力壮的农民，能够找到工作无忧无虑，巴不得远离农村，若干年后城市的变迁，年轻人慢慢会变老，是否还能找到工作就很难说，没有社会保障总是令人不安，这就是为什么这里的老年农民总是不愿意离开的原因吧！我心中的乡村振兴，应该是唐嘴村干部描绘的图景，村里有产业，村民直接参与，村里有年轻人也有老年人，因为产业而富有，因为老少团聚而和谐。然而，现在的农村依靠自己的力量，何时能够实现这样的梦想呢？如果公共财政能够像支持三瓜公社拆迁安置那样支持唐嘴村的基础设施建设，或许实现这个梦想的日子会近一些。

　　由此观之，打开乡村振兴的正确方式应该是：因地制宜，顺势而为，求同存异，和谐共生！

2018 年 10 月 5 日

如何理解"乡村建设行动"的逻辑？

2020年10月29日，中国共产党第十九届中央委员会第五次全体会议通过的《中共中央关于制定国民经济和社会发展第十四个五年规划和二〇三五年远景目标的建议》（以下简称《建议》）中，论及"优先发展农业农村，全面推进乡村振兴"的问题，提出要"强化以工补农、以城带乡，推动形成工农互促、城乡互补、协调发展、共同繁荣的新型工农城乡关系"，"实施乡村建设行动"，"统筹县域城镇和村庄规划建设"，"强化县城综合服务能力，把乡镇建成服务农民的区域中心"，"推进以县城为重要载体的城镇化建设"。在这些简洁的文字中，出现了一系列新表达，如"新型工农城乡关系""乡村建设行动""县城综合服务能力""县城为重要载体的城镇化"等。说这些表达是新的，是因为以往在大多数情况下，"工农关系"和"城乡关系"是分开表达的，推进城市化的重点是城市建设，很少论及通过"乡村建设"来实现城市化，尽管以前有过发展"县域经济"的提法，但突出"县城"的地位，把"县城"当作是"城镇化"的重要载体，强调"县城"对农民"综合服务能力"的重要性，这是比较新鲜的。

在中国，县城是城市之尾、农村之首，如果我们把县城以下的区域都称为"乡村"，那么，这里所说的"把乡镇建成服务农民的区域中心"，以及突出"以县城为重要载体的城镇化建设"，都属于"乡村建设行动"的应有内涵。如此说来，"乡村建设行动"就有三个基本任务：一曰美化村庄；二曰优化乡镇；三曰强化县城。通过"三化"行动，形成"村庄—乡镇—县城"网状聚合，与城市互通对接，融为一体的"新型工农城乡关系"，这或许就是"乡村建设行动"应该遵循的内在逻辑！乡村建设行动为何要遵循这个逻辑呢？我有以下三点理解：

首先，村庄美才有农民的生活美。论及建设和美化村庄，有些学者立即会用教科书上的理论来质疑：将来还有人会想生活在村庄吗？如果都没有人愿意生活在村庄，投向美化村庄的资源岂不就是浪费？在这里，我想明明白白告诉大家，根本不用担心是否有人愿意回到乡村去生活，如果不信，这里举两个"小栗子"：第一，现在城市的有钱人买房子，都喜欢有个院子，弄个鱼池，搞个菜园，种点蔬菜花草，把这当作是人生追求的重要目标，尽管看的是"假山"，望的是"假水"，但留在内心的是真实的"乡愁"！第二，现在城里的工薪阶层钱不多，买不起带院房子的，每逢节假日出游，必定是乡村田野选择者居多，去那里采摘，体验，吃顿农家菜，觉得无比享受。记得在安徽"三瓜公社"调研的时候，那里的经营者告诉我，有一年清明节假期，三瓜公社的三个小村庄接待了40多万周边城市来的游客。这些现象的发生，其实道理很简单：人从自然中来，回到自然中去，与城市相比，村庄更贴近自然，人人都会向往，因此，回归人性，这是乡村建设的逻辑起点！既然如此，美化村庄就显得十分必要，如果能够按照中央的要求，"保护传统村落和乡村风貌"，"完善乡村水、电、路、气、通信、广播电视、物流等基础设施"，改善乡村厕所、生活垃圾和污水处理，让农村人居环境变得既贴近自然，又不乏现代生活气息，难道人们还会更愿意窝在城市的鸽子楼里吗？我们看到，现在很多农村人尽管进城后花尽积蓄在城里买房子，但也不会轻易退出宅基地，而且要千方百计在农村建一栋新房，一个重要的原因就是，他们总期待着自己有一天，能够回到贴近自然的生活状态，这是一种至高的人生追求！

其次，乡镇优才有农民的报酬优。人都有自然性的一面，喜欢亲近自然，就会向往回到乡村去生活。我这样说经常招致一些学者的反驳，他们习惯使用的一句话就是"你自己都不愿意回去，干吗主张农民回去"？我的回答是，我不是不愿意回去贴近自然，而是没有能力回去贴近自然，这一点和农民工是一样的。能够过上贴近自然的生活，是人之向往，否则就不会出现城里到处是菜园的景况。很多人无奈选择进城，那是因为还没有到能够享受自然的境界，大多数人还在为生存奔波。为了生存，先得有收入，目前的条件是，城市的要素报酬比农村要高，所以大家才不得已放弃农村的环境美，去追求城市的报酬优。至于为何现在城市的报酬优，一些学者会拿出很多教科书上的理论来说事，似乎城市的报酬优是天然的。但是，不管是以历史眼光纵向看，还是以国际视野横向看，农村都不必然是报酬低的地方。只不过在我们长期的二元结构发展中，今天的中国的确是农村报酬不如城市，报酬低的原因，自然是因为乡村产业匮乏。如果能够优化乡镇的产业结构，创造更多的创业就业机会，农民能够在乡镇获取更多的非农收入，在农村地区增加他们的报酬，对于大多数农民来说，就不会选择背井离乡进城打工。我这样说是有历史依据的：改革开放之前的浙江人，为了增加家庭收入，背井离乡游走全国各地，小时候经常在家门口与挑货担"鸡毛换糖"的浙江人亲密接触，改革开放后这些人神奇般消失，他们回到自己的村庄院落，"前店后厂"搞起家庭作坊，生意做得红红火火，如永嘉桥头镇的纽扣、诸暨草塔镇的袜子等，成就了浙江著名的"块状经济"，尽管浙江很多地方也是山多地少，但很少听说浙江人外出打工，因为他们在自己的乡镇上创立了自己的产业，农民在家门口就能获取优厚的报酬。发达地区如此，落后地区也如此，我曾经在广西玉林的福绵镇、北流的民安镇调研，福绵镇的两个早期在广东摆服装摊的农民，回家带领村民做牛仔裤，几十年下来让福绵成为"牛仔裤之都"，北流民安镇在三环陶瓷产业的带动下，也已成为中国日用陶瓷名镇，这里虽然地处西部欠发达地区，但村民也同样因为在家门口能够找到丰厚的报酬而不用背井离乡，过着自己富足的生活。所以，要想让乡村农民能够享受到自然环境的美，前提是家乡乡镇的产业要优，现在的乡镇仅仅是农村区域的行政中心，如果能够按照中央的要求，优化乡村的产业结构，完善乡镇的基础设施，让乡镇从单一的行政中心，转变成"服务农民的区域中心"，让农民在家乡实现有优厚报酬的就业，乡村必然成为老百姓的理想归宿地。

最后，县城强才有农民的幸福强。小时候常常说，中国地大物博，后来对这一说法进行了矫正，说"地虽大，资源乏"，这的确更符合国情。中国有很多的乡镇，不可能个个像桥头，像福绵，能够搞出产业来。经济学上说聚集效应，尽管不是无边界的聚集，但资源相对集中还是必要的。因此也就不能指望农村个个乡镇遍地开花搞产业，毕竟现在不是20世纪"短缺经济"的时代，在市场的竞争中需要有实力，有效率。所以，只能在农村地区选择一些条件相对较好的乡镇，将其发展成服务农民的区域中心。如果说前述的一些基础条件好的乡镇可以发展成产业聚集中心，成为农民获取报酬优的空间，那么，作为农村地区文化、政治、经济中心的县城，除了要成为县域经济的"领头羊"之外，还要担当起为农民提供教育、医疗、健康、卫生、消费等方面的综合服务的任务。中国的县城与农民生活的村庄之间的距离，通常在50公里，超过100公里就算比较远了。经过40多年的改革开放以及国家政府这些年对农村地区的大规模基础设施投入，目前基本实现道路硬化村村通，在这样便捷的交通条件下，50公里左右的空间距离，完全可以满足农民进县城获取各种公共服务的需求。所以县城除了成为农村地区产业聚集中心，满足农民工返乡就业需求之外，强化县城的综合公共服务功能，让其有能力为县域之内的农民兄弟提供周到的综合服务，应该是农民获得感、幸福感提升的重要保障。中央提出"推进以县城为重要载体的城镇化建设"，其科学意义就在于，通过对县城基础设施公共服务能力的强化，能够让县域之内的农民，不管是住在乡村，还是住在县镇，都有条件享受到包括教育、医疗、健康等在内的现代城市文明，在乡村地区家门口完成自己的市民化过程。

综上所述，我认为，美化村庄环境让人回归自然，优化乡镇产业让人生活富足，强化县城服务让人幸福无忧，以此真正实现"以人为核心的新型城镇化"，这就是乡村建设行动的逻辑！

当前，中国常住人口城镇化率达60%，但户籍人口城镇化率只有44%，很多学者强调应该放开户籍制度，提高户籍人口城镇化水平，让农民真正实现市民化。在我看来，户籍制度改革势在必然，能够进城的农民无论如何不能因为户籍的阻碍而不能享受城市的现代文明。但是，相差16个百分点的常住人口城镇化率和户籍人口城镇化率，据称是因为人户分离的人口，2018年底全国人户分离人口数量高达2.86亿，其中绝大多数是农民工。面对如此庞大的人户分离的农民工队伍，如何指望靠进城去实现他们的市民化？大多数农民工在城市赚钱，回农村养老，是他们当下最为经济的选择，因为留在农村没有收入，进入城市没法生活，只能顶着城市生活之苦赚钱，等日后回农村再去弥补失去的天伦之乐。从经济学的意义上说，即便放开户籍制度约束，也无法让这些农民工进入城市实现城市化，原因有三个：一是城市容纳不下如此庞大数量的农民工，我们国家除县城外，城市数量不足400个；二是庞大的农民工即便能够进城，城市也无法维持现有的公共服务水平，如果要维持现有的城市公共服务水平，就需要进行巨大的增量投资；三是如果国家的公共服务投资仍然实行城市偏斜，以维持农民工进城的需要，那就会造成更大的城乡差别。再进一步，即便这2.86亿人户分离的人口全部进城并能够享受现有水平的城市文明，我们也还有大约5亿多农民在农村，不加大农村的公共品投入，就会让这些留在农村的农民失去享受城市文明的机会，这种失衡将带来不可估量的社会后果。所以，在户籍制度改革的前提下，解决中国农民市民化问题的关键路径，不是让农民进城，而是回农村建城！《建议》提出的"推进以县城为重要载体的城镇化建设"，可谓是高瞻远瞩的英明决策。一句话，乡村建设行动，宜早不宜迟！

2020年11月24日

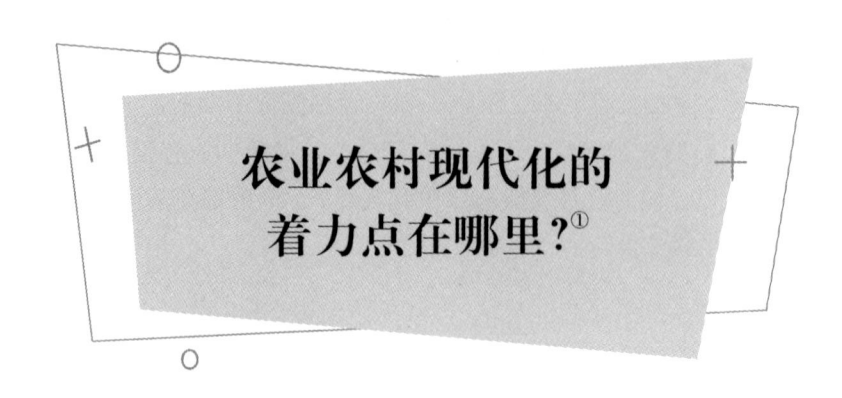

农业农村现代化的着力点在哪里?[①]

2020年10月29日中共十九届五中全会通过的《中共中央关于制定国民经济和社会发展第十四个五年规划和二〇三五年远景目标的建议》(以下简称《建议》)里,第七部分内容专门阐述"优先发展农业农村,全面推进乡村振兴",旨在"推动形成工农互促、城乡互补、协调发展、共同繁荣的新型工农城乡关系,加快农业农村现代化"。对此应该如何理解?从内涵来看,新时代的农业农村现代化所要形成的新型工农城乡关系,其依存的逻辑可以理解为:以工农互促推动产业兴旺,以城乡互补优化空间布局,以协调发展实现社会善治,以共同繁荣达成现代化目标。按照这个逻辑,我们从以下四个方面来讨论"十四五"期间推进农业农村现代化的着力点。

关于城乡空间的合理布局

在"新型工农城乡关系"中,"工农互促"是指产业关系,"城乡互补"是指空间关系,任何产业发展都要落在特定的空间当中,因此产业发展规划与空间规划需要统一,而且应该是空间规划先行。所以我们先谈谈城乡空间的合理布局问题。就城乡的空间关系而言,过去我们大多数关心的是城市发

[①] 本文以《关于推进农业农村现代化几个问题的探讨》为题发表在《江苏大学学报(社会科学版)》2021年第2期,作者为庄晋财、鲁燊。略有修改。

展,这次在《建议》中明确提出,要实施"乡村建设行动""强化县城综合服务能力""把乡镇建成服务农民的区域中心""保护传统村落和乡村风貌"。概括起来说,就是要美化村庄,优化乡镇,强化县城,通过"三化",形成"城—镇—村"联动的经济社会发展空间结构体系。

目前,有一些学者坚守"大城市优先论",忽视了过去城市偏斜造成乡村发展不充分的教训,照搬教科书中的"规模效应",坚守"GDP至上"教条,偏离"以人为核心"的城市化目标。我们知道,由于过去长期的城市偏斜,直至2012年底,依当时标准农村贫困人口尚有9899万人,如果加上刚刚走出贫困获得温饱的农民,数量有数亿之巨,指望哪个大城市能够满足这庞大农村人口的市民化需求?回顾历史,改革之前为了阻挡数以亿计的农民涌入城市,政府使用城市户籍的特殊挡板,结果造成阻止农民市民化的城乡鸿沟;改革之后把城市户籍挡板稍稍挪动,减少黏着在城市户籍中的利益连带,乡村人口就开始不断涌入城市,导致城市住房、消费等生活成本飙升。今天的许多城市已经接近把户籍挡板完全撤离,实施城市落户零门槛,但以高昂的房价为代表的城市生活成本,却让大多数涌向城市的农村人,成为钟摆式迁徙中的城市过客,只能被计算在"常住人口城市化率"的指标当中。因此,真正实现中国农民的市民化,只有依靠在现有城市以外的地区择机择地"建城",而不是依靠现有城市尤其是几个大城市去号召农民"进城"。"给进城农民以城市户口"就能实现农民市民化的"城市户口至上"思维,无法打破传统的"户籍桎梏"。农民市民化的真正出路,在于消除"城乡户籍隔墙",让人人都能找到享受现代文明的空间。

从空间关系来看,我国的县城属于城市之尾、农村之首,是城与乡的连接点,县以下的区域称为"农村地区"或者"乡村地区"。县城是县域农村的经济中心、政治中心和文化中心。正因如此,县城成为农村地区基础设施和公共服务投入的聚集区,也是广大农民能够享受城市文明最近的地方。在城乡隔离的年代,由于县城基础设施与公共服务条件有限,严重影响到农民享受城市现代文明的水平与程度。自进入21世纪尤其是2005年启动社会主义新农村建设以来,农村公路、交通、网络等基础设施日益完善,大大增加了乡村人口享受县城综合服务的便利性。经验表明,提升县城综合公共服务能力,一方面可以大大提高乡村居民享受城市现代文明的程度,另一方面又可以节省向分散的农村地区大量投入公共服务的成本。因此,如果把农民市民化理解为农民的生活方式、思维方式、生存方式和身份认同等方面由传统农耕文明向现代工业文明转变,那么,"以县城为重要载体的城镇化"就是一条低成本高效率的实现路径。

当然,强化县城的综合服务功能,仅仅为农民提供了一个享受城市现代文明的外部环境。农民市民化的另一个重要前提是农民就业非农化。改革以来的经验证明,依靠现有城市推动农民非农就业的"打工经济",只能实现大量农民"两栖化"的半城市化,农民就业非农化需要依靠农村内生力量来解决。正因如此,近年来中央一再号召农民工等人员返乡入乡创业,推动农村一二三产业融合发展,来实现可持续的农民就业非农化。从理论上来说,农村一二三产业融合衍生的新业态,与农业的显著区别在于其分工程度提高。分工带来高效率的同时,也带来高交易成本,因此乡村创业不能重走"村村点火,户户冒烟"的老路而要形成聚集,乡村创业最佳的聚集点自然就是乡镇。最近在长三角地区调研发现,始于20世纪八九十年代的乡镇企业发展,使这里从土地上游离出来的农民,如今大多数都能在家乡附近的乡镇实现非农就业,从而免去"背井离乡"之苦。优化乡镇的产业聚集功能,让农民"离土不离乡"实现非农就业,是农民市民化的根本出路。所以,《建议》指出要"统筹县域城镇和村庄规划""发展县域经济""丰富乡村经济业态"。

"离土不离乡"意味着农民可以居住在村庄,工作在乡镇,既实现非农就业,又免去进城打工的"两栖之苦"或大城市生活成本巨大压力,可谓一石二鸟!事实上,我国除偏远山区外,大多数农村村庄距离乡镇的距离都在数公里至数十公里的范围,随着村庄聚集的演进,镇与村的空间距离还在缩短,比起大城市的通勤距离与拥堵状况,这是工作与生活完全可以接受的空间距离。所以,如果县城及核心乡镇的产业能够支撑农民就近非农就业,生活在村庄、就业在城镇的"离土不离乡"是实现农民市民化的合理模式选择。当然,还有一种情况,就是现在的年轻人抱有城市梦想,不愿意留在村庄,但大多数农村老人仍然具有浓重的"乡土情结",仍然要居住在村庄。江苏现在这种情况很常见,农村老龄人口的比例基本都在25%以上。对中国大部分区域的农村来说,现在无法像江苏那样可以在乡镇实现非农就业,那些"离土又离乡"的外出打工农民,在城市赚钱,返回家乡终老非常普遍,大多数"两栖"农民工如果返乡,还是要居住在村庄里,真正离开村庄的事情要等到他们的下一代,这个过程还得维持数十年。也许数十年之后,城市人又开始向往乡村的恬静，乡村又变成城市人的追逐之地，这种情形如今也在发生，多少城里人都想着能够到农村去谋得一处居所安老。所以，无论是现在还是未来，乡村都不会真正消失！由此观之，《建议》提出实施"乡村建设行动"，完善乡村基础设施，提升农房建设质量，改善农村人居环境，并非权宜之计，而是着眼于未来。因此，美化村庄，也就是美化农民现在乃至未来的生活环境！

综上所述，中国未来的农民市民化道路，是要通过在农村地区不断完善城镇建设来实现的，居住在环境美丽的村庄，工作在产业发达的乡镇，享受在服务齐全的县城，"城—镇—村"联动互促，为农民提供立体式综合服务，让农民生活、工作、享受能够在县域方圆三五十公里范围的空间中得到满足，这就是中国农民未来的城市化图景！

关于乡村产业的繁荣兴旺

"城—镇—村"联动互促的空间结构能否形成，关键在于乡镇产业聚集功能的强弱。这是因为，农民非农就业收入的稳定性决定着农民能否留在美丽乡村而不外出打工。一些学者极力排斥乡村建设，理由是认为不能指望"农二代"返乡，他们认为既然没有人愿意回村种田，投入乡村建设就等于资源错配。在他们的观念中，返乡就等同于回村，回村就等同于种田，在这样的假设下，美化村庄和强化县城的必要性自然就大大降低。那么，推进乡村建设行动，如何打破这个假设，让乡村不仅仅只有农业？《建议》明确提出"完善促进创业带动就业"，通过鼓励农民工等人员返乡入乡创业，实现农村一二三产业融合发展，衍生乡村新业态新产业。

与城市相比，乡村发展非农产业面临的一个困难，就是产业要素的分散性，无论是制度上还是技术上，要将这些要素聚合在一起都有困难：土地山林分散承包给了农户，不像城市那样可以连片征用；农村人口散居在不同村落，不像城市那样集中在各大社区；乡土文化各有各的特点，不像城市有统一的文化标识；乡村的储蓄分散于千家万户，不像城市有雄厚的工商资本及金融机构。要素分散性对于乡村产业发展是一把"双刃剑"：一方面，要素分散性隐含着异质性，有助于形成乡村特色产业；另一方面，却又会因为要素分散性和异质性阻碍产业的标准化和规模化，难以实现规模经济。青木昌彦写过一本书叫作《模块时代：新产业结构的本质》，认为在数码信息处理与通信技术爆炸性发展的形势下，产业需要重新进行"现代化分工"，从而使产业进入到"模块化"的新世界，彻底改变现存产业的结构！

根据青木昌彦的观点，模块化是把一种复杂的组织或者工程，按照一定规则分解成半自律的下层组织。模块化的目的是为了取得最佳效益，为了达到这一目的，需要从系统的观点出发，研究产品的构成形式，用分解和组合的方法，建立模块体系，并运用模块组合成产品，这个过程就称为模块化过程。将系统按照一定联系规则分解为可进行独立设计的半自律性子系统的行为称为"模块化分解"；相反，将子系统按照一定联系规则统一起来，构成更加复杂的系统的行为称为"模块化集成"。产业发展的模块化就是将产业分解成众多具有半自律性质的子系统，实现"模块化分解"，然后将这些半自律的子系统进行"模块化集成"形成众多产品，以满足消费者定制化需求[1]。由于模块具有重复性和兼容性特征，因此其在一定的联系规则下可以随意组合，使模块的批量生产在最终组合阶段实现客户定制化，很好地解决大规模生产和客户定制化之间的矛盾，实现大规模定制，获取规模经济和范围经济。借用这一思想，要素分散条件下的乡村产业，需要运用"模块化"的新思维，通过创造价值模块，创建产业平台，创新跨界融合（即"三创"），实现乡村产业繁荣兴旺！

首先是创造价值模块。即要鼓励分散的农民放手大胆创业，运用自己手中的土地、山林、乡土文化等资源，创造乡村特色产品，成为乡村产业的模块供应商。就单个农民而言，作为一个模块供应商，不必强调多大的规模，有能力就做大一点，没有能力就做小一点，庭院经济也能成为一个模块，乡村创业者越多，价值模块也就越多，能够聚合形成的个性化产品自然也越多。比如乡村旅游，以前都是按线路进行设计，游客只能按照旅游公司事先设计好的线路享受旅游服务，以模块化思维就能改变这样的现状：农村有人提供民宿，有人提供土特产品，有人将果园茶园打造成景点，众多农民各自提供着这些价值模块，就可以随意拼凑成不同游客各自喜好的旅游产品，因此，

---

[1] 青木昌彦，安藤晴彦. 模块时代：新产业结构的本质 [M]. 周国荣, 译. 上海：上海远东出版社，2003.

鼓励乡村创业，让农民自由创造价值模块，是乡村产业繁荣的前提。

其次是创建产业平台。综上所述，产业发展既要实现"模块化分解"，形成众多的价值模块，又要将这些价值模块进行"集成"，形成众多的产品，才能满足消费者定制化需求。那么，完成"集成"任务的产业平台就变得十分重要。过去乡村无法衍生新产业新业态，就是因为缺乏产业平台，由于每一个农户掌握的资源有限，能够生产的产品品种和数量也有限，如果要自己承担品牌、渠道、营销等成本，自然就没有盈利的空间。因此在传统农村，农民只能过着自给自足的生活，商业化程度低，收入来源少。数码技术的处理和通信技术的爆炸式发展，开启了互联网的新时代，为产业平台的构建奠定了坚实的基础。有了互联网平台，乡村各地的特色产品就可以聚在一个平台上，如拼多多、京东等，通过平台聚集的流量形成的溢出，节省单个农户的交易成本。如今，产业平台已经不限于互联网，而是变成一种产业发展的新思维。比如，常州溧阳的"一号公路"，马路中间画出的"彩虹线"，吸引无数游客前来打卡，从而将公路沿线的村庄、美景、农特产品联系在一起。那些村庄、美景和农户提供农特产品，作为一个个价值模块，在"彩虹线"支撑起来的产业平台上各显神通，以满足消费者的个性化需求。我2020年就去了三次，每次去都有不同感受，因为这条"一号公路"彩虹线能够串起来的价值模块非常丰富，可以让消费者进行不同的模块组合。所以，创建产业平台，聚合价值模块，是乡村产业繁荣的基础。

最后是创新跨界融合。传统的产业边界是清晰的，农业就是农业，经过漫长的自然过程才能有收获，相同的区域相同的耕作方式由历史形成，千古不变，因此农民能够改变土地产出的机会就非常非常少，这是农民收入来源单一的重要原因。如今的技术条件变化，消费观念演进，给不同产业之间的融合提供了可能。比如江西婺源的油菜，自古以来人们关注的只是提高菜籽的收成，期待能够多榨出几斤菜籽油。但在城市化不断推进的今天，城里人对于油菜这一作物的需求，已经由爱菜籽油变成了爱油菜花，为了满足这一消费观念的演进，农学家就研发了让油菜花久开不谢的技术，油菜花成了吸引顾客流量的重要载体，在赏花过程中，提升了该地区其他产品模块的价值，比如民宿、农家饭、土特产等，由于游客的到来而价值飙升。跨界融合的方式方法有很多，在一次学术报告中，张来武先生提出"从二螺旋理论到三螺旋理论，突破传统经济学对三次产业划分的桎梏"，认为"互联网+"催生第四产业，把文化嵌入产业形成创意产业，把精神引入产品，致附加值成倍增加催生第五产业，把一二三产业融合催生第六产业①。这与日本学者今村奈良臣提出的"六次产业"殊途同归。换言之，在产业平台上，引入先进理念与技术，将价值模块进行搅拌，融合出新的产品与服务满足新的需求，这些新产品与新服务也许没有很清晰的产业边界，但其附加值却比原生态产品要高出许多，从而推动乡村产业繁荣。比如一瓶家烧酒，如果嵌入乡愁，加入家乡的故事，就远远超出原有的价值。《建议》指出，要"推动文化和旅游融合发展""发展红色旅游和乡村旅游"。所以，创新跨界融合、衍生新业态是乡村产业繁荣的保障。

关于乡村社会的善治和谐

乡村治，百姓安，国家稳。所以，需要强调推动乡村治理能力和治理水平的现代化，让农村既充满活力又和谐有序，这是农业农村现代化的重要内容。所谓"善治"，意指良好的治理，是一个使公共利益最大化的社会管理过程，其目标就是实现乡村的繁荣与和谐。

从内容来说，乡村治理要处理三层关系，即人与自然的关系、人自身的关系及人与人的关系。劳动使人与动物区别开来，而人类劳动首先处理的就是人与自然的关系，正如马克思所说，劳动首先是人和自然之间的过程，是人以自身的活动来引起、调整和控制人和自然之间的物质变换的过程。人自身作为一种自然力与自然物质相对立②。乡村善治的首要前提，是农民能以先进的生产方式，从土地上获取更多的产品，以满足自身生存发展的需要。从这个角度来说，农业现代化的水平决定了乡村治理现代化的程度，所谓"仓廪实而知礼节"就是这个意思。其次，人类需要在与自然进行物质能量交换过程中，不断提升自己，才能使自己摆脱自然的控制。马克思说，人类通过劳动作用于他身外的自然并改变自然时，也就同时改变他自身的自然。他使自身的自然中沉睡着的潜力发挥出来，并且使这种力的活动受他自己控制③。可见，乡

---

① 张来武. 以六次产业理论引领创新创业［J］. 中国软科学，2016（1）：1-5.
②③ 马克思. 资本论（第一卷）［M］. 北京：人民出版社，1975.

村善治的实现过程，不仅是农民与自然物质变换能力的提升过程，同时也是农民自身能力的提升过程，农民能力提升是乡村治理现代化的重要标志。最后，和谐是人在劳动过程中形成的人与人的关系诉求。也就是说，人在劳动过程中"除了从事劳动的那些器官紧张之外，在整个劳动时间内还需要有作为注意力表现出来的有目的的意志"，"劳动的内容及其方式和方法"要能吸引劳动者，劳动者要能"把劳动当作他自己体力和智力的活动来享受"①。所以，劳动过程中所结成的人与人之间的关系，是否能够让每个劳动者充分享有劳动的自由与快乐，是乡村善治水平高低的重要体现。综上所述，农业现代化水平、农民能力水平、乡村和谐文明水平，是衡量乡村善治的重要指标。切实提高农业能力、农民能力和乡村治理能力，也就成为农业农村现代化的重要任务。

无论是农业能力、农民能力还是乡村治理能力都与技术进步相关，正如马克思所说，各种经济时代的区别，不在于生产什么，而在于怎样生产，用什么劳动资料生产。劳动资料不仅是人类劳动力发展的测量器，而且是劳动借以进行的社会关系的指示器②。综上所述，今天已经进入数码信息处理和通信技术爆炸性发展的时代，区块链、大数据、云计算等数字技术正在向各个领域渗透，乡村治理能力的提升显然不能无视数字技术日新月异的进步。为此，《建议》指出要"加快数字化发展"，推进"数字产业化，产业数字化"，"加强数字社会、数字政府建设，提升公共服务、社会治理等数字化智能化水平"。

有鉴于此，"十四五"期间需要以信息为生产要素，发展互联网、物联网、大数据、区块链、人工智能和智能装备应用为特征的智慧农业，提升农业能力；通过充分利用远程教育手段、大力发展职业教育、加强对农村劳动力转移培训、丰富农村科普工作等渠道，对农民进行多门类、多技能的教育培训，提升农民综合素质能力；运用数字技术推进村社党务、政务、财务公开，实现人人监督、时时监督，有效提升乡村基层社会治理能力。通过发展数字农业，培育数字农民，建设数字乡村，即建设"三数"乡村来提升农业、农民与农村的能力，助力乡村社会的善治与和谐。

---

①② 卡尔·马克思. 资本论（第一卷）[M]. 北京：人民出版社，1975.

关于共同繁荣的城乡融合发展

长期以来，无论是政策层面还是人们的意识当中，"城市"与"乡村"都被看作是两个相互独立相互并存的系统，两者之间尽管存在物质、信息和能量的交换，但基本上属于城市优先的偏利共生性质。改革开放之前，国家通过行政权威的制度安排，实现农村剩余向城市的输送，改革开放之后，市场机制作用的发挥使农村要素追逐高报酬率而向城市转移，导致要素的"乡—城"单向流动，造成"城乡发展不平衡，乡村发展不充分"的矛盾。因此，《建议》强调的"新型工农城乡关系"要以城乡融合发展为手段，实现城乡共同繁荣的目标，这已经成为大家的共识。不过，在论及城乡融合的内涵及其实现路径时，有两种观点比较流行：一是主张用城市化推进城乡融合。也就是说，将要素向城市尤其是大城市集中，利用大城市的聚集效应和规模效应提升要素效率，再通过放开城市户籍，吸纳农民进城，推动农民市民化，就能达到城乡由对立走向共同繁荣的目标；二是主张运用市场机制促进城市要素下乡实现城乡融合。也就是说，消除城市要素下乡的门槛，充分发挥市场机制的作用，让城市要素下乡整合农村要素，以此推进乡村振兴。

在我看来，这两种观点都存在不足：主张以城市化推进城乡融合本没有错，但试图将要素继续配置在现有城市尤其是大城市来实现数亿农民的市民化，无论如何难以奏效，因为现有的城市容量毕竟有限，农民也无法面对高昂的城市生活成本。而且，如果将要素继续向大城市倾斜，等待农村的就只有凋敝，这是几十年经验已经证明了的。在中国，即便城市化率达到70%，都还有超过4亿农民需要留在农村，《建议》提出的城市化发展方向是"以县城为重要载体的城镇化"，通过"乡村建设行动"来推进。主张完全依靠市场机制让城市要素下乡实现城乡融合，也许能够让要素效率提高，但在城乡社会保障尚未实现一体化，农村土地等要素还具有某种"社会保障"功能的阶段，资本在市场的逐利性，很容易造成农民失去要素的同时失去生活的基础性保障。《建议》提出"保障进城落户农民土地承包权、宅基地使用权、集体收益分配权"，但鼓励农民"依法自愿有偿转让"，这些都充分体现了现阶段推进城乡融合需要发挥"有为政府"和"有效市场"的双重力量，尊重城乡融合发展中"农民的主体地位"。

事实上,城乡融合并不是简单的生产要素融合,其内涵至少应该包括三个方面,即工业与农业融合(经济发展的产业融合)、城市与乡镇融合(生活品质的空间融合)、市民与农民融合(生活方式的观念融合),即"三融"。①建立新型工农城乡关系,是要推动城市工业系统与乡村农业系统的有机融合,以工促农,鼓励乡村创业,促成乡村产业衍生,实现农村产业区的生产、生活和生态"三生合一",让农村不再只有单一农业,让农业不再收益低下,让乡村不再蜕化凋敝。②建立新型工农城乡关系,是要补齐乡村公共服务与基础设施的短板,优化城乡教育、医疗、文化等资源配置,推进城市与乡镇公共服务相融合,让农民不再读书无处、求医无门,农村能够和城市一样享受到现代文明的浸润。③建立新型工农城乡关系,要通过城市化和工业化发展转变农民的职业和身份,让其享受到市民权利和服务,心理上不再感到卑微低下,实现新时代的农民市民化。

总之,未来5年,农业农村发展要以"美化村庄,优化乡镇,强化县城"的"三化"实现乡村空间合理布局为前提,以"创造价值模块,创建产业平台,创新跨界融合"的"三创"实现乡村产业兴旺为基础,以"发展数字农业,培育数字农民,建设数字乡村"的"三数"提升乡村能力为保障,以"工业与农业融合,城镇与乡村融合,市民与农民融合"的"三融"实现新型工农城乡关系为目标,强调产业发展与生态保护相统一、老有所为与老有所养相统一、经济发展与乡村和谐相统一、稳定脱贫与乡村振兴相统一,在高水平推进农业农村现代化的同时,让发展成果惠及乡村农民,推进乡村治理现代化。

2020 年 12 月 27 日

如何认识"壮大农村集体经济"？

谈起中国农村的发展，"集体经济"这个词实在有太多内涵，不同的内涵给人的记忆也完全不一样。我老家农村真正实施家庭联产承包责任制，大约是在1982年我初中毕业的时候，此前，大约在我读小学三年级开始，上课之余就随父母在生产队里参加农业劳动，赚取工分以弥补年终分红的不足。1984年，也就是分田到户后的第二个收成年，我亲身经历了"卖粮难"。从吃不上饭到卖粮难的这种变化，让我对田地里"集体经济"的低效率有了一个最初步的认识，用今天学到的经济学术语来说就是：报酬计算的困难导致了"干好干坏一个样"的"搭便车"行为；监督的困难导致了"领导在与不在不一样"的"机会主义行为"；信息不充分导致了"向低效率看齐"的"逆向选择行为"；等等。后来农村改革把土地分给农户家庭承包经营，"交够国家的，留足集体的，剩下就是自己的"这一政策，使农民有了自主权。理性的农民为了让剩下给自己的那一份额绝对量大一点，行动上不再"搭便车"，也不再心存机会主义的侥幸，更不会有"逆向选择"的偷懒激励，大家干劲十足，因此在同样的土地上挣得了原先想都不敢想的吃不完的粮食，这是改革的成果！

也许是对吃不饱饭那段日子的恐惧，时至今日，大家谈到"集体经济"仍然觉得不堪回首。但对于我来说，或许是从大学到现在有多学科专业学习和工作经历的缘故，使我养成了对许多事情不轻易给出答案"是"或者"不是"的习惯，而总喜欢问"什么条件下是"和"什么条件下不是"，对于"集体经济到底好不好"这样复杂的问题，我也经常这样问自己。以我自己的经历来看，集体经济的确有上述种种弊端，甚至直接影响到我小时候填不饱肚子。但是，后来读的书越多，见识的世面越广，就越认识到当年的"集体经济"其实还是有积极一面的。从大的方面上看，我们中国有今天的工业化成就，跟当年实行人民公社制度能够把农村资源集中起来用于国家的工业体系建设是分不开的，这其中的道理，温铁军教授等有过非常深入的阐述[①]。我从自己经历小的方面来说，在自己的成长过程中也得到过很多那个时代"集体经济"的红利。这里我说说记忆比较深刻的几件事：一是读书交学费。那时候国家还没有实行义务教育，上学是要交学费的，小学是0.5~2元钱，初中5~10元钱，现在看起来很少，但那时像我们这样有五六个小孩的家庭，拿出这笔钱还是不太容易的。那时候，我们村里小孩上交学费是村里统一的，大家按照生产队给的指标，到集体的山上砍柴，由生产队统一卖，统一把学费交给学校。二是平时看电影。现在村里50岁以上的人，基本上都有小时候大约一个月一次在村头晒谷场上看露天电影的记忆。公社有电影放映队，下乡入村轮流着在每个生产队放电影，那时候没有电视，我们光着脚板点着火把一个村一个村转着看，一部电影可以看很多遍。除了看电影的乐趣，好处是邻近村子的大人小孩就没有不认识的，村民通过这样的方式保持着极为紧密的联系。三是春节群众演出。最近几年，一些村民自办的春节联欢晚会，总能占着新闻头条，这是因为稀奇的缘故。在我们小时候，几乎所有大队都有一支戏班子，有各种各样标准的行头，过年在大队的礼堂几乎从正月初二要唱到元宵节，男女老少参与积极。所以现在我们那里的农村，70岁左右的农民有不少懂得拉二胡，知道敲锣打鼓唱京剧的。我也是在这样的舞台上，知道了《红灯记》《沙家浜》《铡美案》等戏剧曲目，看到过独唱、相声表演的。四是集体资产红利。记忆最深的是，在我们江西山区农村，除了水稻田之外，有许多野山塘，那时候每一个山塘都被分配到生产队的作业小组，发挥农田灌溉功能之余，春节过后生产队统一在山塘里放一些鱼苗，平日里村民有空没空割一些草去喂鱼，水塘里也长着各种各样的水草、野荷花等，这些东西是许多农家养猪的食料来源。到了年关，生产队以作业小组为单位，把鱼塘抽干了，家家户户都能分到三五斤活蹦乱跳的鲜鱼过年。不要小看这个集体资产红利，如果没有这个，农户要买鱼过年，许多家庭就有可能实现

---

① 温铁军等. 中国的真实经验——八次危机[M]. 北京：东方出版社，2013.

不了"年年有余"的心愿，甚至祭祖用的鱼都难有着落。五是村里医疗互助。那时大队有赤脚医生，游走在田间地头为农民看病，药品虽然简单，医生医技水平也许不高，但有个头疼脑热总是有个依靠。尤其是小孩，那时候有一种叫作"种痘"的预防针，是人人都有的经历，还有吃的宝塔糖，把肚子里的蛔虫杀死，小伙伴们抢吃宝塔糖的情景现在都还历历在目。

  这样的事情还有很多，那时是免费的，都被看作是大队或者生产队的基本职能。后来分田承包，尽管说的是"统分结合，双层经营"，但在我们那里，基本上是能分的都分了，"集体经济"事实上是完全终结了，村里没有任何的经济收益来源，每次要统一办事的时候，就指望着山上的那几棵树。记得1985年我高中毕业的时候，村里计划安装电灯，架设电线需要由村里出资，我们村就是砍树卖才凑齐钱款的，为了这个款项，我的一位小学同学在砍树的山上献出了宝贵的生命！由于能分的都分了，不能分的就荒在那里没有人管，盘算起来这样的东西还不少：比如原来的大队礼堂，在分田承包后基本上没有会议，没有电影，没有戏班子唱戏，就变成了一座空楼，在闲置了几十年之后，今年回家我想再去寻找，早已不见了踪迹；原来生产队里的鱼塘，因为没有办法均分到各家各户，又属于集体资产，给谁家用都会引起矛盾，也就荒废了，原本年关可以从这里弄到全村人过年的鱼，现在大大小小的鱼塘全部变成野山塘，静静地躺在那里，成为吸收附近村民生活垃圾的场所；还有那所我们读过书的小学校，由于后来人口的变迁，村里的学校几经迁址，原来的学校也是荒在那里，一躺就是几十年，现在已经摇摇欲坠！

  一边是集体资产闲置，另一边是集体经济弱化，现在回到家乡农村，不要说以前的电影队、戏班子、预防针、宝塔糖、读书的书本费、过年的鲜鱼等不能再从村集体里获得，就是老年人想聚在一起聊天打牌，也找不到一个合适的地方。不是村里不需要这样的地方，而是村庄财政实在拿不出钱来供给这些公共品。这个时候我才发现，"集体经济"好像又不是我们想象的那么面目可憎！按照经济学的道理，村里的电影队、戏班子、预防针、宝塔糖、义务教育的书本费、老人谈天说地的场所等，属于村庄公共品，以前都是由村集体经济来源的"村庄财政"提供的，现在没有集体经济，"村庄财政"也就断炊了，村庄公共品自然就没有了。没有村庄公共品供给，老百姓的生活质量肯定会受到影响，而且也正在受到影响。

  可能是在生活走出温饱之后，人们开始需要一种精神慰藉，才回忆起那曾经被自己遗忘的"集体经济"来。当年集体经济带来的种种好处，重新进入人们的记忆当中，因此才有如今见诸报端的"壮大集体经济"的各种呼吁。然而，由于对于"壮大集体经济"的提法很容易引起过去的一些回忆，因此，对到底要不要"集体经济"这个问题，总是能够引起不小的争论。在我看来，因为过去搞"集体经济"造成农村陷入低水平陷阱，而否定村庄应该有一定的"集体经济"水平以维持"村庄财政"对村庄公共品的供给，是不合适的，也是对今天强调壮大"集体经济"的误解。这里讲两点：一是过去的"集体经济"实质上是指"集体经营"，强调的是生产过程的组织方式。这种生产组织方式的不合理之处在于：一方面，"集体"的成员边界涵盖了全体村民，而且任何人没有是否加入集体的选择自由，更没有选择退出集体的自由；另一方面，生产决策上只有集体共同意志的体现，生产什么、生产多少、以什么方式产生都是"集体"的事情，跟村民个体没有关系。所以，在这样的"集体经营"方式下，村民个体的命运就牢牢掌握在"集体"这艘"大船"上，自己的努力对自己的生活起不到任何改变的作用，结果是只能大家一起受穷。二是现在强调的"集体经济"实质上是指"集体拥有的经济能力"，强调的是生产成果的分配方式。由于分田承包之后，许多农村把能够分给农户个体的集体资产都分了，生产经营方式彻底从原来的"集体经营"变为"家庭经营"，原本实行的"留足集体的"部分成果分配，随着2006年农业税的取消，以村为单位的生产经营成果留在村集体支配的，相当于"村庄财政"的部分几近于零。如果理解了上述两种"集体经济"的不同，我们再来看"壮大集体经济"，我认为其含义应该是指后一种"集体经济"，即在村庄的生产成果分配中，应该保留"由集体支配的一部分"，作为"村庄财政"的来源，以满足村庄公共品供给的需要。因为我们看到，即便是在原来贫穷的"集体经济"时代，这种由村庄集体支配的"村庄财政"，在村民生活中仍然起到了十分重要的作用。如今村民的生活越来越富有，对村庄公共品需求也越来越多，如果村集体完全没有能力提供村民所需的村庄公共品，村民的生活满意度自然会越来越低，获得感会越来越差，干部与群众之间、村民与村民之间的关系也会随着这种不满意的情绪而变得日益尖锐起来。

那么，需要思考的问题是，在现在的条件下，应该以何种方式来壮大村庄集体经济呢？显然不能回到过去"通过集体经营创造集体经济"的老路上去，也不能重启"让农民交够集体的"这样的政策，那就只能另辟蹊径。我曾经说过一个观点：可以通过让农村集体土地所有权向土地经营效益要收益。也就是说，尽管如今农村土地是"村集体所有"，但在"留足集体的"部分取消之后，这个所有权就失去了"收益权"，成了没有收益权的所有权。考虑到农村社会保障体系还没有建立起来，农民承包的土地还承载着社会保障功能，我不太赞成给农民完整产权让农村土地入市这样的主张。我认为在当前"三权分置"的农村土地管理制度下，通过适度规模的土地流转，培育农村专业合作社等新型农业经营主体，创新挖掘农业多种功能，完成单个农民做不到的新产业新业态衍生，实现农村土地总体收益的增加，以合作社提取公积金、公益金等方式，壮大村庄集体经济，是一条可行的路径。从我们的农村调研情况来看，这样的方式目前在不少地区已经开始实施，也取得了一些成效。当然，这种方式能否成功，取决于合作社等新型经营主体对土地经营收益的增加能否实现。从理论上讲，通过合作社方式挖掘农业新功能，衍生新业态，比单个农户零散经营成功的可能性要大，因为农村新业态的衍生总是需要新要素的嵌入，而要凑齐这些新要素，集体的力量总比个体的力量大。

春节回乡过年发现，村里除了农田，还有不少闲置资产，因此我在想，要是能够把原来分田承包之后闲置的农村资产盘活利用起来形成收益，也许是壮大村集体经济的另一个来源。就我们村而言，这样的资产还不少，如分田承包之后荒掉的水塘水库、废弃不用的小学校舍、集体的山林树木、以前村集体的晒谷场仓库等。这些村集体资产几十年来一直闲置在那里，变得破败不堪，实在可惜。现在国家允许集体建设用地入市交易，也主张盘活农村闲置资产，可谓是一个机会，这些资产盘活得好，可以给村集体经济带来不小的收益。

村里的闲置资产之所以闲置，很大程度上是因为它们属于集体，又无法像农田那样直接分给农户经营，所以就成了"公共地"。盘活这些资产，需要找到合适的资源组织方式，因为实现资源到资产的转变，需要有产业组织，如果组织方式选择不当，就有可能像以前那样让资源陷入低效率陷阱，或者让村庄永远失去这些资产，甚至滋生腐败。尽管这样的担心不无道理，但不应该成为盘活集体资产增加村集体收益的障碍。究竟村集体资产以何种方式去盘活，我认为不应该像当初办人民公社那样只有一种方式，在现有的条件下，盘活村集体资产，需要发挥村集体组织的作用，资产的运营可以引进工商资本进行合作，可以发挥干部、能人、乡贤的作用，成立村庄资产运营合作社、公司等，总之应该根据不同地方的不同条件，有多种选择。在这个过程中，最为重要的是要确保农民的主体权力，杜绝个人侵占集体资产，因为村集体说到底是村民的"集体"。现在许多地方尝试将村集体资产实行股份权能改革，将资产变资本，农民变股东，是清晰资产产权的一种尝试，也有地方取得了一些有益的经验可资借鉴。不过我想说的是，不管用哪种方式去运营，都会遇到"委托代理"问题，即便在市场经济条件下两权分离的现代企业中，也避免不了"委托代理"难题，如果要等到什么问题都能够解决才去做，就必然会造成资产闲置与浪费。另外，不管通过哪种方式去盘活村集体资产，对村集体经济完全空壳的村庄来说，建立必要的村集体经济是首先应该考虑的，不能"分光吃尽"。在这个基础上，强化这些资产的增值能力，让农民得到更多的资产分红等财产性收益，自然也是我们追求的目标！

2019年3月8日

如何让农民成为乡村振兴的主体？

乡村振兴要成为一个实实在在的发展战略，是需要去贯彻落实的，自然会遇到的一个最为基本的问题，即谁是乡村振兴的主体？从中央提出的二十个字目标看，"产业兴旺、生态宜居、治理有效、乡风文明、生活富裕"都是围绕着农村农民的，因为只有农村发展更繁荣，农村环境更优美，农村社会更和谐，农民生活更富裕，乡村才算得到了振兴。既然如此，乡村振兴的空间在农村，主体就应该是农民。那么，如何让农民成为乡村振兴的主体呢？

所谓"振兴"意指整顿恢复，使其得到发展兴盛。今天提到乡村振兴，如果有"恢复其发展"这层意思的话，显然是说我们的乡村也曾有过辉煌的时期，只是没有得到延续，现在落后了。提起乡村的辉煌，远的不说，近期的应该有两件事情可以作为标志：第一件是农村家庭联产承包责任制的实施，解决了农村的吃饭难题。现在想起1984年卖粮难的情景，我还深有感触。在此之前，我曾经有过一个梦想，那就是希望自己此生有能力让后代不要再依靠红薯度日。小时候天天吃红薯的经历，让我对红薯有着极度的恐惧，以致后来在四川大学读研究生时，早餐食堂里那位好心的大爷总喜欢在给我打红薯稀饭时加一块红薯，而我却从来都是微笑谢拒。安心吃一碗白花花的大米饭几乎是童年的梦想，没想到梦想实现得那么快，的确是有些"遗憾"。第二件是乡镇企业的突飞猛进发展，改变了乡村产业结构单一的问题。那时候我对乡镇企业发展的感知来自几个方面：一是村里的外乡人走了。以前经常来村里游走的拨浪鼓渐渐不来了，据说那是温州人，回去办厂了。二是乡镇企业的报道多了。在广播里和报纸上，经常读到关于沿海农村乡镇企业发展的事情。三是家乡有了小作坊。我原来读小学的学校改建到别的地方了，原来校址的教室办起了"竹席厂"，做的是竹凉席和竹筷子，我们那里把竹凉席叫作"卷筒席"，我的同学还专门到浙江学习做竹席的技术，回来当了卷筒席厂的厂长。总之，在20世纪80年代，农村的变化让我们感到很兴奋。只是好景不长，由于农村改革制度效应递减，城市工业放开后乡镇企业逐渐式微或者转入城市，农村人为了谋出路，开始大批大批到城里去打工，农村慢慢就变得冷清了下来。这些变化给了我两点启示：一是农村的兴盛离不开农民。不管是粮食生产的丰收还是乡村企业的发展，都是农民干出来的，农民在农村有活干，农村就热闹有生气，后来农民走了，农村就冷清而没有活力了。二是农民有能力让农村兴盛。当年的粮食丰收，仅仅是把农民的热情释放出来，就达成了产量翻番；乡镇企业的兴办，只要有政策上的允许，政府不去阻挠它，农民撸起袖子加油干就能成就一个一个的企业。所以我们要相信农民的力量，他们能够成为乡村振兴的主体。

哲学上说，一切要以时间、地点、条件为转移！跟20世纪80年代的乡村振兴相比，现在的情况非常不同。那时的农村之所以落后，是因为长期实行城乡二元结构政策，把大量的农民束缚在狭小的土地上从事着简单的农业生产，使农村跟城市相比没有得到长足的发展。政策松绑让农民可以腾开手脚，效果就立即显现。现在的农村落后，却是因为村里的农民被城市吸引走了。乡村振兴要以农民为主体，现在农民却跑了，就像一场婚宴要举行，新郎却不在一样。这一轮的振兴要比上一轮困难得多，关键的问题就在这里！所以，现在说乡村振兴以农民为主体，首要的任务就是研究如何让农民不离开农村，至少离开的速度与比率能够降下来。那么，有什么办法能够让农民不走了，甚至走了的还想回来呢？当然是农村要能够让他们干事业，觉得有奔头。在我看来，有这么几件事情是要政府着力去做的：

一是在发展理念上，重视和聆听农民声音，不要随意用指令去指挥农民。我知道要做到这一点是很难的，但对于乡村振兴来说又是必要的。乡村振兴不能依靠政府部门的干部去完成，干部的职责是调动农民的积极性去做事情，而不是让农民看见干部就害怕。所以，我主张干部要放下架子聆听农民的声音，而不是让农民去聆听干部的指令，这样农民才能够有事跟干部商量，干部才知道农民心里想什么，农村的事情才能做成。反过来，如果只要求农民聆听干部的指令，事情十有八九是做不成的，为啥呢？首先，农民比干部更了解农村；其次，做事情的是农民，他无法抗拒干部的指令，但却可以敷衍的态度行事。做事情是需要热情的，让农民做没有热情的事情就很难成功。我曾经生活的小山村，树木茂盛、清水长流，因此有一个好听的名字叫作"仙歌岭"，再往山里走那个叫作"大垇"的地方，更是盛产竹木、郁郁葱葱。我还在家念书时，就听村民议论过，有想法在大垇村里搞旅游开发。尽管对当时的农民来说，开发旅游是一个遥远的梦，但他们的意识里那种对自然保护的理念是非常值得聆听的。可惜的是不知道从什么时候起，上级传来了"造经济林"的指令，于是指令很快就战胜了农民的梦想，郁郁葱葱的山头瞬间变得畅通无比，种上所谓的"经济林"不但没有带来经济，反而让村边那条流淌的小河渐渐失去了往日的清流。十几年后的某个假期我回到家乡，听说真的有计划在那小山村开发乡村旅游，可是没有了往日秀美的山村，用什么来吸引游客呢？这样的事情在家乡还有很多。所以，我特别强调农村的发展要多聆听农民的声音，因为他们才是主人！

二是在政策环境上，引导和支持农民创业，实现与城市产业的错位竞争。现在很多农民有数十年的打工经历，知道市场的力量也能够把握一定的市场机会来谋求自己的事业发展。反倒是许多地方政府的传统思维没有改变，比如在讲到发展非农产业时，大多还是跟着城市走，人家做制造业，农村也做制造业，还要求企业规模要大，说白了就是要能够创造税收。在这样的思维下，就有两种可能：第一种可能是农民如果回来还是打工，这些企业在乡村一般难以匹敌城市工业，效益不好，给出的工资也不会太高，对农民没有吸引力，对于农民来说，与其在家打工，不如去城市打工还能见见世面；第二种可能是农民自己回家创业则可能因为得不到政府的支持与认可而夭折。有农民的确想回到自己的家乡干一点事业，但由于资金实力、企业规模等都不在政府的视野内，因此得不到政府的支持。没有良好的创业环境，创业就会以失败告终，失败者的示范效应，会使后来者望而却步，这种现象在农村比较普遍。在我的家乡有许多特色农产品，比如大米、大蒜、黄豆、家禽、蜜柚等，许多农民都在试图利用农村的传统技艺，把这些优质农产品变成纯粮家酿、甜美腐竹、板鸭烧鹅等绿色食品，让农村不再只有农业，让农业不再只有种植，实现自己的创业梦想。这些创业都需要一定政策的支持才能度过存活期，然而在创业存活期最需要政府支持的时候，往往因为与政府合意的目标不相符合，而得不到支持甚至受到阻碍。地方政府大多数政策都是热衷于"锦上添花"而不是"雪中送炭"的，比如成为知名商标的有奖励，达到较大规模的有优惠，成为重点企业的有帮扶，而很多创业企业，在很多情况下不仅没有扶持，还会受到不同程度的干扰。这种创业环境不知扼杀了多少农民的创业冲动！其实要想让农民回到农村干一番事业，就需要像以前温州那样"放水养鱼"，政府要舍得给农民一些"水"，要相信农民自己的创造力，在有合适水量的"池塘"里，农民也是能够把鱼养大的。农民利用自己家乡的资源开展的创业活动，大多以农为基础，颇具特色，与城市产业错位而不是同构，具有良好发展空间，如果能够得到政府支持的"水"，比如资金信贷扶持、土地使用安排、市场信息供给、技术管理支持等，就有希望顺利存活，甚至发展壮大，创业的农民就有可能真正成为乡村振兴的主体。

三是在人才累积上，引入和培育对农村有热情、有能力、懂农村的新乡贤、新农人。20世纪80年代初农村从吃红薯到吃白米饭的振兴，主要是靠"勤"，因为是在传统农业里打拼。小时候我母亲就常常说一句话叫作"发财靠命，做吃靠勤"，那时我在农村为了一亩地的水，经常守到夜里三四点钟，早上两三点钟起来拔秧苗也是常有的事，只要有了这种勤，土地给你带来温饱是没有问题的。但20世纪80年代中后期的乡镇企业发展，第一代农民企业家们的成功，主要靠的是"胆"，因为是在短缺经济里打拼。短缺经济条件下市场需求旺盛，只要你有胆识敢于脱掉加在身上的束缚跳入商海，多半都能淘得一桶金。我20世纪80年代后期在中学教书，身边就有许多同事敢于丢掉"铁饭碗"下海经商，如今大多事业有成；我那些当年没有考上大学的高中同学，敢于入商海的也大多过得比一般工薪阶层的同学富足，这就是"胆"的回报。如今，中国经济社会经过40多年的改革开放，已经不再是传统农业社会，也不再经济短缺，市场日益成熟，各种规则规范已经建立，现在的乡村振兴所需要的人才，仅仅靠"勤"与"胆"是远远不够的，需要靠"识"！应该说，经过40多年的市场洗礼，中国农民早已经不像从前，在他们身上已经累积起丰富的阅历与知识。但是不能否认，那时候出去的农民大多受教育程度不高，跟现在日新月异的新技术、新业态相比，知识还是有点跟不上。因此，乡村振兴需要更多能够适应时代变化的新能人。那些事业有成的乡贤，接受过良好教育的"农二代"或者农村大学生，是这一轮乡村振兴的中坚力量。如何吸引他们回到家乡，带领农村普通百姓致富奔小康，是解决乡村振兴人才需求的重要路径。因此，培育新乡贤、鼓励有资金有技术

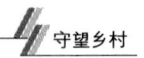

的农民工及农村大学生返乡创业，是乡村振兴的必然要求。现在大多数农村出去的大学生都没有将户籍迁走，理论上说他们都还是"农民"，从农村来回农村去，有热情爱农村，同时因为他们有丰富阅历与良好教育，所以懂农村。山东的一个调查说，67.00%的农村大学生有去农村创业的意愿，但付诸实施的仅为6.85%。我一方面为这两个数据高兴，因为在我读书的年代，无论如何不会有大学生想着回农村创业的，而现在想这样做的人接近七成，真正落实这样做的人也有近一成，了不得啊！另一方面也有些遗憾，十个想回去创业的农村大学生只有一个真的回去了，这其中究竟是什么原因让那些想回去的大学生停住了脚步呢？这是值得去研究的。用一句话来说，困难是有的，但潜力是很大的。

总之，乡村振兴，我们要倾听农民的声音，支持农民的创业，用好农村的能人。这种让农民为主体的乡村振兴，才是乡村振兴的未来！

2018年1月18日

乡村振兴为何要特别重视农民培训?

最近一段时间,我带学生到农村进行产业调研,看过江苏镇江的草莓产业、江西吉安的蜜柚产业、贵州遵义的辣椒产业等。一个深刻感受就是,乡村振兴需要特别重视农民培训!也许在人们看来,草莓也好,柚子也好,辣椒也好,都是再传统不过的农作物,农民种植这些农作物可谓驾轻就熟,易如反掌。当然,人们也普遍认为,农民一年辛苦下来究竟能不能赚钱,一看种植规模有多大,二看老天爷给不给脸。也许正是这样的认知,才使农村传统种植业总是难以摆脱"靠天吃饭"的"蛛网困境"。上周去广西开会,惊闻往年10块钱3斤的荔枝,今年卖到40块一斤还没有什么好货!农民或许该欢喜,可是谁又知道明年如何呢?毕竟荔枝龙眼丢在田头没人要的场景,前年才刚刚经历过。

对于大多数农民来说,从事传统农业真是欲罢还休,只要选择待在农村,就很难避开传统农业。今天我们强调乡村振兴,也不能完全脱离传统农业,因为只有以传统农业为基础,才能体现农村的产业特色,做到"绿水青山"与"金山银山"的完美结合。乡村产业振兴"不能依靠农业,又不能离开农业",这就是矛盾!这个矛盾的解决在于知识,只有在传统农业中嵌入新的知识,才能改变传统农业的弱质性,让传统农业焕发出新的生机,从而让农民实现增收并最终得以生活富裕。

知识具有魔力,能够使传统农业颠覆传统!我们小时候种油菜,只知道收获油菜籽然后榨出菜籽油,现在人们喜欢调和油不喜欢菜籽油,但却喜欢看油菜花,于是农业科学家用知识让农民种的油菜结不了多少油菜籽,但花期却可以变得很长，农民守着门前田里那片油菜花，就让许多城里人把钱送上门，赚的比卖菜籽油要多得多；小时候读到"早穿棉袄午穿纱，围着火炉吃西瓜"，就稀奇得像听神话故事，今天的农业科学家用知识，让你想在什么季节吃西瓜都不再是奢望，只是要从口袋里多掏钱；小时候上山摘杨梅，爬上这棵树摘到的是酸的，爬上那棵树摘到的是甜的，是酸是甜全凭运气，现在农业科学家通过知识，要杨梅甜就甜，要杨梅酸就酸，酸甜苦辣想吃就吃，你不需要爬树，只需要掏钱；小时候吃桃子就一定不是李子，吃李子也一定不是桃子，现在农业科学家运用知识，可以让你吃到像桃却是李的水果，你只要花钱就可以买到稀奇。由此可见，农业本无天生的传统弱质，只是知识少了，大家都一样地种一样地卖，本该神奇的农业变成了不赚钱的传统。

如果农民也能够利用知识去改变千篇一律的传统农业，让传统农业变得具有个性化特征，就有机会走出"谷贱伤农"的"蛛网困境"。现代技术层出不穷，如前文所述，让油菜花期延长，让西瓜改变时令，让杨梅由酸变甜，让桃李联姻生子，只要你愿意去想，知识都能帮你做到。然而我们却发现，在现代农业技术层出不穷的时代，传统农业里的"蛛网"仍然一次又一次地网住了农民致富的双手，这究竟是为什么？答案是我们疏于农民培训，导致许多知识农业仅仅停留在"观光示范园"里，不能转化为农民赚钱的手段。

为什么要强调农民培训呢？这有三个理由：一是在信息爆炸时代，知识的多样性超出了农民能力。上面提到的能够改变农产品的品种、时令、花期等，只能算是硬技术，传统农业发展中还有许多软知识，这些软知识能够将传统农业带离传统，赋予新的内涵。比如，如今农业产业链已经由原来的线性，逐渐向网状演化，传统农业产业链中的每一个节点，只要有足够的知识都有可能蘖生，从一个节点蘖生出来的新产业链，极有可能与其他产业的产业链相连接，从而形成多产业的融合，将传统农业赋予乡土文化，将传统农业与乡村旅游联姻，将传统农业通过互联网与城市产业连接，等等。知识的多样性与分散性是一把"双刃剑"，一方面为传统农业成为众多产业链中的模块实现"即插即用"功能提供了条件；另一方面又让农民在复杂知识面前变得愈加束手无策，无所适从。二是城乡二元的惯性，智力资本进城降低了农民能力。不管是改革之前还是改革之后，中国城乡两条轨道都没有出现过并轨的趋势，而是双轨之间的距离在不断拉大，只不过在改革之前是行政权威起作用，改革之后是市场机制起作用。从人才流动的角度来说，山窝窝里的凤凰都飞向城市，这个流向一直未变，改革前的主要途径是当兵考大学，改革后增加了进城打工创业当老板，剩下在农村的，基本上是读书最少，年龄最大，力气最小的儿童、老人和妇女，以这些"剩余劳动力"在农村发展农业，能够用知识来改变传统的可能性就极低。我在江西调研的时候问一个葡萄农场主为啥不开网店卖葡萄，她根本不知道网店是什么，路边摊是她销售农作物的主要渠道！因此，由于城乡二元的惯性，在城乡之间的闸门打开后，农村的智力资本大量涌进城市，严重降低了农民的知识储备与能力。三是政府政策的偏斜，智力支持削弱了农民能力。应该说，改革开放之后从中央到地方，对教育都是十分重视的。但是，教育是分层的，高等教育、中等教育、初等教育层次不同，得到的政府重视程度也不一样。我国教育支持政策存在严重的城市偏向，一方面体现在几乎所有的大学都是在城市里，尤其是在大城市里，不像发达国家，有许多大学就坐落在 10 万人左右的乡村小镇中；另一方面是政府的教育投入，大多数也是投在高等教育当中，一些初等教育尤其是农村的初级中小学，甚至连教师的工资都发不出来。农村成为中国最典型的荒蛮之地，现代文明之光普照不到的地方。政府政策的城市偏斜，使智力支持偏向于各种要素累积能力强大的城市，而要素积累本来就很少的农村，只能积贫积弱。长此以往，多重因素叠加，农村的知识储备越来越少，从而严重削弱农民能力。

但是，我们今天发现，从农业发展的角度来说，城市累积的农业知识如果不能向农村扩散，就只能停留在城市周遭的"农业现代示范园区"里，永远只能示范，而无法成为传统农业向现代农业转型的推动力量。任何一种知识要转变成生产力，都需要有具体的实施者，就农业而言，这个实施者必然是农民，而不是农业科学家。所以，仅仅鼓励农业科学家获得知识、发现知识还远远不够，还需要让这些知识转换成农民在田间地头操作的方法与手段，才有可能让知识改变传统农业，从这个意义上说，知识的创新与知识的普及同等重要！遗憾的是，在很长一段时间里，我们严重忽略了对农民进行农业创新知识的普及，农民一旦离开体制内的学校当上了农民，就很少有机会能够得到知识的熏陶，我们可以在城市到处看到"老年大学"，却很少在农村看到"农民大学"，尽管前者主要是消费性的，后者是生产性的，但因为前者在城市，后者在农村，城乡之间的不平衡，让人们普遍在心理上能够接受农村知识的不充分，却没有想到农村知识的不充分，其实影响着我们每一个人的一日三餐。

  我特别想强调的是，乡村振兴的关键是产业兴旺，产业兴旺的前提是传统农业基础上的新业态衍生，而农村新业态的衍生需要新知识的注入才有可能，让新知识变成新业态的主体是农民，如果不加强对农民的知识培训，培养新型的有文化、有知识的农民，传统农业就不仅仅会束缚农村，也一定会束缚到城市，束缚到我们每一个人。因此，乡村振兴要特别重视对农民的知识培训！

2019 年 7 月 1 日

乡村振兴需要如何传承乡土文化？

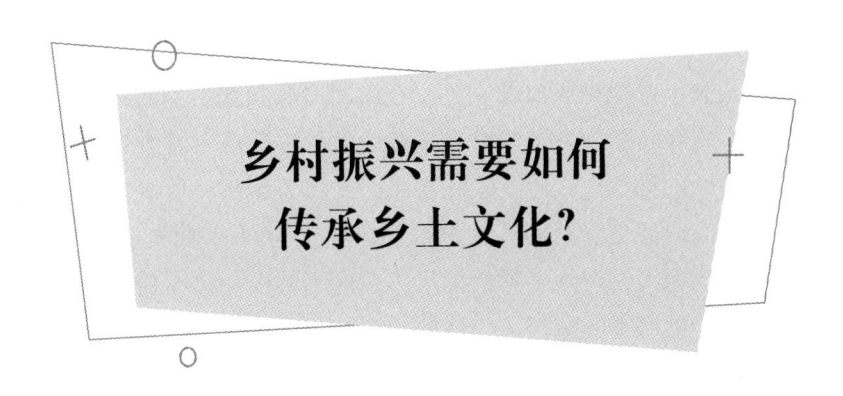

乡村振兴无疑是这段时间的一个热词，大家用不同的视角诠释着它的内涵，可谓精彩纷呈。直到最近，一个权威的解释给出了乡村振兴的五个方面内涵，即产业振兴、人才振兴、生态振兴、文化振兴和组织振兴。在这五个"振兴"中，"文化振兴"的内涵最不好把握，因为实在是太抽象了，而且农耕文明在很长的时间里一直被当作是落后的代名词，大多数人都认为应该以"工业文明"取而代之。然而，当我们说应该把乡村建设成"看得见山，望得见水，记得住乡愁"的美丽乡村的时候，乡土文化的传承与发扬，又是绕不开的话题。

说起乡土文化，就不得不想起费孝通先生的《乡土中国》，在这本小册子里，费老说中国社会是"乡土性"的，是从"泥土"的基础里长出来的与西方完全不同的特殊社会，这一点我信。所以在中国农村，乡土沉淀下来的风俗、习惯、价值观，对于乡村治理起到的作用非常大。记得有一次在广西农村调研，看见一个写着"村规民约"的木牌子钉在村口路边，上面一句话引起我极大的兴趣，这句话的大致意思是：村民不许随便丢垃圾，一旦被发现，将被禁止参加村里的红白喜事。对于在城里习惯被罚款的我来说，这种办法的确颇有新意，但是否管用呢？因为按照城里的习惯，住在门对门的邻居数十年不认识也是常事，哪有参加别人红白喜事的份儿呢，不让参加那就不参加呗。可是当我进入村庄看到干净的道路，摆放整齐的垃圾桶，开始相信这条村规民约的作用。村民说以前也是用罚款的办法，但乡里乡亲的，一旦有人违规，没有人愿意上门收罚款，事情就会不了了之。后来村里宗族理事会决定颁布这条村规，之后就没有人再乱丢垃圾。

为什么禁止参加村里红白喜事的村规比罚款制度更管用？这就是乡土文化的力量。中国的乡土文化是从土地里生长出来的，我们知道，作为村民聚落的村庄，最开始都跟种族血缘有关，在生产力极其落后的时代，具有血缘关系的人们群居在一起，共同应对着环境的侵扰，形成一种谁也离不开谁的关系。随着时间的推移，村落从蒙昧走来，缔结着精神，形成统一村落的人们共同遵守的行为规范，这种行为规范的固化成为村落独立的价值观体系。这种价值观念成为人们评判事物的标尺，在这个共同标尺面前，个人就是渺小的，偏离这个价值观的标尺，个体的生存就很困难。正因如此，在一个能够保持传统的村落中，这个统一的标尺就一直在调节着村民的行为，使之不至于偏离标尺太远，否则就有被孤立的可能。在很多村落里，村规民约就是这种价值观的反映，或者说是这种价值观的外在体现，因此能够对所有在群落制约内的村民起到行为调节功能。反过来说，一种不被聚落村民共同认可的价值观的植入，是很难起到对所有村民的行为约束作用的，比如罚款制度。从这个意义上说，村规民约发挥的是乡土文化的力量，这种文化是历史沉淀下来的，是深入到村民的骨髓之中的，深入骨髓之中的价值观认同，当然会比任何植入的制度更有效。

生活中这种乡土文化的作用是很常见的。我来到江苏工作后有一个发现，就是在我所指导的学生当中，80%以上农村学生是独生子女，这与我之前生活和工作过的江西、四川、广西及我的祖籍地广东有着极大差别。在那些地方的农村家庭，只生一个孩子是难以想象的事情。尽管国家政策允许农村家庭生育两个孩子，尤其如果第一胎是女孩的话，但事实上，这些地方的农村不管第一胎是男是女，生育第二胎甚至不管生多少胎，生孩子的欲望都是极其强烈的，尤其是那些没有男孩的家庭，因此可以常常见到有三四个女孩加一个男孩的农村家庭。这就是我们常说的农村重男轻女现象，可是为什么在江苏就出现例外呢？起初以为是这里经济发达之故，但后来发现浙江、福建的情况也完全跟江苏不一样，广东的经济不比江苏弱，农村家庭的生育欲望甚至超出其他省份，所以这种生育欲望可能不单单由经济发展水平决定。一个偶然的发现是，到江苏农村调研，很少发现有大姓村落，村落里也很少见到宗族祠堂，而这在上述的其他南方地区，宗族祠堂是很常见的。祠堂是一个非常特别的文化建筑，这里既纪念过去，也左右未来。许多地方的农村都有一个不成文的风俗，不管哪家生了男丁，都会在本族祠堂举行非常隆重的添灯仪式，表示添丁之喜。这种宗族力量极大地强化了村民的生育意愿，甚至可以抵制任何罚款规制。你会发现在宗族文化保留完善的农村，要么计划生育管得比较松，因为大家有着共同的生育观，能够相互理解生育的需求；要么即便是处罚严厉，为了生小孩也会在所不惜，尤其是生男孩。我无意考证江苏农村的宗族文化是如何被削弱的，更为关心的是宗族文化强弱的差异对农村社会治理的影响。尽管从现在的角度来说，广东、福建、江西、广西等地农村当初在乡土宗族文化影响下的强烈生育欲望，缓解了今天的人口老龄化压力，但就当初执行国家计划生育政策而言，政府的制度与农村乡土文化的冲突，显然比江苏要增添大量的制度执行成本，并严重影响到制度执行的效果，如果不是1998年的洪水，我们可能都不知道农村存在多少没有户口的所谓黑户孩子，有调查称，这些黑户孩子农村居多，女性居多，超生不能上户口是主要原因。即便是今天政府放开"二孩"政策，据2016年数据，江苏的人口出生率（0.976%）比广东（1.185%）、福建（1.45%）、广西（1.382%）、江西（1.345%）等省份仍低许多。

由此观之，乡土文化也是一把"双刃剑"，如果乡土文化与正式制度的目标函数是一致的，发挥乡土文化的力量可以大大减轻正式制度的执行成本，而且治理的效果往往更明显，比如用村规民约来治理村庄环境，就比罚款制度好用；相反，如果乡土文化与正式制度的目标函数不一致，乡土文化的力量本身就会成为国家政策执行的一种成本，大大降低正式制度执行效果，比如宗族文化对计划生育政策实施的影响。现在我们讲乡村振兴，显然文化振兴是其应有之义，并被看作是乡村振兴的灵魂，我们当然希望这种灵魂是高尚的，是文明的，是有利于社会进步的。那么，如何才能发挥乡土文化这种文明灵魂作用，不让其阻碍文明进步呢？我认为需要从三个方面着手：

一是要以"扬弃"的态度继承与发展乡土文化。我们应该承认，乡土文化是中华文化的根基与源头，如果乡土文化得不到尊重与发扬，那就等于我们的民族失去了根。一个民族没有自己的根基文化，就很难形成凝聚力，社会也就必然一盘散沙。因此，我们必须反对一些人倡导的所谓移植西方文明的观点，要注重弘扬乡土文化，使我们的民族有得以繁衍与发展的精神寄托，这样才能把大家的力量聚在一起。不过，从哲学上说，一切要以时间、地点、条件为转移，历史的车轮滚滚向前，环境在变化，人的视野在拓展，价值观也会改变。传统乡土文化中原来合理的东西，在新的历史条件下可能会变得不合时宜，若不加甄别地一概继承，就会成为阻碍社会发展的力量。比如说，传统乡土社会里人与人之间的关系，有着明显的"差序格局"，是因为这种网络关系在某种意义上决定着网络中每一个人的生存与发展，具有典型的"工具型关系"特征，因为网络里的人如果离开这个网络，仅凭自己的力量，很难与外界环境相抗争。但在今天，平等自由观念深入人心，法制体系也不断健全，每一个人需要在全社会共同的法制环境中平等地谋生与发展，社会才能和谐。如果仍然以传统乡土文化中的血缘、地缘网络关系为边界，凡事分出网络内外，社会就会失去公平公正。现实中存在的宗族力量的复苏，好的一面是它具有天然的凝聚力，可以通过这种力量把人聚在一起；不好的一面就是，这种聚在一起的力量如果成为社会发展的逆流，就会给社会文明进步带来摧毁作用。因此，继承与发扬乡土文化，需要以"扬弃"的态度，而不是一味以复古为荣，这是当下十分值得重视的问题。

二是要以城乡互动促进城乡文化融合。我们常说，今天的发展不平衡是城乡之间的不平衡，今天的发展不充分是农村发展的不充分。究其原因，则是几十年来城乡要素的单向流动所致。因此当我们今天说要振兴乡村的时候，许多人强调城乡要素互动，实现城乡的融合发展。不过，在人们的观念中，要素主要指资金、技术、土地、劳动力。大多是期盼城市累积的富余的资金技术能够下乡，与农村富余的土地劳动力相结合，以实现城乡产业的联动融合发展。然而，在现实中我们发现，由于城乡要素主体的价值观不一样，生产要素的融合往往显得十分艰难。工业文明的理性与乡土文明的感性形成的冲突，让要素的融合变得貌合而神离，结果造成大量资源浪费，城乡冲突不断。在我看来，文化的融合是要素融合的前提，如果没有一致的价值观，要素的融合就很难成功，所谓"强扭的瓜不甜"就是这个道理。因此，在乡土文化继承与发扬的过程中，要注意城乡文化的融合，而不是顾此失彼。现在的许多农村都力争把村落历史文化挖掘出来，吸引城市人的眼光，赚得人气，带来财气。但乡土文化的弘扬不能仅仅以此为目的，否则不仅不能把乡土文化带入文明，反而会走向庸俗化。我们需要在挖掘乡土文化过程中，让城市文化进入乡村，让城乡文化在乡村相得益彰，实现共同的文明进步。

三是要以人才回流夯实乡土文化传播基础。乡土文化的弘扬本身需要文化，这种文化不能离开农村，又不能仅仅依靠农村，这是一对矛盾。这个矛盾的制度基础是几十年来我们的城乡人才单向流动。农村的才子精英或通过考学，或通过参军，或通过打工，想尽一切办法留在城市。然而，这些留在城市的农村精英，由于没有回流的渠道，一旦取得城市的身份，就永远固定在城市，身后的故乡在岁月的侵蚀下日渐模糊，因为他们知道，在现行制度下，返乡仅仅只能成为一种情怀，是无法实现的梦。然而，在另一边的农村，如今要振兴乡土文化，依靠几经涤荡留下的村民，不仅没有财力，也没有能力为乡土文化的传播提供一个更为有利的载体，文化的传播依靠自然的适者生存法则，乡土文化只能越来越式微。大家一定能够看到如今的农村，不管东南西北，那种浓厚地方特色的建筑早已消失，取而代之的是全国一样的水泥洋房，谁能在居住功能之外还去讲究乡土文明的保留呢？反倒是在城市的一隅，我们经常看到从农村移入的古屋楼亭，在现代建筑的簇拥下显得不伦不类。古代有"衣锦还乡""告老还乡"的说法，那些来自农村乡土的人才，在退休之后能够回到自己的家乡发挥余热，成为乡土文化的代言人。这些乡贤的回归，弥补了乡土文化发展面临的人才与资金等不足，这对乡土文明的传播是十分有利的。我已年过半百，在城里待了30多年，再过十多年也就退休了，如果制度安排许可，也希望日后能够"告老还乡"，回到那片曾经生我养我的土地，有空给城里人讲讲客家擂茶、米酒、酿豆腐，那是多么自在的事情。像我这样的从乡土中来，年老之后想回归乡土的人不在少数，遗憾的是，现有的制度没有为这些人的回流安排通道，这个想法也就只能成为一种情怀。

乡土里来的人，总对乡土有一种依恋，这是与生俱来的，这就是乡土文化的力量！

2018年3月21日

乡村创业篇

如何理解乡村创业？

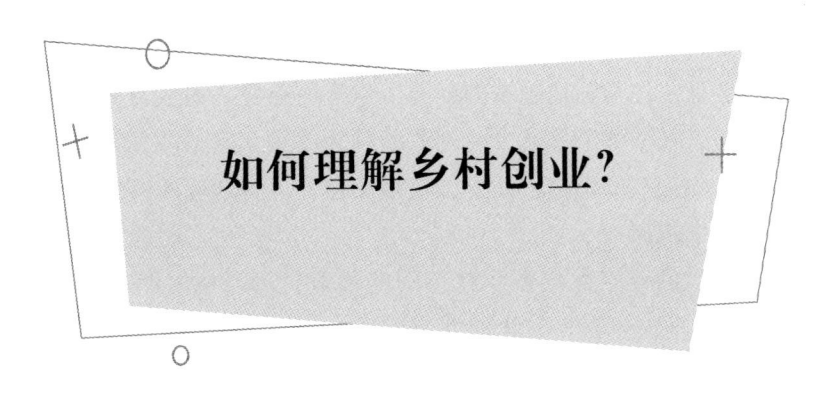

经过40多年的改革，中国农村经济社会得到了长足的进步，这一点已经成为大家的共识。然而，在基本温饱解决之后，农村各种要素在市场机制的作用下正加速向城市流动，目的是寻求更高的报酬率。这与改革前计划调拨所导致的农村要素流向城市形成叠加效应，使农村与城市的差距不断扩大，由此出现"城乡发展不平衡，乡村发展不充分"的局面。进入21世纪后，尽管国家通过实施西部大开发、减免农业税、推动新农村建设等举措，在一定程度上促进了农村经济环境改善，但这毕竟是一种外生力量。从理论来说，乡村最终还是要依靠内生力量的推动，发展才具有可持续性。那么，这种内生力量来自哪里呢？我们认为，应该来自乡村产业创新。这是因为，从经济上说，城乡差距归根结底是产业发展的差距。以传统农业为主的农村单一产业结构，抑制了产业分工与交易频率，严重制约着产业要素报酬率，是产业要素向城市流动的根本原因。

如何实现乡村产业创新呢？根据熊彼特的创新观点，可以通过引入一种新的技术、组织方式、市场、生产函数、工艺流程等，对乡村传统产业进行彻底改造，或者是催生乡村新业态。乡村产业创新是对乡村传统产业的"创造性毁灭"，显然不能依赖某一个体的力量来完成，而是众多创新主体的群体创新行为的集合。这些乡村产业创新的实施者就是乡村创业者，他们实施的乡村创业创新行为，就是乡村创业行为。

如何理解乡村创业？在国外，关于"农村创业"的概念由Wortman于1990年提出，是指在农村创建新组织，以生产新的产品或者提供新的服务，或者创建新的市场或者采用新的技术。不过，这个概念不能完全涵盖中国情境下的"乡村创业"内涵。这是因为：一方面，这个概念没有凸显"乡村创业"的产业特征，即在农村创建新组织、生产新产品或者提供新服务，与其他地方有何不同。另一方面，这个概念没有凸显乡村创业的"行为主体"特征，即乡村创业主体与其他领域的创业主体有何差异。如果不把乡村创业的特殊性弄清楚，继而清晰界定乡村创业的科学内涵，就难以理解乡村创业为何成为中国乡村振兴的引擎。从中国情境出发，乡村创业的科学内涵，需要从以下几方面来把握：

首先，乡村创业是发生在乡村空间的创业行为。乡村创业顾名思义是"乡村+创业"，即发生在乡村里的创业行为。何谓乡村？在《辞源》中，乡村被解释为主要从事农业、人口分布比较分散的地方。美国学者 R. D. 罗德菲尔德指出，乡村是"人口稀少、比较隔绝、以农业生产为主要经济基础"的聚落空间。由此可以看出，乡村是一个不同于城市的空间，在这个空间里，居住的人口主要从事农业活动。在传统的观念中，乡村总被看作是"落后"的代名词，主要是因为乡村农业的分工程度很低，缺乏交易频率，无法实现经济繁荣。因此，生活在乡村里的人们想要改变自己的贫困面貌，唯一的出路就是想办法离开乡村，通过城市化来实现自己的梦想。但是，在中国这样一个农村人口占绝大部分的国家，乡村居民都要通过进入城市来摆脱贫困，是一件非常困难的事情。这不仅是因为城市没有容纳如此庞大人口的能力，也是因为乡民向城市迁徙的成本非常高昂，更不用说还存在乡村习俗与城市文明的冲突。事实上，在许多发达国家，也不是完全依赖乡村居民移入城市来实现城市化的，而是在乡村居民集中居住的乡镇发展二三产业，通过乡村城镇化来实现乡村居民生活方式的改变。这个过程中起关键作用的，就是鼓励支持在乡村空间大量进行创业，以改变乡村产业结构单一状况。在中国，最为典型的乡村创业就是始于 20 世纪 80 年代的"乡镇企业"异军突起，这种发生在乡村空间的创业活动，极大地改善了中国乡村以农业为主的产业结构，实现农村居民收入来源的多元化，也将原本封闭的乡村与外界联系起来，不断走向开放。

其次，乡村创业的主体力量是源于乡土的农民。尽管从理论上来说，在乡村空间内进行创业，并不局限于哪一个特殊群体，只要有意愿进入乡村进行创业的人，都可以成为乡村创业者。但是，现实情况并非如此。我们知道，所谓创业，是指富有创业精神的创业者，认识到具有商业用途的机会，将这种机会开发并创造价值的活动。因此,一个创业活动的发生,要具备两个条件:一是要有具有创业精神和能力的创业者;二是要能够发现或者构建出具有商业开发价值的创业机会。虽然具有创业精神和能力的创业者并不局限在特定的空间,既可存在于乡村,也可存在于城市,但是,创业机会之间的差别则与客观环境休戚相关。换言之,由于个体所面对的环境不同,对一个人来说存在创业机会,对另一个人来说则可能不存在这样的机会。就中国乡村来说,一方面,由于存在浓厚的乡土特征,社会网络关系对乡村居民的行为影响远甚于市场交易关系。社会网络的特征是对内具有开放性,对外具有封闭性,因此,一个乡村社会网络之外的个体要进入乡村实施创业,将比社会网络之内的乡村居民创业面临更高的网络经营成本,从而也要付出更高的创业成本。另一方面,创业总是以获取商业价值为目的的,对于不同的群体来说,由于所处的社会阶层不同,对创业获利的期望也不一样。就中国而言,由于长期以来存在城乡差距,城市创业者与乡村创业者对创业收益水平的期望也是不相同的。许多研究表明,当前中国的乡村创业,尚属于"生存型创业",而不是"机会型创业"。所以,在当前的条件下,指望大量城市创业者进入乡村实施创业是不太现实的。另外,即便有城市创业者进入乡村实施创业,也会由于长期以来的二元体制导致的城乡要素市场价格形成机制不相同,使契约不完全下的交易成本居高不下,创业活动困难重重。因此,在未来相当长的时期内,乡村创业的主体力量,仍然是源于乡土的农民,包括现在仍在乡村生活的农民,以及有外出务工经历的返乡农民工。他们进行乡村创业的动机,一部分是由于追求创业的经济收益,另一部分是由于追求创业的社会收益,比如能够与家人团圆,照顾老小,为家乡发展出力等。

最后,乡村创业的主要领域是以农业为基础衍生新业态。或许对于一般创业活动来说,进入哪个行业创业完全取决于创业者的个体偏好,但是乡村创业却有不同。一方面,乡村创业发生在乡村空间中,乡村里的农业是国计民生的基础,乡村创业不能破坏农业赖以生存的生态环境,因此只能在确保乡村的"绿水青山"前提下寻求获取"金山银山"的机会,否则将会影响到人类生存所需要的粮食安全基础,这方面我们是有极其深刻的教训的。20世纪80年代以"村村点火,户户冒烟"为形式的乡村创业,重点领域是与城市同构的重化工业,由于过度分散布局,不能像城市工业那样有效处理工业"三废",给乡村环境造成的压力直接影响到农业生产和粮食安全,最终带来

"绿水青山"与"金山银山"双重损失。在新的历史时期，我们重提乡村创业，绝对不能再走先污染再治理的老路，因此，"绿水青山就是金山银山"成为乡村创业的产业引领方向。另一方面，在传统农耕社会中，由于受到技术条件的限制，农业分工十分落后，产业链演化十分缓慢，再加上城乡各自成为封闭系统，相互之间很少有物质、信息、能量的交换。在这样的条件下，乡村只能坚守于相对落后的农耕生活"低水平陷阱"之中。如今，城乡联系的条件出现了三个方面的改善：一是城乡隔离制度被逐步消除；二是城乡互通的基础设施不断完善；三是城乡产业融合的技术日臻成熟。有了这三个条件，在农业基础上衍生新业态，不仅在技术上是可能的，而且同时具备了城乡市场连接和要素互动的可能，使乡村农业为基础的新业态衍生变得有利可图，这为乡村创业提供了大量机会。发生在这个领域的乡村创业，能够在最大程度上确保"绿水青山"与"金山银山"的有机结合，推动乡村的高质量发展。

综上所述，乡村创业具有与其他创业行为的不同特征，它发生在乡村空间，以农民为主体，通过开创与农业经济活动相关的新企业或新事业，来改造传统乡村社会。基于这种理解的乡村创业，不仅于乡村经济发展有益，于乡村生态环境保护有益，于城乡关系的协调性也是有益的，而这正是我们提出乡村振兴战略的目标方向。

2019 年 11 月 15 日

乡村创业何以发生？

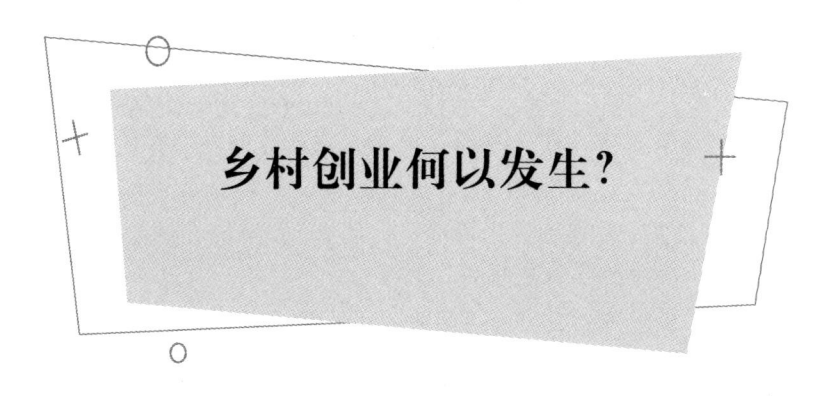

乡村创业的内涵特征包括相互联系的三个方面，即发生在乡村空间、以农业为基础和以农民为主体。如果从传统观念来看，乡村创业要具备这三个特征是一件十分困难的事情。因为人们通常所说的推动乡村走出"农业单一结构"的路径，总是认为必须借助产业资本，以推进大规模工业化的专业化生产。基于这样的认识，乡村创业自然不必非得与农业相关，在现实中，乡村创业所进入的行业，从产业属性来说也是主要集中在传统制造业或者重化工业。这些离农化产业之所以会随工商资本走进乡村，主要是因为与城市相比，它们所需的土地、劳动力等要素在乡村具有相对成本优势。退一步说，即使乡村创业所从事的领域与农业相关，是用工业生产方式来改造传统农业，比如用规模化和集约化经营的手段，通过拉长农业产业链来改变乡村传统农业，其创业主体也不太可能是农民，因为规模化与集约化经营所依赖的资本与技术等要素，对农民来说都是难以跨越的瓶颈。正是基于这样的认识，在很长的时间里，人们要么认为乡村创业不太可能发生，要么认为乡村创业就是乡村工业化。但是，如果没有乡村创业，就不会有乡村产业兴旺；如果乡村创业就是推行乡村工业化，就会造成乡村资源环境的严重破坏，失去绿水青山，殃及乡村农民。由此看来，"绿水青山就是金山银山"作为一种新的发展理念，应该成为乡村产业发展的信条，在这一信条下，乡村创业就需要体现上述三个内涵特征。那么，新的发展理念下乡村创业何以能够发生呢？这是因为满足了两个条件：一是存在有能力和意愿进行乡村创业的农民；二是存在以农业为基础衍生新业态的可能性。

我们先来看第一个条件，即存在有能力及意愿进行乡村创业的农民。据农业农村部发布的数据，2019年全国返乡入乡创业创新人员达850万，在乡创业创新人员达3100万，成为助推乡村振兴的生力军，说明以农民为主体发展乡村创业正在成为一种趋势。这种趋势的形成主要有以下几个方面的原因：

一是返乡农民工越来越多。《2018年农民工监测调查报告》的数据显示，2.88亿的农民工总量中，在"乡内"就地就近就业的本地农民工逐年上升，2018年达1.157亿人，而与此同时，进城的农民工数量则出现下降，幅度达1.5%。这一现象跟一些极力主张通过发展大城市来解决农村劳动力转移就业的观点形成强烈的反差！究其原因，主要有三个：第一是城乡二元特征尚存在制度惯性，农民工进城融入城市困难重重；第二是房价高企之下的城市生活成本，成了大多数农民工无法翻越的留城门槛；第三是城市产业结构转型升级，使农民工劳动力供给结构与城市产业的劳动力需求结构错位，农民工在城市的就业门路越来越窄。这些返乡的农民工中，有不少人通过多年的城市非农产业务工经历，积累了相当丰富的行业经验、管理知识、渠道关系等，跟进城之前相比，各种能力都得到极大的提升。

二是乡村产业基础条件改善。在过去的几十年中，大量农民工即便进城务工有着重重困难，也会不断涌向城市寻求就业机会，这是因为在传统的乡村社会里，除了从事农业几乎别无选择，而有限的土地使农村存在大量边际报酬为零的劳动力。进入21世纪以后，国家相继推出了许多促进"三农"发展的举措，比如农村电网改造工程、农村道路村村通工程、农田水利建设工程、农村互联网建设工程，万村千乡市场工程等，使乡村产业基础设施得到极大的改善，为乡村创业提供了坚实的基础。

三是乡村与外部市场连接的技术进步。传统的乡村社会是闭塞的，因为这种闭塞，农产品的销售市场范围狭小，量增价跌的"蛛网"就始终成为乡村农业发展之困。如今有了多方共享的农村互联网电商平台、四通八达的高铁快速运输系统、网点密集的城乡物流体系，这些新型技术的运用降低了市场信息搜寻的成本，扩大了农村产业发展的市场半径，增强了乡村生产者与城市消费者的供需联系。由此，使原本闭塞的乡村市场与乡村外部的大市场实现了有机连接，为乡村创业提供了更为广阔的市场空间。

综上所述，返乡农民工身上累积的人力资本，提升了其返乡创业的能力，乡村基础设施条件的改善和城乡衔接的技术进步，为乡村创业拓展市场空间提供了可能，由此提高了乡村居民尤其是返乡农民工从事乡村创业的意愿，这是乡村创业能够发生的重要现实基础。

再来看第二个条件，即以农业为基础衍生新业态的可能性。现在很多人怀疑乡村创业的观点，认为返乡等同于进村，回村等同于种田。在这样的观念下，基于对农业现代化必须依赖于规模的认知，他们认为目前中国农村以农户为单位的土地承包经营制度导致的土地碎片化，成为现代农业发展的规模制约。所以他们坚信，农民不可能通过乡村创业来实现自身发展，唯一的路径是必须依赖于城市，尤其是大城市。在我看来，以农业现代化的规律来看，乡村创业如果只是一般意义上的"回乡种田"，的确是不太可能成功的。原因在于，现代农业发展所需的土地规模很难实现，主要是资本进入农村需要面对诸多的个体农民才能获得足够规模的土地，显然这个谈判的成本非常高昂。这是因为，如今的中国存在城乡两个完全不同的产业要素定价机制，而且，大多数农村生产要素不是依农村市场来定价的，而是被动地由城市市场定价，城市市场的定价显然高于农村市场，所以，当资本进入农村之后，如果想按农村市场进行要素定价，由于价格过低农民不会答应，如果以城市市场进行要素定价，价格过高创业就很难获得理想收益。所以，如果把返乡创业看作是种田，自然也就很难成功了。从国际经验来看，作为粮食安全保障的"回乡种田"，不能仅仅依靠市场，政府提供种粮补贴几乎是一种惯例。

如果不把农民返乡简单地理解为传统意义上的"回村种田"，那么，以农业为基础衍生新业态，应该是乡村创业的重要方向。这在现实上具有多大的可能性呢？在我看来，这是完全可能的。

一方面，创新技术提高了农业产业链分工的可能性。传统农业的分工程度很低，这是农业不能像工业一样获得高收益的原因，而限制农业分工的最重要因素就是技术，因为农业深受自然的影响。但是，随着技术的进步，农业正在逐渐突破自然的限制，为产业链分工奠定了基础。比如种植蔬菜瓜果，可以通过设施农业来控制土壤、水肥、温度，使得农业渐渐远离了时令。作为乡村创业者，可以在技术支持下进行农产品的错峰种植，走出农产品时令限制下增产不增收的"蛛网困境"，而获得高收益。因为农业获取高收益存在可能，也就为产业链分工奠定了基础。在现实中我们发现，新技术支持下的高端农产品生产，产业链分工程度是比较高的，品种培育、设施供给、田间管理、采摘储藏、物流运输、销售服务等都可以由专门的组织来完成。农业产业链拉伸不再受局限，其原因就在于技术上使农产品不再属于低收益产品。我们可以将这种基于技术创新形成的经济称为创新经济，那么，农业技术创新提供的创新经济，使乡村围绕农业产业创业活动成为可能。比如，镇江句容市的白兔镇是著名的草莓之乡，培育出来的"白雪公主"草莓新品种一个就卖20元，在这样的高收益之下，才有能力支持品种培育、日光温室大棚提供、草莓种植技术指导、田间管理服务、销售电商服务等长长的产业链分工，而且产业链各环节都能够有相当的收益。江苏沭阳的花木产业，在新技术的支持下分工更为精细，仅这一个产业带来的产值就在百亿元以上。

另一方面，城乡消费的差异性为农业多功能开发提供了市场空间。如果说通过农业技术创新提高农产品附加值不是任何地方都有条件实现，那么，即便是不依赖技术创新，而是依赖农业多功能的开发来实现农业附加值增加，难度相对要低得多。比如，农业的观赏功能可以发展乡村休闲旅游，农业的浅层加工可以发展农村特色传统小吃，农业的生态功能可以发展绿色康养产业。但是，农业功能开发形成的产品需要有市场，过去之所以没有形成这样的农业多元化经营，主要是因为城乡生活同处于贫困的低水平陷阱中，既没有能力开发农业的多种功能，也没有市场需求农业的多种功能产品。如今中国已经迈过了温饱的门槛，进入全面建成小康社会的新阶段。在发达地区、在城市，许多消费者不再满足于吃得饱，追求吃得好，更追求活得快乐、活得健康。农村农业作为稀缺的"绿色健康"生态产品提供的重要空间，在这里衍生出来的产品、业态，正是城市居民在城市难以获取的，城乡产业的异质性给了乡村诸多的机会，这些机会成为乡村创业得以发生的重要基础。在我的家乡江西吉安，就有水南腐竹、八都板鸭、井冈蜜柚、尚贤高粱酒等来自农业衍生的土特产品，在"互联网+"的时代，这样的产品插上互联网的翅膀，飞向天南地北。城乡消费需求的异质性在互联网技术、农村基础设施条件的支持下正成为许多农民乡村创业的重要机会。

所以，乡村创业得以发生，是因为乡村具备了创业的条件，理解这一点非常重要，因为理解它，才能理解为什么乡村振兴战略才实施短短几年，农民工返乡就越来越多。有一种观点认为，农民工返乡是暂时的现象，是因为城市就业出现了困难，依靠城市解决农民转移就业的问题是最终的出路。这个观点本没有错，关键是如何理解"依赖城市来解决农民转移就业"。如果这里讲的城市就是现在的"城市"，那这就是一个十分狭隘的和静态的观点，无益于解决中国农民的实际问题。中国有14亿多人口，现有的城市加上县级市，才650多个，而3.2亿人口的美国，城市数量就超过1万个，1亿多人的日本城市也有近800个。如果按照美国的标准，我们需要4万个城市，按照日本的标准我们也需要7000个城市，所以，依靠城市化解决农民转移就业问题没有错，但仅仅依靠现有的城市来解决显然是一条走不通的路。就中国的现实而言，需要大量创造新城市，最有可能创造成城市的地方，就是现有的2万多个在农村的"建制镇"，而将这些建制镇建成农民市民化的重要空间载体，最为直接的办法就是鼓励农民进行乡村创业。

显然，那种将农民工返乡简单理解为"回村"，把"回村"简单等同于"种田"的观念是不符合实际的，由此得出结论说不要指望"农二代"回乡，农村的问题得依靠现在的城市来解决的结论，显然是有失偏颇的。纵观发达地区珠三角与长三角，农民的城市化基本上都是依靠农民通过乡村创业，把乡镇建设成城镇，实现农民向市民身份转变的，不足之处仅仅在于，当年的乡村创业脱农化带来了严重的生态环境损失，这是应该吸取的教训。科学技术发展带来的农业分工的可能性，城乡消费异质性带来的乡村新业态衍生的可能性，农村基础设施及城乡联系技术进步带来的市场空间拓展的可能性，为乡村创业奠定了良好的基础，使乡村创业得以发生。我们有理由相信和有责任支持乡村创业的发展，因为这才是中国农村、农民、农业走出贫困，城乡二元走向一元的可行路径！

2019年11月27日

如何把握乡村创业机会？

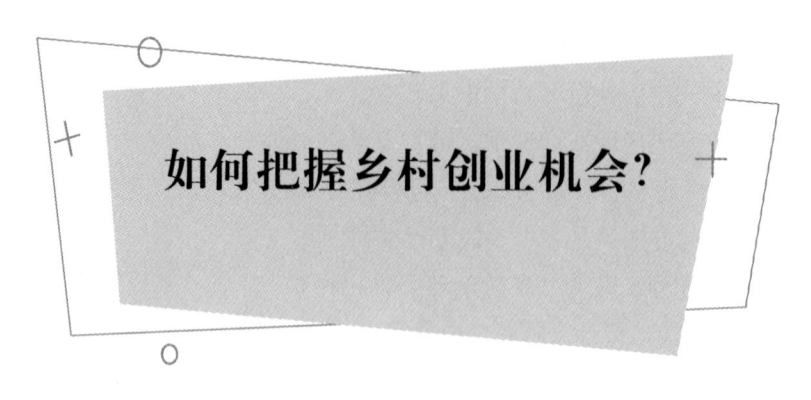

乡村创业之所以具有特殊性，是因为它发生在乡村这个特殊的空间、创业主体是农民这个特殊的群体，以及以农业这个特殊的产业为基础。乡村创业性质的特殊性，是由其时代使命所赋予的。一方面，城乡二元结构导致的乡村发展不充分，需要通过推动乡村振兴来解决，而乡村之所以发展不充分，是由于缺乏产业支撑所致，因此必须推动乡村创业；另一方面，乡村振兴的目的，是要实现乡村生态宜居，农民生活富裕，因此乡村创业只能立足于乡村。基于此，改造乡村传统农业，催生乡村新兴产业，实现乡村充分就业，就成为乡村创业的特殊使命。然而，不管是什么创业，从本质来看，都是创业者通过把握创业机会，实施创业行为，取得创业绩效的过程。因此，创业主体能否把握创业机会，是创业能否发生的先决条件。那么，作为乡村创业主体的农民，如何把握创业机会呢？回答这个问题，首先得从创业机会说起。

创业机会是创业研究领域中的一个关键概念，同时又是一个极其难以描述和刻画的概念。所谓"机会"，通常被解释为"难得的有利时机"，但对于创业的内涵，人们却有不同的理解。有人认为创业是创建一个新企业并以此实现价值创造的过程；有人认为创业不仅仅是创建新企业，还要能够不拘泥于当前资源条件的限制，追寻机会，将不同的资源加以组合利用和开发；还有人认为创业需要有一定程度的创新与变革，并将创新看作是成功创业的基础。正是人们对创业赋予了创新的内涵，所以有人认为，以农业为主的乡村，在过去的很长一段时期，由于城市化挤压，都已经出现了日渐凋敝的现象，那些农民又怎么可能在乡村获得创业机会呢？事实的确如此，如果要农民在乡村进行创新创业，显然不是一件具有普遍可能性的事情。不过，在我看来，人们生活的现实社会不是一个平面,而是一个分层结构,人们分布在不同的层级当中,追逐的价值也不尽相同。就创业而言,有的是为了尝试挑战风险,追求自我实现的满足感,风险大收益也大,可称之为"革命性创业";也有人只是为了改变自己的生存条件,在风险可控的范围内做一些谋取新价值的尝试,这也是一种创业,有人称之为"边缘性创业"。因此,我们从一个更宽泛的内涵来看,只要是创建了一个新事业,能够给行动者带来新价值的活动就可以称之为创业活动。因此,所谓创业机会,也就是创建一个能够带来新价值的新事业的有利时机。如果这样理解,那么农民在乡村就会有许多创业机会,传统农业的局限性大,因此对突破这种局限性的微小努力都有可能获得新价值,而乡村产业的形成,就需要从这样的点点滴滴突破开始,才能不断通过传统农业衍生出农村新业态来。从这个角度来说,我们应该鼓励和维护农民在传统农业基础上的任何努力,尽管这些努力可能与创新相去甚远,但它只要能够给农民带来持续的价值收益,促进农民生活不断改善,就应该视之为农民的创业活动。

根据上述分析,我们将乡村创业机会定义为:在乡村传统农业的基础上,通过创建一个新事业,实现对传统农业局限性的突破,并能获得农业之外新收益的有利时机。那么,农民去哪里获得这样的创业机会呢?从我的调研观察来看,乡村创业可以有三种机会:

一是市场失衡中存在的乡村创业机会。新古典经济学强调市场均衡,认为市场总在朝着均衡方向努力,也正是这样的努力导致资源配置的优化。但遗憾的是,在现实世界中均衡总是短暂的,非均衡才是常态。对于创业者来说,正是生活中处处存在的非均衡,才会出现获利的机会,能够抓住这样的非均衡获利机会,才有可能获得超额收益。就传统的乡村社会来说,如果局限在传统农业当中,进行日复一日的简单农业生产,对农产品供求均衡的追求,就编织成一张张"蛛网",将农民困在狭小的市场范围当中。如果走出对狭小空间中市场均衡的追求,从市场需求多样性去看待农产品,就会发现农产品市场存在许多供需失衡的领域,满足这些领域的需求,能够给农民提供许多创造价值实现收益的机会。因此,从市场失衡中去识别和发现乡村创业机会,是乡村创业的重要方向。比如,我的家乡江西吉安,是典型的以传统农业为主的地方,那里的农民世世代代种水稻,也世世代代面临着"蛛网"困境。据说2019年的粮食市场价格比2018年就每百斤下降了数十元,对于许多农民来说又是一个望着丰收笑不出声的年份。但是，近年来有人发现，在外打工的农民工春节回到家乡，年后再出去时总要带着家里的家烧、米酒、米呈（一种客家人的小食品）出门，把家乡的味道带向远方。对于乡土农民来说，制作这样的产品没有任何的技术障碍，但在他们进入城市之后，要消费到这样的家乡产品近乎奢望。这些年，有在家的农民发现了这其中市场失衡的机会，建起了家庭作坊，开始生产家烧、米酒、米呈等传统食品，满足那些从家乡走出去的城里人的需求，摆脱了种粮卖粮这一传统农业生产方式的"蛛网"之困，获得可观的农业新收益。在这里我们看到，由于农产品市场的多样性，即便在一个市场中（如粮食市场）存在供过于求的情况，在另一个相关市场中（比如家烧、米酒、米呈），却存在巨大的供不应求的市场失衡机会。把握这种机会开创种粮之外的新事业，就有可能获得乡村创业的收益。就中国的情况而言，一方面有2.8亿农民工离开家乡外出务工，另一方面大量生活在城市的人口其实都是从农村走出去的，这些生活在城市但又有农村根基的人群，仅仅从消费习惯上就对农村土特产品有着巨大的留恋，这是城市工业无法制造出来的乡愁味道，因此存在市场供给缺口。在互联网、物流快递体系不断完善的今天，正好成为乡村创业的难得机会，许多农民就是瞄准这样的机会，成为乡村创业的实践者并使自己生活得到改善的。

二是凭借灵敏的感知建构的乡村创业机会。先说两个案例，第一个案例是我在江苏沭阳调研时发现的。江苏沭阳是全国著名的花卉基地，种植花卉苗木是这里农民的传统产业。和其他地区的许多农民一样，这里也是家家承包几亩地，农民在自己家里的几亩承包地上种着各种花卉，然后通过电商平台把花卉卖到四面八方。由于采用了电商这种新的销售模式，每家每户尽管说不上事业做得很大，但比原来的种粮收益要大很多。家家户户做电商也成就了沭阳的淘宝村、淘宝镇闻名全国。在调研中我发现有一户农户，他不像其他农户那样去种这里非常普遍的花卉苗木，而是仍然种着苏北传统农业常规的小麦，但却将小麦收割后连着麦秆一起晒干，堆在自家屋子里，然后将这些麦穗扎成一束一束，跟其他种花卉的农户一样，将这些麦穗当作插花材料，通过电商卖出去，据说一亩地的麦穗可以买到5万~6万元，这是数十倍于种麦子的收益！第二个案例是，我在浙江义乌的何斯路村调研，村支书何先生告诉我，何斯路村原本属于穷山恶水的山区小村，他在外创业成功后想回来带领村民创业致富，但苦于村庄的条件一时找不到突破口。于是在中国改革开放30周年的2008年，何斯路村在义乌火车站做了一个广告，说12月18日的改革开放纪念日，何斯路村杀牛招待所有前来的客人，大家可以免费喝牛肉汤。据说当天何斯路村来了2万多人，热热闹闹，不仅让2万多人了解了何斯路村，因为喝牛肉汤，还卖出了村里传统的黄酒，关键是，此后村里开始种植薰衣草、黄桃等，发展乡村旅游，游客与日俱增。这次奇特的活动，成为打开何斯路乡村创业的重要契机，带动许多农民在乡村创业，使何斯路村如今成为远近闻名的乡村旅游目的地。这两个案例告诉我们，乡村创业机会本无所谓有还是无，它可以通过人们与环境的互动建构出来，能否建构创业机会，取决于人们对环境的感知、理解和阐释。能够将麦穗当花卖、能够找准某个特殊意义的日子请远乡的游客免费喝牛肉汤攒人气，以此推进的创业活动，体现了行动者对环境的高度感知和理解能力，将其与创业诉求相结合，引发了创造者破坏，打破经济系统的均衡状态，从而获取高额的创业租金。如今的中国农村正面临着前所未有的变化，村庄正在一步一步从封闭走向开放，类似环境变动因素的层出不穷，为农民建构乡村创业机会提供了沃土，关键是要有对环境具备高度感知能力的乡村创业者积极参与，去建构这样的创业机会。

　　三是凭借网络结构异质性生成的乡村创业机会。由于乡村的生活空间有限，加上与外界没有足够的信息、物质和能量的交换，人们认为，传统乡村居民的社会网络是高度同质的。高度同质的社会网络，是传统乡村进行创业活动的巨大阻碍。不过我们发现，经过40多年的改革开放，现在的乡村早已改变了这种封闭的状态。几十年来，大量农村剩余劳动力走进不同区域的城市，与来自不同区域的人们在一起工作，进行交流，原本封闭的农民在外面有了与多种文化交流融合的机会，也因此构建出远比在家时复杂得多的社会关系网络。当这些常年外出散落在不同城市区域空间的农民再次回到家乡，他们原本十分相近的社会网络，现在出现了高度的异质性。我们知道，社会关系网络里蕴藏着丰富的创业资源，如果社会关系网络是同质性的，创业资源也具有同质性，在一定空间范围内，基于这种同质性资源进行的创业活动也通常具有同质性，甚至就很难寻找到创业机会。但是，如果在一定的空间范围内，社会成员的社会关系网络具有高度异质性，使创业机会也具有高度异质性，就为乡村居民在同一时空条件下完成创业奠定了基础，甚至不同的创业活动还会有互补的可能，这对乡村创业是有力的促进。在广西宾阳调研时发现，村民张先生年轻时在编织厂打工，学得一手过硬的编织各种花篮的好手艺。后来有村里人在广州打工，偶然有机会了解到广交会，发现各种花篮在广交会上有极好的销路，于是通过社会网络关系，架起了家乡编织的手工产品与广州及国际市场的桥梁。就这样，许多从村里出来在不同区域城市务工的乡民，通过自己构建起来的新生社会关系网络，围绕着花篮编织这样的产业，把产业链从线性拓展到网状。现在，宾阳人将生长在河边的水葫芦这种再普通不过的野生植物，当作编织花篮的原材料，将编织的花篮通过广州的广交会远销德国、法国、美国等 20 多个国家和地区，解决近 2 万人的就业，成为宾阳推动农民增收、农村发展的支柱产业。

  由此看来，中国乡村正处在一个大变革的时代，传统乡村落后、封闭的均衡正在被打破，处于变动当中的乡村非均衡，孕育着许许多多的创业机会。因此可以说，农民不管是现在还在乡村的，还是曾经从乡村走出去现在想回来的，如果愿意尝试，都会有无限的创业机会等待着他去发现、去构建，从这个意义上说，农村真正是广阔天地，大有作为！

2019 年 12 月 12 日

何谓乡愁型创业？

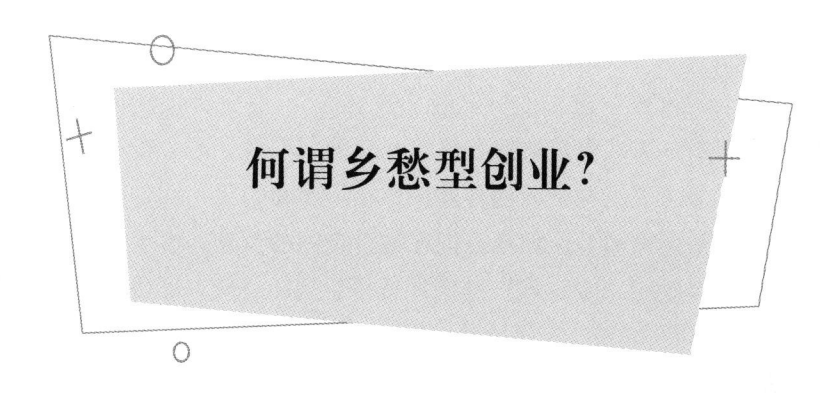

说起乡村创业,许多人之所以觉得难,就在于不知道在乡村除了种地之外还能做些什么。但是,最近一位叫作李子柒的四川姑娘,因为奶奶生病而从外出打工的城市回到家乡,将四川农村传统美食的制作过程,通过自导自演拍成古风视频上传网络,在海内外攒足千万粉丝,使自己意外走红。很多人质疑一个乡村姑娘如何有这样出众的表演能力和拍摄技巧,在我看来多少显得有些无聊,也有人把她拔到成功输出中国文化的高度,我也觉得有些夸张。众多外国人通过视频看到并喜欢上了中国乡村,仅仅是李子柒返乡创业的一种溢出。李子柒做这些事情的初衷,或许只是想通过挖掘农业之外的新价值以改善自己的生存条件。因为从外地打工回到乡村的她,没有了工资性收入,奶奶尚在生病,面临着依靠传统农耕无法让奶奶得到健康和改善自己生计的困境。不过在我看来,李子柒现在所做的事情,倒是非常符合我定义的乡村创业内涵:以乡村为空间,以农民为主体,以农业为基础。所以在我眼里,她是一位优秀的乡村创业实践者。

人们习惯于依照创业依赖的要素优势来区分创业类型,比如有资金型创业、技术型创业、创意型创业、社会资源型创业等。按照这个方法,我将李子柒的创业称之为"乡愁型创业",意指通过创业者对乡愁内涵的准确把握,并以某种方式嵌入到乡土产品中,这些产品因能够满足人们的乡愁消费需求而形成一种溢价,成为创业主要收益来源的一种乡村创业类型。透过李子柒的案例,我们看到乡愁型创业具有三个方面的特征:

一是创业形塑的对象是"乡愁"。跟其他创业群体一样,乡村创业者实施创业行为面临的第一个问题就是创什么业。所谓乡愁型创业,自然就是指乡村创业所形塑的对象是"乡愁"。简单地说，就是乡村创业者利用人们对农耕文明的记忆，将"乡愁"形塑成某些农村土特产品的卖点，进而实现商业化。中国情境下的乡村创业为何能够通过形塑"乡愁"来实现呢？这是因为，中国社会具有费孝通先生所说的"乡土性"。在中国，一个人无论走到哪里，心中都有一方魂牵梦萦的土地，离得远了久了，使人愁肠百结。然而，恰恰在中国城乡二元结构下，这种愁肠百结不容易消除，因为真正撞开城乡之间存在的隔墙尚需时日。如今人们在城乡之间的流动，由于受到城乡隔墙的影响，仍然呈现出"乡—城"单向性特征。这样一来，那些远离乡土进入城市的人们，久而久之只能通过消费来自乡土的"物"，以寄托自己思念乡土的情感，即所谓"借物托情"。因此，乡村创业者如果能够把握住人们的这种情感需求，并将其嵌入到产品当中，就有可能实现"乡愁产品"的商业化，从而完成创业过程。通过形塑之后能够嵌入产品的乡愁，是具有商业价值的，因为它满足了人们的情感需求，使人们愿意为之付费。而且重要的是，人们基于乡愁情感的付费，跟购买普通商品的意愿完全不同，相比之下，对乡愁产品的付费意愿要高得多。正因如此，才会形成乡愁型消费的溢价，成为乡愁型创业的收益重要来源。值得一提的是，由于城乡隔墙的存在，中国有大量向往乡村的城市人是难以从城市抽离的，他们成为消费乡愁产品的主要群体，给乡愁型创业提供了机会。李子柒就是乡愁型创业的实践者，她把城市人对青山绿水、土地荷田、竹林木屋、土灶大锅、鸟禽牲畜等农耕文明的种种向往，形塑成黄豆酱油、辣酱腊肉等四川农村的传统土特产品，卖给那些对农村充满乡愁记忆与向往的城市消费者。据称她的一瓶辣酱售价是老干妈的数倍，仍然销量很多，这就是乡愁产品较之于工业化标准品的溢价，也是乡愁型创业与其他乡村创业收益来源不同之处。

二是创业者熟知乡村的真实情境。如前文所述，乡愁型创业的过程是通过形塑"乡愁"并将其嵌入到产品中进而实现商业化的过程。对于消费者来说，乡愁产品的有用性并不是因为产品本身的"使用价值"，而是因为产品是"乡愁"的物质承担者。乡愁产品作为人们思乡的一种情感寄托，不需要有华丽的外表，但要有还原人们乡土记忆的真实性。所以，如果仅仅是模仿乡村，创业失败的概率会很高。因为模仿式的乡愁产品只有形似，不能真实还原人们的乡土记忆，也就会影响人们的付费意愿。在城市里我们见到许多走复古乡野路线的农家餐厅之类的创业，往往在短期热闹之后归于沉寂，原因就在于此。现在有些城市工商资本下乡，用工业化的方式生产农村乡土产品，也很难引起人们的兴趣，是因为在工业生产中不能还原乡土气息。比如，湖南人和江西人喜欢吃的腊肉，传统上是用燃烧茶籽壳的烟熏制而成，人们喜欢的就是那种烟熏味道，工业生产方式制造出来的腊肉没有那种烟熏味道，自然就很难吸引人们购买。所以我们看到，尽管城里超市什么都能买到，但许多城里人回到农村，还要大包小包把乡村土法炮制的土特产品塞满汽车后备箱。由此观之，乡愁型创业成功的一个基本条件，就是创业者对乡土生活要有真实的了解和深入的理解。只有这样，才能将乡愁嵌入到乡土产品中形成有溢价的新卖点。很多人问，成功的为什么是李子柒？按理说，一位"90后"的农村姑娘，也就是人们常说的灵魂离开农村很久，身份仍然在农村的"农二代"，是根本没有理由对农村乡土有认知与理解的。但恰恰是李子柒，儿时父母离开，由奶奶抚养长大，经历过同龄人所没有的农村生活，干过同龄人没有干过的各种农活，才知道春耕夏种，秋收冬藏；才知道利用应季蔬菜水果烹调美食，烹茶煮酒；才知道如何用黄豆酿造出土法酱油。应该说，熟知乡村的真实情境，才能演绎出真实的乡村生活，才能勾起人们的记忆，这是她的创业能够很快走出"合法性缺失"困境的重要原因。

　　三是创业者掌握突破市场局限的技巧。乡愁产品的需求对象是谁？不是乡村周边的农村人，因为他们不缺乡愁。如前文所述，正是由于中国长期以来的城乡二元结构，导致城乡人口迁徙只有单行道，农村人只要脱离城市，就很难再有机会返回乡村，因此才会造就乡愁需求。但是长期以来，由于城乡连接的条件限制，农村产品走进城市遇到许多障碍，因此回乡就只有种田，乡村创业也就不可想象。刘守英教授曾经感叹，我们不要指望"农二代"返乡！的确，指望"农二代"返乡种田，那是没有现实可能性的，因为随便蜷缩在城市的一隅，都比在农村要强得多。但是我们发现，如今的情况正在发生一点点改变：首先是农村互联网的开通，已经成功将闭塞的乡村与外部世界相连；其次是高速公路、高速铁路等捷运技术的进步，大大缩短了城乡市场的空间距离；最后是几乎实现全覆盖的到门物流服务体系，减少了人们购物的时间成本。在这三个条件的促成下，乡愁产品可以实现农村生产城市消费的快速转换。乡村创业的市场在城市，这是乡村创业发生的重要条件，所以，乡村创业者之所以能够创业，首先是因为掌握了这些突破乡村市场局限的技巧：能够使用互联网传递信息，能够使用快捷物流服务平台拓展市场边界，这是乡村创业者必须具备的素质。李子柒如果没有城市的打工经历，不了解自己拍摄的视频可以传到网络，即便她有再好的生产出乡土产品的技能，也不可能为乡村之外如此庞大的人群所熟知，那她的乡村创业活动就不可能发生。正是她游走于城乡两边的生活经历，以及在接受城市文明过程中累积的人力资本，让她掌握了拍视频上网络，利用网络手法宣传自己的产品，利用各种平台搜寻市场等本领，才使她能够充分把握市场失衡中的创业机会，成就了自己的事业。

乡村创业如今不再是新鲜事，但要取得创业成功，还得要重视乡村的真实情境。Gartner提出的创业过程理论模型中，强调创业者、创业环境、创业行动与创业组织四个要素之间的互动关系，乡村创业过程也是如此。乡村创业者如果离开乡村的具体环境进行一般性的创业活动，与城市创业相比就会存在更多的困难，这也是许多返乡下乡创业者最终没能取得成功的重要原因。如果说乡村创业与城市创业相比有何异质性，乡村环境所具有的"乡土性"无疑是最为凸显的一部分。因此，"乡愁型创业"具有一般城市创业所不能复制的优势，从而增加了创业成功的可能性。但是，乡愁型创业需要形塑"乡愁"使其能够商业化，从而要求创业者熟知乡村情境，掌握突破乡村封闭市场的能力等，也显示了乡村创业的复杂性。尽管国家政府号召农民工、大学生等人员返乡下乡创业，随着乡村基础设施条件的改善，这支创业队伍也正在不断壮大，但是，在这支返乡下乡创业队伍中，久居城市而对乡村并无多少了解的人不在数。如今的"农二代"，不管是通过读书离开乡村的，还是通过进城务工离开乡村的，他们都不像李子柒，在农村度过的儿时时光，有机会将自己的身体与灵魂深嵌于乡土当中，有对乡土深刻的理解。正如一篇论及李子柒的文章说，"所有你羡慕的生活背后，都有你熬不了的苦"！从这一点来看，"乡愁型创业"并非可以简单模仿。

值得注意的是，如今我们在推进乡村振兴过程中，存在一种十分值得关注的倾向，那就是以城市为样板打造乡村：比如，在环保与美观的名义下，要求乡村不再有灶台，不再有猪羊，不再养鸡鸭，不再见到土墙。在这样的种种要求下，乡村正在一步一步走向山寨版的城市，成为既难再承载"乡愁"，又难彰显现代的尴尬存在。多少来自乡村的人们如今回到乡村，都禁不住感慨那已不是衣锦还乡的去处，甚至为"村庄已死"感到悲凉！所以，我们如果要鼓励返乡创业，最重要的事情就是要让乡村"看得见山，望得见水，记得住乡愁"！那些远离乡村久居城市的返乡创业者，要想创业多一分胜算，都有必要补上一节"乡愁"课，要熟知何谓"乡愁"，要认知体验"乡愁"，这样的返乡创业才能多一分成功的机会！

2019年12月27日

何谓乡村庭院型创业？

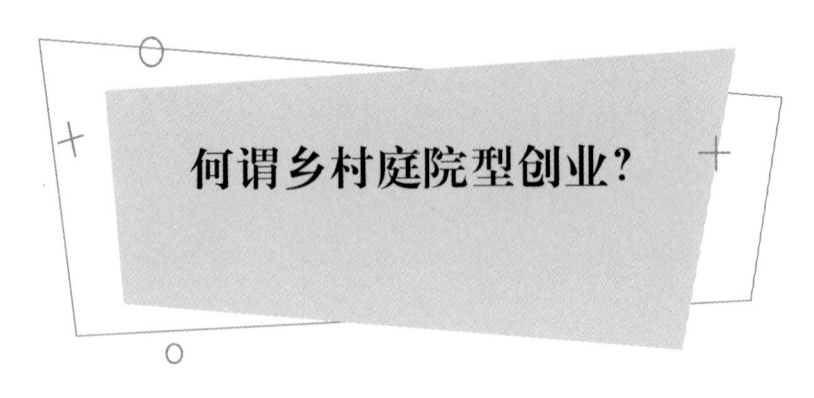

　　Timmons 把创业过程看作是创业机会、创业团队和资源之间适当配置的高度动态平衡过程。然而，中国传统的乡村是以发展农业为主，以自给自足为经济形态，以农耕文明为主导的社会空间。因此，论及创业这种以追逐价值增值为目标的经济行为，一般很少发生在乡村，要想成就农业之外的事业，就得"出门闯天下"，这是乡村人的普遍看法。也正因如此，乡村一直维持着自然经济形态，中国城乡差别得以长期固化。按照舒尔茨等人的观点，经济社会的失衡意味着存在获利机会，抓住这些获利机会去开创事业的人就是"企业家"。当今社会，信息和技术的发展架起了乡村与外界联系的桥梁，从而打破了乡村的长期均衡状态，在乡村与外界的物质、信息和能量交换中，存在众多的获利机会，从而使乡村创业成为可能。从现实来看，乡村创业的团队以农户家庭为基础，也就是说，农户家庭成为乡村创业过程中发现和开发机会、整合资源的主体。正是如此，才使乡村创业与其他类型的创业相比，有其特殊性。任何创业活动的开展都需要创业主体去整合资源，以降低创业成本，实现价值创造，推动创业成长。理论上说，以农户家庭为主体的乡村创业，也可以突破乡村的地理空间边界而向外整合资源，不过，对于刚刚从传统农耕社会脱胎出来，正迈步走向市场的乡村而言，长期的城乡二元结构的固化，使乡村创业者尚缺乏向外整合资源的能力。但是，市场经济冲击导致的乡村经济社会失衡，又确确实实给农民进行乡村创业提供了千载难逢的机会，在这样的背景下，乡村庭院型创业便应运而生！

　　何谓乡村庭院型创业？就是指乡村农户家庭，利用自家房前屋后的自然空间，通过创造性地整合农村资源，或者是生产方式的创新组合，开创传统农业和自然经济之外的新事业，实现新的价值创造的活动。从概念来看，乡村庭院型创业具有以下几个方面的本质内涵：一是以农民或者是农户家庭为主体。乡村住宅庭院的归属是以家庭为单位的，这就决定了庭院型创业的主体是在家庭成员范围当中，或者是以农户家庭为单位所从事的创业行为。二是以乡村庭院为创业空间。创业活动总需要一定的空间，比如生产厂房、办公用房、物流仓储等。所以，创业用地几乎成为如今工商资本下乡开创新事业遇到的最大瓶颈。乡村农户家庭能够充分利用自家住宅房前屋后的空间完成创业活动，是与工商资本下乡创业的一个显著区别。三是以价值实现为创业目的。利用庭院空间发展经济并不新鲜，比如养鸡养鸭，养猪养羊，或者从事一些简单的农产品加工等。但在大多数情况下，这些庭院里形成的产出，主要用于农户自己的消费，剩余部分才到市场上进行交易，这样的经济行为不属于乡村庭院型创业，而仅仅是一般的乡村庭院经济。乡村庭院型创业尽管也是发生在乡村庭院空间当中，但其行为一开始就是为了市场交易，为了实现价值，而不是为了使用价值。四是具有鲜明的主业特征。一般的乡村庭院经济，目的在于改善单一农业结构带来的农民增收困难，开拓农村收入结构的多元性，通过庭院里发展养鸡养鸭、种植加工等，以提升农户收入水平，因此，庭院经济的主业特征不明显。但乡村庭院型创业就具有鲜明的主业特征，其目的是通过创业来创造新价值，而不是仅仅改变农民收入结构。在庭院里"创什么业"是乡村庭院型创业需要回答的基本问题，而且一经确定，就会聚焦在这个主业范围内去拓展，以推动创业不断成长。

其实我们对乡村庭院型创业并不陌生，早在改革开放之初，温州人结束了计划经济时代漂泊在外的"鸡毛换糖"生活之后，就是选择在乡村老家的房前屋后办家庭作坊和私人企业的，这种以"前店后厂"为模式的乡村庭院型创业，成为中华人民共和国成立后的乡村创业典范。大唐的袜业、桥头的纽扣、海宁的皮革、桥下的文具等，大家至今耳熟能详，基本上都是以这种模式发展起来的。尽管当时温州的乡村庭院型创业，产业选择与城市同构，脱农特征十分明显，导致后来为了追求工业化所必需的规模经济而逐渐退出了乡村，走向工业园区或者工业集中区，但是无论如何，农户家庭的住宅庭院确确实实是温州乡村工业形成的初始空间。"前店后厂"的家庭企业，也由此成为"温州模式"的标签，使之区分于广东的"珠江模式"和江苏的"苏南模式"，一并享誉全中国。早期的"温州模式"虽然已经时过境迁，但乡村庭院型创业却仍然具有鲜明的中国乡村情境特征，尚未过时！一方面，与城市相比，中国的乡村发展不充分是基本事实，要让乡村经济走向繁荣，就必须夯实乡村的产业基础，走出单一农业结构，因此需要鼓励乡村创业；另一方面，也正是因为长期的城乡二元结构尚未完全消除，乡村发展不充分导致农民收入偏低，知识累积不足，没有承担高昂创业成本和抵御创业风险的能力。

乡村庭院型创业，让农民在自己家门口利用房前屋后的空间资源，开创自己的新事业，可谓一石三鸟：首先是助推农民实现"返乡而不种田"的创业梦。如今，许多农民面临城市融入难，又不愿意或者不甘心返乡去种地的尴尬境地，如果能够"返乡而不种田"，在农村开创自己的新事业，自然再理想不过，庭院型创业作为一种乡村创业类型，正好与农民"返乡而不种田"的理想相契合。其次是助推农民手中掌握的资源变资产。费孝通先生说"中国社会是乡土性的"，因此我们看到，改革开放40多年来，中国农民工外出打工，生活再苦都要积攒资金回家盖房子，而这些巨额花费建造起来的房屋庭院，春节过后随着主人外出，在贬值、空置。农家房屋庭院越建越多，越建越大，浪费也就越来越严重。乡村庭院型创业，盘活这些固定资产，变消费基金为生产基金，让庭院里的一切，通过资源拼凑创造新价值，为农民手中掌握的资源找到一条极好的出路。最后是帮助农民降低创业门槛。论及农民创业，很多人持有怀疑态度，一个重要的原因，就是创业门槛较高。一旦开启创业，就需要场地、资金、人员等资源。如今土地指标偏紧，已成为许多工商资本下乡创业的最大障碍。乡村庭院型创业的好处在于，利用农村住宅庭院的闲置空间，以家庭成员为主要劳动力，创业成本相对较低，对农民来说，只要稍加努力就有可能跨越创业门槛，实现自己的创业梦想。

近几年，国家出台很多政策鼓励农民工等人员返乡下乡创业，如果你是一位从乡村走出来的农民，家里还有住房庭院，现在返乡想从事乡村庭院型创业，可谓恰逢时机。这样的创业可以进入哪些产业领域呢？从现实来看，乡村庭院型创业相对集中在以下几个领域：一是乡村旅游业。在自然条件较好的地方，乡村旅游发展基础较好，吸引着大量游客前往，这为乡村居民进行庭院型创业提供了机会。旅游产业链中的"吃、住、行、游、购、娱"，基本上都可以利用乡村农户家庭的庭院空间来提供相关服务。比如，利用农村闲置住房发展民宿、以农家菜肴开发农家乐、在农家庭院开设农村土特产销售点、在农家大院开设农耕文明展览等。所以，乡村庭院型创业是地地道道的乡村旅游产业的模块供应商，聚合在乡村旅游产业平台上，一起为消费者提供全面周到的服务，同时也实现乡村农户的产业转型。二是农产品加工。传统乡村的居民以从事农业为主，一年即便风调雨顺，还要遇到市场稳定，才能有较好的收成，一旦遇到自然灾害或市场的风吹草动，一年的辛劳就有可能打水漂，"蛛网模型"描述不尽农民的心酸。但如今，工业技术的发展为农村利用庭院发展小型的家庭作坊式的农产品加工业提供了极好的技术支持，互联网技术的使用，则为这些加工产品的销售提供了更为广阔的市场空间。如果乡村农民掌握了农产品加工技术，同时又熟练掌握互联网平台的运用，在自家的庭院内办起小作坊，把自家土地里一年的收获再往前推动一步，就有大大增加自己收入的可能。比如，农户承包10亩耕地，收获1万斤稻谷，按照现在的粮食价格，毛收入也许不过1.5万元，但是如果将这1万斤稻谷酿成白酒，再利用互联网平台把这些酒卖出去，即便按照2斤粮食1斤酒计算，也可以产出5000斤白酒，一斤卖20元，就有10万元收入。这说明，农户有机会在自家庭院的作坊里，实现粮食到白酒的产品形态转换，这额外的投入增加不多，但收入却可以大幅度增长。三是发展农村电商。互联网已经进入到农村家庭，电商平台也日益完善，国家号召发展农村电商，出台了很多支持政策。如今农村网民超过2亿，农村网店近千万家，淘宝村也有4000多个，农产品网络销售额超过1万亿元，由此看出农村电商发展的潜力。"互联网+'三农'"时代的到来，为乡村庭院型创业提供了极好的机会，由此相信乡村庭院型创业会越来越普遍。四是其他农村新业态。如家庭工场、手工作坊、乡村车间、生态种养、休闲康养等，都可以通过农业新功能开发，在庭院空间内为细分客户群体提供个性化的服务，实现乡村产业价值创造。在这里，乡村农户家庭成为农业产业网状产业链中的一个模块供应商，通过农业价值模块的提供，改变着传统农民祖祖辈辈所从事的业态，成为庭院型创业的实践者。

乡村振兴需要鼓励农民草根创业，乡村农民如果积极参与创业，提升乡村创业活跃度，就会使乡村传统产业得到纵深拓展，从而改变乡村产业单一结构。从这个意义来说，乡村庭院型创业在促进乡村产业兴旺和农村小康社会建成中具有重要的推广价值。不过，鼓励发展乡村庭院型创业，需要克服三个观念上的障碍：

一是认为创业就要上规模。在很多时候,我们论及乡村创业,都喜欢用规模这一指标来衡量其是否有前途。在我看来,就乡村庭院型创业而言,不需要强调规模,只要能够让这种创业成为农民收入稳定和主要来源,并使农民生活能够跟上整个社会进步的步伐,这种创业就是成功的。现在我们国家的农民人均可支配收入大约是1.5万元,若以户均6口人计算,家庭户均年收入尚不足10万元。如果通过乡村庭院型创业,能够将农户家庭年收入增加10万~20万元,就是一个了不起的创业成功。对于许多创业农户来说,实现这样的创业收益水平或许还有自信,但如果一味地要扩张规模,反倒有可能是输得一干二净,甚至最后背上一身债务。草根创业应该首先追求稳定发展,如果的确有能力,才需要去考虑下一步的扩张。

二是认为创业就要有创新。按照熊彼特宽泛的创新概念,乡村庭院型创业也是一种创新,是一种将新的要素组合方式引入乡村产业的创新。但是在许多教科书式的研究中,论及乡村创业,总以是否有核心技术、核心竞争能力说事,否则就否定这种创业存在的合理性。在我看来,这是脱离实际的说教,因为市场的需求永远都有层次性和多样性,对于创业来说,目的是满足市场需求,而不是追求技术创新。比如一块"老村长锅巴",也许里面没有任何的技术创新成分,一个农村小孩在家做饭,一不小心就能做出这样的产品,这在以前被当作是一种粮食的浪费,因为在饭都吃不饱的年代,是没有人喜欢吃锅巴的。但在今天,人们生活水平提高之后,却产生了对这种锅巴的思念,吃的追求不是吃饱,而是吃出对过去历史记忆的回味。因此在乡村庭院型创业中,要的不只有技术创新,"乡愁型产品"的乡土味,反而是"记得住乡愁"的诉求中最宝贵的技术,因此不能对乡村创业有过度的创新要求,乡村创业将原本自给自足的农村产品实现了商业化,这本身就是一种重要的创新。

三是以城市标准规范乡村创业。创业发展需要规范,这本没有错,比如任何创业活动都要符合安全标准,不能给生产者和消费者带来安全隐患。但是,如果处处以城市标准去规范乡村创业,就有可能成为乡村创业的桎梏。近几年,许多乡村创业被各种城市标准框死,比如不能用土砖墙,不能用铁皮屋等,环境整治"一刀切",把不符合城市标准的建筑一概视为违建,要求厂房标准化、流程标准化、环境标准化,导致乡村创业被关停并转,数百万个农家乐、种植观光、民宿客栈、中小加工厂等统统被清理整治,关停拆除，这对乡村创业来说无疑是一场噩梦。中国的城乡二元尚未消除，农村尚达不到城市的发展水平，城乡经济水平的二元性决定了生产发展水平的二元性，过度地以城市标准来要求乡村创业，尤其是乡村庭院型创业，不仅不能使乡村创业质量得以提高，反而会将刚刚萌芽的乡村创业扼杀在"摇篮"中，这对乡村创业乃至对乡村产业发展都是极为不利的。

乡村庭院型创业，是在原来乡村庭院经济基础上，更进一步专业化发展而来的，精心呵护乡村庭院型创业，不仅可以提高乡村创业活跃度，辅助解决乡村劳动力就业养老难题，对改变乡村单一产业结构，提振乡村经济也有十分积极的作用。

2020 年 1 月 18 日

为什么不能毁掉农村的"庭院经济"?

最近一段时间,关于猪肉的各种调侃段子非常流行,微信、微博、抖音、快手都在拿猪肉开涮,没有别的,就是因为近期肉价异动。用时下时髦的话来说,百姓在日常生活消费中最亲近的猪肉面前,也显得有点不自由了。曾几何时,我们为甩掉手中的肉票而兴奋不已,谁能想到如今"肉票"还能再现江湖!在我小时候,农村家庭吃肉很困难,一般都是过年家里杀一头猪,卖一部分换钱补贴家计,留一部分做成腊肉、熏肉,以备农忙季节一天劳累之后餐桌上的慰劳品。那时候农村家庭能够吃上猪肉,得益于家家户户都多多少少有点"庭院经济"。所谓庭院经济(Courtyard Economy),就是指农村家庭利用房前屋后的空间与资源,发展力所能及的农业种养及加工,以增加家庭收入的一种经营方式。在我的印象中,庭院经济曾经成为农村家庭收入的主要补充,家庭生活消费结构多样化的重要来源。比如,房前屋后种的果树是农户水果消费的来源;家庭散养的鸡、鸭、鹅既是农户平时零花钱的依靠,也是逢年过节餐桌佳肴的指望;每户家庭养一两头牛、一两头猪,就让农家耕田有动力,生活有期冀。正是农村庭院经济的存在,才使农户家庭消费结构不至于单一,收入结构呈现多元,乡村图景有别城市!

然而,曾经在农村家庭生活中扮演过重要角色的庭院经济,现在正面临着巨大的濒危风险,究其原因,大致有四个方面:

一是农村打工经济抽走了庭院经济的劳动力。自20世纪80年代中期以来,由于种粮利润太低,城市闸门打开,加上政府的鼓励支持,大量农村劳动力尤其是青壮年开始成群结队奔往城市打工,打工收入渐渐成为农村家庭的主要收入来源，我曾把这种农村经济形态称为"打工经济"。打工经济形态下，农村的青壮年劳动力进入城市，家里留下的被称为"386061部队"的人口，没有能力顾及太多，导致猪栏慢慢空置，庭院瓜果慢慢消失，农家院落逐渐被杂乱的蒿草占据，农村庭院经济伴随着整个乡村衰败由此一片凋零。

二是农村城市模仿毁坏了庭院经济的资源力。乡村凋敝问题引起了中央政府的高度关注，2002年中央提出"统筹城乡发展"；2004年开始出台聚焦"三农"问题的中央一号文件，至今一共有16个；2005年提出"社会主义新农村建设"；2017年提出"乡村振兴战略"。中央政府将原先强调农村城市化战略，转向强调城乡发展双轮驱动的新型城镇化战略，尤其是提出"乡村振兴"，要推动农村的现代化，这让全国农村看到了希望。2007年中央一号文件鼓励农民工带资金带技术返乡创业，之后恰逢2008年后全球金融危机和我国城市产业结构转型升级，从那时起，有大量农民工陆陆续续返乡。按理说，这些农民工回到家乡，资金实力、管理技能、对经济发展的期望等都要超过他们出去的时候，这本应是农村庭院经济的重要发展契机。遗憾的是，在不少地方政府的决策中，把"新农村建设"单纯理解为"新村建设"。"新村"的标杆是什么？在中国人看来，城市总是一种美好的向往，即所谓的"城市幻想"。于是，在各地的"新农村"建设中，出现了一种严重的"城市模仿"偏向，也就是按照城市生活环境来塑造"新农村"。如何塑造呢？以农村的条件，不太可能模仿到城市的"里子"，比如产业、服务等，因此就开始模仿城市的"面子"，比如外观的整齐划一。所以，一些地方政府开始要求农村拆掉猪栏牛棚，确保农村表面整洁，有利观瞻。由此，农村庭院经济发展所需要的诸多生产资料，在乡村的"城市模仿"中被拆除，使庭院经济失去了资源力支持而逐渐消失。

三是农村环境整治限制了庭院经济的能动力。小时候在农村，房屋建在山脚下，土屋四周布满杂草，加上屋子没有沼气池和排污管道，猪栏牛栏、养鸡养鸭带来的污染，常常惹得蚊子肆虐，我们只能用烧火堆冒浓烟的办法来驱蚊。生生的树叶夹在稻草里一起烧，再堆上一些垃圾，浓烟才够烈，这是每个农村小孩都知道的驱蚊秘诀。后来家里建砖瓦房，有了排水排污管道，有了独立卫生间，有了沼气池，卫生条件好了许多，这是看得见的农村进步！也许是人们生活水平提高了，对环境的要求也越来越高，这是自然而然的事情。近年来，城市环保整治取得了长足的进步，政府环保政策开始关注农村，这是"城乡统筹"的重要步骤，也是政府关心"三农"的重要体现。不过，由于中国在治理农村环境方面没有可以借鉴的经验，属于摸着石头过河，农村的环境究竟怎样才算符合农村特色，又不背离现代科学的要求，这个问题难住了基层政府。基层政府在执行过程中往往将复杂问题简单化，要求农村把与污染源有关的活动统统停止，于是就出现农村家庭不许养鸡养鸭，更不许养猪的各种规定。为了实现农村环境高水平达标，甚至强制性拆除猪栏鸡圈的做法也屡见不鲜。现在回到农村，基本上看不到猪肥牛壮、鸡飞狗跳的情景了。在农村环保整治"一刀切"的过程中，农民发展庭院经济的动能被切断，庭院经济基本被遏制。

四是农村宅基地制度会弱化庭院经济的驱动力。前面讲的都是庭院经济已经受到的影响，现在出台的农村宅基地制度将使庭院经济发展的驱动力弱化。顾名思义，庭院经济是农户借用庭院空间发展起来的经济，也就是说，没有庭院这一空间载体，也就无所谓庭院经济。发展庭院经济是由于经济利益驱使，因为发展庭院经济没有额外的成本负担，勤劳换得的收成全归农民所有，因此农户特别有积极性。如今的宅基地制度要求一户一宅，固定面积，超出的付费，这主要是出于保护耕地和盘活农村资源的目的。但是，中国农村情况千差万别，用一种制度框所有的地方，就会出现偏离"因地制宜"的情况。比如我的老家江西山区，大多数农村住房都依山而建，根本就不影响耕地面积。以前村民们在自己房前屋后搭起猪栏鸡圈，发展庭院经济，既不会影响到其他村民的利益，又能充分利用荒山荒坡，属于经济学上讲的"帕累托改进"状态。如果严格规定住宅面积不能超出120平方米，庭院经济要么因为没有空间发展，要么因为付费使用空间，导致成本增加收益减少。没有利益的驱动，村民发展庭院经济的意愿就自然会低很多。

我从小到大受益于农村庭院经济，对这有着一份特殊的情感。如果不是小时候母亲勤奋，常年在农家小院里喂上几头猪，养上几只鸡，种上一点辣椒青菜，每逢赶集日就将这些庭院里的收获拿去集市上换点钱，我就没有可能通过读书走出那个村庄！所以现在每当我看到庭院经济在各种干扰之下日渐萎缩甚至消失，心里就有着无限的酸楚。难道中国农村真的不需要庭院经济了吗？这些年我有空就带着学生到农村走走，以我所见，除了东部经济发达地区，由于工业化城市化水平高企，城乡已经没有太大差别，在其他绝大多数地区的农村，庭院经济都还有存在的必要，毁掉农村庭院经济将带来许多不良后果：

第一，影响到农户收益。如今尽管农村人外出务工的打工经济还在继续，但二代农民工的打工追求与一代农民工不太一样，他们的目标主要不是赚钱，而是转换一种生活方式。由于一代农民工慢慢步入中老年，因融入不了城市而陆陆续续回到农村老家，他们的子女即二代农民工，拖家带口举家进城，遇上城市产业结构转型升级，与自己匹配的工作机会少而且工资水平低，城市生活压力陡增，无力顾及在家的父母。与20世纪八九十年代相比，现在的打工者基本上没有汇款回家的可能，一代农民工返乡之后的生活来源只能依靠自己。这些50岁上下的一代农民工，还有相当的劳动能力，在家种上几亩地，搞一点庭院经济，日子过得也算悠哉。如果毁掉庭院经济，单靠一亩三分地的收成，手上的零花钱就够呛。庭院经济在很多地方仍然是农村家庭经济收入的重要补充。

第二，影响到消费水平。农村消费水平高低，可以从两方面来衡量，一是总量，二是结构。如前文所述，以往的农村庭院经济，一方面能够给家庭带来收入，另一方面是满足了农家自给自足的多元消费需求。比如，农忙季节劳顿之后杀只鸡鸭打打牙祭，院子里水果熟了尝上几个解解馋，这些在农民看来可有可无的消费，由于庭院经济的存在，就变得常有，如果庭院经济不存在，就变得没有了。行为经济学理论说，要一个人把口袋里的钱拿出去，总是一件很痛苦的事情，而自家不花钱的东西，消费起来不心疼。农民赚钱本来就不容易，如果不是自家院子里有，要花钱去集市上买鸡、买鸭、买水果，恐怕这类消费就会骤减，从而严重影响农民的消费总量与消费结构，导致消费水平降低。如今农村已经很难见到鸡鸭成群，待在农村的人这些方面的消费自然减少了许多，在一定程度上影响了农村居民生活水平的提高。

第三，无益于环境保护。大家或许会认为这是奇谈怪论，许多地方不允许家庭养鸡、养鸭、养猪，一个冠冕堂皇的理由就是这会带来环境污染。可是，从我自身的农村经历来说，感觉这是一个教科书式的结论。以前农村家庭养鸡、养鸭、养猪，这些牲畜家禽的排泄物作为有机肥料用来种蔬菜瓜果，确保了农产品的一流品质，也使污染降到最低，对分散居住的农村环境，基本不带来什么影响。如今的城市模仿思维，总认为家里养鸡、养鸭、养猪，会造成多大的环境污染，我觉得这是单向思维的结果。随着生活水平的提高，我们对环境要求也在提高，这没有错，不过社会进步过程中技术也在进步，这也是事实。尽管如今很少有人愿意干把鸡屎猪粪挑进田的活，但随着养殖技术的提高，很多猪栏鸡圈不再像以前那么脏乱差，加上农村家庭修一个沼气池只需区区千余元，既可以解决环境污染源，又可以提供清洁能源，为什么一定要用禁养的方式来保护环境呢？更进一步地，农村庭院经济的养殖属于零散养殖，一家一户养殖的牲畜，排泄的污染物总量很少，通过还回农田或者建一个沼气池就可以解决，与零散养殖必然造成污染的逻辑相去甚远。反倒是，那种说大不大，说小不小，三五十头猪，一两千只鸡的所谓"集中养殖"，以家庭养殖方式处理，规模太大，以现代方式处理，规模太小，结果就成了污染的重要来源，是造成污染最危险的方式。所以我觉得，把农村庭院经济看作是环境污染源，用禁养的方式来消除这种污染源是没有道理的，因为治理这种污染源有更经济实用的办法，并且能够一举多得。

第四，无益于市场供给。一个简单的例子就是这次肉价异动。尽管这次猪价飙升有多方面的原因，比如中美贸易战、非洲猪瘟，但不能说与农村禁养没有关系。粗略估算一下，以前一个农户家庭养2头猪，一个村庄50户人家，就会有100头猪，这就算一个小小的养猪场了。中国有多少适合这种养殖的村庄我没有确切的数据，但这一定不是一个小数据。现如今要以大型现代化养猪场来取代这分散在村落里的家庭养殖户，谁来投资？大规模养殖带来的风险谁来承担？工商资本是精明的，无利不起早，所以投资必然谨慎，这一谨慎就影响到市场供给。农村庭院经济中的鸡鸭猪狗等家禽牲畜养殖是市场的调节器，对于农户来说，遇到市场价格不好，把这些牲畜在家多养几日，也不会影响到其日常生活，但现代化的养殖场，一头猪到了出栏时间不出栏，就会带来难以承受的成本压力，这是不讲自明的道理。所以，我们需要现代化养殖场，也需要农村家庭散养，主要它们相得益彰。

第五，有损于留住乡愁。我们常说，乡村振兴要做到"看得见山，望得见水，记得住乡愁"，什么是乡愁？在我看来就是那些在城市化工业化过程中日益被摧毁的乡间记忆！每个人上溯不到五代，都是来自农村，说到农村，爱她是因为那成群的鸡鸭，厌她也是因为那鸡鸭成群，但不管爱与厌，她就存在于许多从农村走出来的众人心底。如今回到农村犹如留在城市，没有鸡犬之声相闻，乡思依然却无处寻觅，这不能不说是个遗憾。庭院经济的存在，是留住乡愁的最好方式，为什么大家现在喜欢吃饭去农家乐，睡觉去民宿？这是一种生活的记忆，随意抹掉这种记忆，生硬映入脑海的东西哪怕再时髦，也不会有自己想要的那种乡愁来得生动与撩人，这就是乡村的价值。现在出现一种非常奇怪的现象就是，一方面我们不遗余力地在城市地区制造乡愁，恨不得把城市周遭的一切都复古成远古的农村；另一方面又不遗余力地在农村地区毁灭乡愁，恨不得把农村周遭变成繁华的都市！

  君不见，如今的城市里，只要能够见到土壤的地方，都有居民想深度利用，留下一块块菜地，种上一棵棵果树吗？这就是城市人向往的庭院经济！在我看来，如今的乡村发展，不是要毁掉庭院经济，而是要鼓励发展庭院经济，我们可以用政策扶持规模养殖，也同样可以扶持农村庭院经济。发展庭院经济需要因地制宜，因此所有涉及农村的政策都不应该"一刀切"。比如宅基地的使用，全国都规定一样的面积并不合适。在山区依山而建的住宅，不影响耕地，不影响别的村民利益，硬套多少平方米的面积，增加的就是农民的负担，减少的就是农民的收益。既然在法律上都将农村土地区分成耕地、林地、草地、荒地，那在宅基地使用权利上，也应该有所区分。不同区域不同性质的土地是存在级差的，政策上需要充分体现这种级差，不要让死的条文阻挡了鲜活的农村庭院经济，或许才能够给我们留下一抹乡愁！

2019 年 9 月 22 日

如何才能提高乡村创业活跃度？

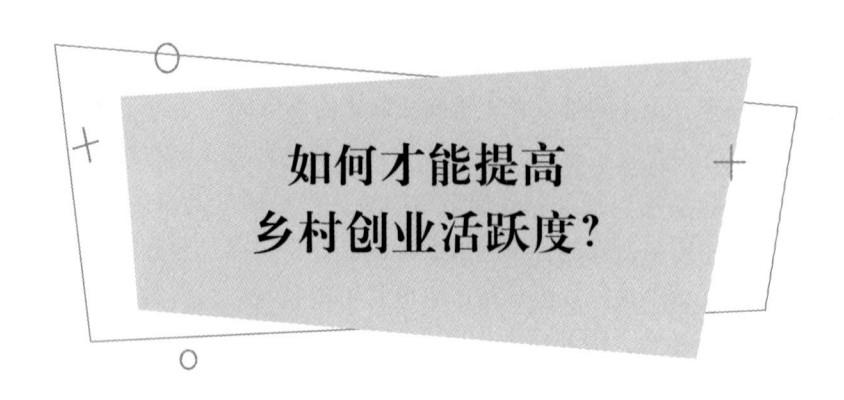

最近回了一趟江西农村老家，恰逢秋收季节，村里农忙的景象已经与我儿时大不相同，完全不见农民在田间地头忙碌的情景，在稻田里完成收割任务的都是大型收割机，水稻收割完了，秸秆也同时处理完毕，剩下的一包包稻谷，还是湿的就被收购走了，根本不用等到晒干。现在农村种田，根本不再是劳动密集型，而是技术密集型了，这真是一个天大的变化：农村再不是那个"脸朝黄土背朝天"的劳动场所，农民再也不是那个光着脚板下地干活的布衣！

用经济学术语来说，今天的大多数农村已经实现了"技术对劳动的替代"，不过有一点不同的是，那些农民在采用"技术替代劳动"之前，不会完全比较"两种要素边际产出的大小"，对有些农户来说可能技术替代劳动之后，劳动能够找到更好的报酬来源，但对另一些农户来说就未必是这样，或许在劳动处于闲暇状态，也会付费利用收割机去割稻子。在我的家乡农村，如今已经找不到传统使用的打谷机了，因此在村里想要找到一捆稻草都变得十分困难。这样一来，就有一个问题值得我们去思考：由于技术（农业机械的广泛使用）替代劳动，导致大量从土地中游离出来的劳动力将流向何方？如果没有一个吸纳这些被技术替代而从土地上游离出来的劳动力的地方，将会造成大面积的农村劳动力失业；如果这些农村劳动力都涌向城市，城市工业或许没有这么大的能力来吸纳，会造成城市就业的难度，最终造成城市劳动力要素报酬率降低，甚至造成城市贫困。这次回乡发现，跟以往相比，村里的年轻人增加了不少，但在技术替代劳动形成的闲暇日子里，他们过得很没有规划,甚至只能打牌度日,增加了乡村治理的复杂程度!

偶尔发现村里一两个进取心相对较强的年轻人,开始琢磨在村里创业,比如现在我老家的村子里,开始有人开设了腐竹作坊、酿酒作坊,把技术替代形成的劳动力剩余,用在农产品加工上,以此获得更好的劳动要素边际报酬。遗憾的是,类似的乡村创业还不成气候,零零星星的创业活动由于缺乏纵向联系,成本相对比较高,举一个简单的例子,腐竹作坊里做出来的腐竹,要包装好拿去卖,村里找不到合适的包装袋,就得去别的地方购进来,其中的成本自然就会高出许多,不利于创业成功。要解决这样的问题,就需要实现区域创业的聚集,强化新创企业之间的分工合作,形成创业聚集的外溢。如果这样,提高乡村创业的活跃度就成为一种必要,那么,如何才能提高乡村创业的活跃度呢?

很多学者研究过一个区域创业活跃度的影响因素问题,这个问题的另外一种提法是,一个地方吸引创业者前去创业的因素及其机制是什么呢?有两种看法:一种看法认为创业者前往一个地方去创业,主要受创业租金回报预期的影响;另一种看法认为创业者前往一个地方去创业,主要受创业机会多寡的影响。不过在我看来,这都不能很好地解释一个地方的创业活跃度提高问题。因为所谓的创业预期回报也好,创业机会多寡也好,都不是事先给定的,创业活跃度跟创业预期回报及创业机会多寡,是一个事情的两个面,谁都离不开谁。一个地方创业活动很活跃,自然会获得分工合作的收益而提高创业租金回报,相同的道理,一个地方创业活动很活跃,会衍生出很多的创业机会,就比如很多人在一起做腐竹,就会衍生出对腐竹包装材料的需求而形成新的创业机会。弄明白一个地方如何提高创业活跃度的问题,需要弄清楚创业个体对创业空间选择的行为特征,也就是说,要弄清楚创业个体受创业租金回报和创业机会的吸引而自主选择去一个地方创业的过程是如何发生的,对乡村的农民创业而言也是如此。

农民在乡村里是选择创业还是选择做农民,首先会评估一下自己的能力,这在经济学里被称为"企业家才能",如果一个农民觉得自己有这种"企业家才能"就会选择创业,如果觉得自己根本没有这种才能,就会选择老老实实做农民,田里没有活干,那就即便打牌消磨时间,也不会有创业举动。从这个意义来说,在乡村封闭的条件下,如果乡村里认为自己拥有"企业家才能"的人越多,提高村里创业活跃度的可能性就越大。如果乡村是开放的,一方面可能使一些有才能的人去城市创业，另一方面也有可能使一些城市人到乡村来创业，这种流动性也是取决于创业个体对自己的企业家才能的评估。对一个农民来说，是在农村创业还是进城市去创业，在评估自己的企业家才能时，主要受不同区域创业门槛高低的影响，如果一个区域的创业对企业家才能要求较低，也就是企业家才能门槛较低，就有可能吸引大量的创业者前去创业，否则就相反。从这个角度来说，一个地方创业门槛高低是起着决定性作用的。

我们知道，在改革开放之后，大量农民离开农村进入城市务工，有一些农民工后来在城市创业变成了城市人，但回到家乡创业的人却少之又少，是什么原因呢？就是因为城乡创业对企业家才能的门槛不一样。在城市里由于市场规模大，产业联系多，中间品价格便宜，在不同产业联系过程中留下的大量空隙，让一些创业者不需要有过高的企业家才能也能在城市创业中找到生存的机会，所以农民工在城市创业能够活下来。与此相比较，如果一个农民创业者想留在农村创业，会面临着没有产业联系导致的中间品（比如腐竹包装盒）价格昂贵、农村市场规模狭小增加销售成本、缺乏产业分工与合作形成的知识溢出效应导致创业缺乏创新等困难，因此要想在乡村创业成功，需要有更高的企业家才能。褚时健进入乡村创业能够成功，对许多农民创业者来说就不会那么容易，在很大程度上是因为农民的企业家才能达不到乡村创业所需要的门槛要求。

如果这样来理解，那么我们要想提高乡村创业活跃度，最需要做的事情就是降低乡村创业的企业家才能门槛，让大多数创业个体一方面有能力进入乡村创业，另一方面在乡村创业能够获取合理的创业租金回报和获得良好的创业机会。那么，如何降低乡村创业的企业家才能门槛以提高乡村创业活跃度呢？我认为可以从两个方面去努力：

一方面是要降低制度门槛，允许创业者自己做事。从创业对企业家才能要求的角度来说，事实上本质不是有没有才能的问题，而是创业个体的才能与创业活动的匹配问题。如果较低才能硬要匹配上高水平要求的创业活动，就会使创业者因为能力达不到而造成创业失败。这就像一个高中生考大学，如果根据自己能力匹配，或许总能够上一个大学，上不了重点大学的就上一般大学，但如果对一个只有上一般大学能力的学生硬是要求他去考重点大学，这个学生就可能什么学校都读不了。如今的农村就存在这样的现象，地方政府硬性规定农民只能做什么而不能做什么，这就导致许多想创业的农民因为达不到政府所要求的创业领域的企业家才能而放弃创业或者创业失败，从而使乡村创业活跃度受到极大影响。在许多农村，地方政府要求农民搞种植、搞养殖，竟然规定只能种什么只能养什么，还要达到什么规模，否则就不允许，就是属于这样的情形。地方政府"闲不住的手"形成的制度门槛，往往成为农民创业者最难逾越的"企业家才能门槛"。因此，提高乡村经济发展的市场化程度，政府仅仅在产业发展上作出宏观上的引导，这是提高乡村创业活跃度最为关键的变量。

另一方面是要利用互联网技术，让创业者有能力做事。对于乡村创业来说，之所以对企业家才能要求比大城市高，一个关键原因就是市场规模狭小，一般的农民创业者无法在乡村突破市场规模对创业活动的限制。农民在乡村创业，无论是技术条件、企业规模还是营销能力，要触及遥远的市场并确立竞争的优势都会有相当的困难。互联网技术对提升创业者触及市场的能力有极大的帮助，互联网上获取知识、信息及传播文化，不仅成本低、速度快，而且涉及面广，通过互联网技术促进要素的整合，不仅能够提升技术水平、拓展市场边界，还可以创新商业模式，引导和改变消费者需求，创造新的市场，从而增加创业机会，让农民创业者有能力做更多的事情。如今许多农村地区的淘宝镇、淘宝村、电商村等，都是使用互联网技术改变农村市场边界、产品性质，衍生新业态，增加创业机会的典范，这是十分值得推广的。

如果在制度上让农民创业有了自我选择权，能够按照自己的能力去做合适的事情，在技术上让农民创业有发展空间，能够在更多、更大的领域去选择自己适合做的事情，乡村创业的企业家才能门槛就会降低，就会吸引越来越多的人到乡村去创业，乡村创业活跃度就有可能提高！制度与技术，乡村经济发展永恒的关键因素！

2018 年 11 月 8 日

乡村创业为何是"国内经济大循环"的关键？

一

2020 年的新冠肺炎疫情全球大暴发，让人们真真切切感受到"世界百年未有之大变局"，仅就经济发展而言，备受推崇的全球化浪潮突然降温，习惯性依赖的国际市场突然停摆，中国经济向何处去一时间又成了人们关注的焦点。改革开放使我们充分利用国际市场成功实现了初级工业化，并赢得了"世界工场"的地位，但也正是对国际市场的高度依存，使我们在遭遇 1997 年东南亚金融危机、2008 年的全球金融海啸这样的国际市场变数时，不得不通过大规模的农村基础设施建设、家电下乡等扩大国内投资和消费的办法来分摊国际市场风险。一场突如其来的新冠肺炎疫情，使国际经济、政治、意识形态等诸多因素叠加在一起，引发国际市场高度不确定性，严重冲击着以外向型经济为特征的中国发展格局。由此产生一个新议题，那就是"建立国内大循环"，规范的表达是"以国内大循环为主体、国内国际双循环相互促进的新发展格局"。通俗地说，就是将国家市场重心从以国际市场为主，转变为向国内市场匹配内需与产能，减少经济对外部的依赖。这个转变当然不是放弃国际市场，而是通过国内循环和国际循环的双轮驱动促进经济增长。

二

不过,对于究竟什么是"国内大循环"以及如何才能实现它,人们的看法并不一致。眼下一种颇为流行的观点认为,"国内大循环"就是强调经济发展要更依赖国内消费和投资,因此它的实现就应该在消费和投资更有效率的区域着力。现在的中国,东部地区比中西部地区、城市比农村、大城市比小城市更容易形成消费,投资更具效率,因此应该从政策上让人口、土地与资金等生产要素更多地配置到东部地区以及城市地区,尤其是大城市与都市圈。他们断言,国家过去把建设用地配置给人口流出的中西部地区是没有效率的,既然人口从中西部流向东部,从农村流向城市,国家政策就应该让建设用地及其他要素配置与人口流动方向更加一致。在他们看来,只要放开户籍制度,让那些从中西部农村游离出来的人口能够在城市落户,就可以使国内消费持续增加。

这个看法貌似合理,但其实暗含着这样的假设:①中西部地区属于人口流出地,东部地区属于人口流入地,似乎是事先给定的。②在这样的给定条件下,人口从西部农村流向东部城市,从小城市流向中心城市周围的都市圈,属于符合世界普遍存在的必然"规律"。③目前的中国人口流动之所以没有形成强有力的消费,只是因为户籍制度的制约让流动人口没有形成在城市发展的稳定预期。因此,只要放开户籍制度,让中国目前近3亿农村流动人口形成在城市长期稳定发展预期,就可极大增加消费。

然而,我们通常说,经济研究需要放在历史、空间和制度三维框架下进行,若如此,上述看法的三个暗含假设就存在既不符合逻辑也不符合现实的缺陷。从逻辑来看,并不存在一个天生的区域必然属于发达地区,从而成为天然的人口输入地。从历史的角度来看,今天中国农村人口之所以从中西部地区流向东部,从中小城市流向中心城市,本质上是因为长期以来实行非均衡发展战略的结果,如果没有城市偏斜政策和东部地区优先发展政策(即制度维度),人口是否一定会从西流到东,从乡流向城,还真未必;从现实情况来看,近年来国家调整了区域发展战略,从城市偏斜转向城乡一体,从东部优先转向区域均衡,于是就出现了农村流动人口向中西部地区和农村地区回流的现象。这就表明,所谓人口流向大城市的"必然规律"其实并不存在。事实上,世界绝大多数的发达国家,主要人口都是生活在中小城市甚至是农村小城镇的,哪里存在人口奔向大城市这样的"规律"呢,中国的情况是政策的结果,并非"规律"使然!另外,经过数十年改革洗礼的中国,户籍制度对人口流动的影响还有多大也值得探究。也许在我们这一代人身上,城市户籍的吸引力足以让我们为之吃苦流汗,但现在,这样的状况可谓一去不复返!现实情况是,如今尽管国家极力鼓励农民进城落户,但却响应者寥寥。所以,认为放开户籍制度就能强化3亿农民工的城市发展预期,进而形成消费增加,也许只是一种臆想罢了!

近10年来,我经常游走于祖国的东中西部,每逢假期都会带着学生在不同区域的农村进行调研,在这个过程中发现一些有趣的现象:中西部地区的高速公路上,拉货的大卡车总是稀稀拉拉,完全不像沪宁高速上车水马龙的景象;许多物流公司的货运卡车从东往西是满载,从西往东的返程却常常可能等待数日都没货可拉;商务部早年启动的"万村千乡市场工程",本想通过在农村布局"农家店",一来方便城市送货下乡,二来促进农村土特产品进城,但也经常遇到从乡返城无物可载的尴尬。这些现象说明,我们国内经济发展仍然处于非均衡状态,"国内经济大循环"的基础尚十分薄弱。我们知道,"经济循环"的形成要依赖于相对均衡的市场条件,从根本上说,"国内大循环"形成,除了要拆除区域之间和城乡之间经济要素流动的制度障碍之外,当务之急是要改变现在区域和城乡之间发展不平衡的难题。试想,如今东部的某些地级市,GDP总量都能超过中西部的一个省,而广袤的中西部农村地区,却只能季节性地产出一点农产品,这样的状况不改变,"国内大循环"何以形成?

三

论及"国内大循环",很多人把关注点放在"国内"二字上,甚至担心是不是提了"国内循环"就会偏废了"国际循环",因而不断提醒说要在"国际大循环"之下来实现"国内大循环"。这个提醒虽属善意,但关注点却显得有些偏差。因为现在提出"国内大循环为主",原因在于国际大循环出现了困难，但凡国际循环能够延续的地方，政府都在极力促成，大家对"国内国际双循环相互促进"也未有疑义。相反，我们对于"循环"二字的关注明显不足，特别是对"循环"如何形成及其本质为何的问题，很少讨论。

关于经济的"循环"，马克思在《资本论》里有过精辟的论述，他把单个资本家手中的产业资本循环分为三种不同的形态，即货币资本循环（G—W…P…W′—G′）、生产资本循环（P…W′—G′—W…P）和商品资本循环（W′—G′—W…P…W′）。对于"循环"的目的，马克思说得很明白："价值增殖是决定目的，是动机。"资本家赚钱的动机在"G—W…P…W′—G′"的货币资本循环公式里表现得十分清楚，因此马克思把货币资本循环看作是"产业资本循环的最片面、从而最明显和最典型的表现形式"（《资本论》第二卷）。如果我们撇开资本主义生产方式下资本循环内含的资本家对雇佣劳动剥削的本质，单就考察"资本循环"带来的增殖过程来说，在市场经济条件下，任何资本要素的投入事实上都要追求增殖目标，而且，资本的增殖需要经历货币资本、生产资本、商品资本三种不同形态的转换才能实现。研究单个产业资本的循环增殖时，我们可以假定三种资本形态转换的外部环境是给定的，具有外生性。这意味着只要有货币资本在手，就能购买到生产要素；只要有生产要素，就能生产出产品；只要能生产出产品，就能实现市场出清。这样，单个产业资本就能够在经历三种形态转换后，得到的货币回到自己手中，实现资本投入的目的，三种资本循环在时间上继起，在空间上并存，通过循环带来的资本增殖就能持续不断。

但是，对于一个国家和社会来说，将资本投向何处才能聚集所需的生产要素，用这些生产要素生产出怎样的产品，以及需要在怎样的市场上才能顺利出清，直接决定着这个国家和社会的投资是否能够实现增殖，从而是否能够推动经济持续增长。这是因为，对于任何投资者来说，要实现价值，首先要生产产品，因为在市场经济条件下，"使用价值同时又是交换价值的物质承担者"（《资本论》（第一卷）），但使用价值能否实现交换价值，投资者还需面临一次"惊险的跳跃"，这个"跳跃"在多大程度上能够成功，进而将投资者的私人劳动向社会劳动转化，则取决于社会分工结构。原因在于，"在私人劳动产品的偶然的不断变动的交换比例中，生产这些产品的社会必要劳动时间作为起调节作用的自然规律强制地为自己开辟道路，就像房屋倒在人的头上时重力定律强制地为自己开辟道路一样"(《资本论》(第一卷))。也就是说,如果某些产品生产过多,生产这种产品的私人劳动就会有一部分得不到社会承认而不能转化为社会劳动,也就不能实现其价值。过去我们强调城市偏斜和东部优先,将大量投资投向"三来一补"的传统制造业,依赖国际市场的需求实现其价值转换,但遇到国际市场风云变幻,这些传统工业品就立即出现产能过剩危机,而与此同时,国内消费者对其他产品的大量需求则得不到满足。这种状况说明国内经济发展存在结构性问题,这也是我们现在一再强调供给侧结构性改革的重要原因。显然,依赖大城市的规模效应和聚集效应是无法解决结构性问题的。从经济学理论来说,规模效应和聚集效应重点解决的是效率问题和成本问题,结构性问题的解决,需要充分发挥区域差异、城乡差异带来的市场互补性。只有充分挖掘区域差异、城乡差异带来的结构效应,形成不同区域的产业错位发展,市场互补联动,才能够形成"国内大循环"的发展新格局。

四

从中国的实际情况来看,区域差异与城乡差异具有某种同一性,也就是说,中国东西部区域的差异主要体现在城乡差距上,东部地区城乡差距小,发展相对均衡,中西部地区城乡差距大,发展不均衡,城市像欧洲,农村像非洲。如果单就城市而言,东西部地区反倒差别不大,西部地区的城市发展并不逊色于东部,甚至东西部地区的城市产业都很相似,同构现象比较严重,所以你要是去城市,感觉不到东西部地区之间有落差。现在我们说"国内大循环"尚未形成,一方面是由于中西部地区农村地区广阔,城市化水平低,农村产业发展滞后,导致中西部地区经济总量偏小,无法与东部地区实现循环;另一方面是中西部城市经济结构与东部雷同,缺乏互补性,无法与东部地区生成循环,所以出现一辆从东向西满载的卡车,返回时就得面临空载的情况。正因如此,如果要通过区域均衡发展来奠定"国内大循环"所需的物质总量基础,以区域产业错位发展来奠定"国内大循环"的市场互补性结构基础,那么,中西部农村地区的产业振兴,在某种程度上可以理解为是形成"国内大循环"的先决条件。从东部地区的发展经验来看,农村地区的产业振兴是区域经济总量扩大的主要支撑,如果西部地区的农村能够创造出这样的经济总量,同时充分挖掘中西部农村地区的产业特色,形成与东部地区的产业错位、市场互补,就为"国内大循环"奠定了物质基础(即商品资本循环),有了这个物质基础,经济循环的价值增殖就有实现的可能!

那么,依靠什么才能实现中西部农村地区既要产业振兴以提升经济总量,又要形成特色以形成市场结构的互补性呢?唯有乡村创业!由于种种原因,我们经过几十年的城市偏斜发展,不幸将东中西部的城市建成了一个模样,所有城市都显得那么没有个性,千城一面。现如今,如果要推动东中西部形成差异化错位发展,就只能将重心放在中西部农村地区。中西部农村地区几十年来依靠打工经济,自身没有得到长足的发展,甚至尚停留在传统的农耕社会,但正是这样,才很好地保留了区域特色。从供给侧来看,在中西部地区,不同地方的乡村有不同的自然环境、不同的乡村文化、不同的民俗风情,构成了一幅幅不同的乡村图景。这一幅幅不同的乡村图景,以前只是作为乡村底色而存在,如今可以通过乡村创业以乡村特色产品为载体将其价值化。我一直强调乡村创业是草根创业,草根创业者将不同区域的草根文化带入其创业活动当中,让产品呈现出五颜六色,而不是标准化工业品只有一种颜色。不同的产品才能促成交换,区域之间交易频率的增加才能形成经济循环。从这个意义上说,中西部地区的乡村创业,创造出来的大量特色产品,是形成与东部地区商品资本循环的基础;从需求侧来看,中西部地区的乡村创业,不仅形成大量的生产需求,同时通过创业提升农民收入水平的提高,创造出大量的消费需求,广大中西部地区农村生产和消费需求的提高,让东部地区生产的工业品除了国际市场之外有新的去处,正如国务院参事室特约研究员尹成杰先生所说,农村需求是形成国内大循环的重要基础。

如果能理解上述逻辑,我们就知道为什么在中国遭遇国际市场风云变幻的冲击之下,中央政府会提出"鼓励农民工带资金带技术返乡创业",2015年之后更是密集出台各种政策,鼓励支持农民工等人员返乡入乡创业,2017年提出的乡村振兴战略,要把乡村产业兴旺作为乡村振兴的基础,把各种要素优先向农村地区配置当作头等大事。这是因为中西部地区是农民工流出的主要区域,也是农村发展滞后导致经济总量与需求总量无法与东部地区相匹配的主要区域。鼓励农民工返乡入乡创业，实际的政策效果就是推动中西部地区农村经济的发展，以形成与东部地区相匹配的经济总量及差异化结构，为"国内大循环"奠定基础。所以，对于中国经济的持续发展来说，正如中农办副主任韩俊指出的，"农村新产业新业态发展和返乡创业是重中之重"！

2020 年 9 月 26 日

如何让山里的茶叶变成茶业？

中国传统文化把"柴、米、油、盐、酱、醋、茶"看作日常，叫作"开门七件事"，如果这七件事都不能顺利，"般般都在别人家"，自己却"岁暮清淡无一事"，那生活就可以用"窘迫"来形容了。然而时过境迁，如今大多数人家已经无须对这日常感到窘迫，反倒是时时提醒自己，这七件事做起来需要如何小心翼翼。现在是没有多少人再去操心"柴"了，因为不仅费时费力，而且还破坏生态影响环保，毕竟有了清洁能源。"米"虽然不能没有，但也要尽量少吃，坐到餐桌上人们劝你多吃菜少吃饭，说是吃多了米饭担心血糖太高，就犹如炒菜要少放油、盐，以防止高血脂和高血压。"米、油、盐"从生活之日常事，变成"三高"的诱因，实在是人们过去想象不到的。至于"酱"和"醋"，尽管没有纳入到健康鄙视链上，但至多也就是一个日常之配角，因为"酱"仅着个色，"醋"就调个味，如此而已，不说可有可无，起码也是可多可少。但是，跟这前面的六事相比，排在第七的"茶"现如今可谓春风得意。要减肥？喝茶！防"三高"？喝茶！防癌症？喝茶！总之，"柴、米、油、盐、酱、醋"可以越来越少，但"茶"必须天天喝，这几乎成了衡量生活是否健康、悠闲、有品位的标志。用经济学的术语来说，"柴、米、油、盐、酱、醋、茶"这日常七件事，似乎只有"茶"是最具有弹性，所以但凡生活水平提升，"茶"生意就最具有拓展的空间，因为这个缘故，"茶叶"具备形成"茶业"的条件，于是成为很多地方发家致富的企盼。

前几天，我随市政协调研组回到家乡吉安市，前往遂川县考察茶叶产业，感觉到让"茶叶"变成"茶业"也并非易事。遂川有一种茶叶，因为种在狗牯脑山下，被称为"狗牯脑茶"，狗牯脑茶有着悠久的历史，还有不少美丽的传说，又深得帝王喜爱而成为贡茶，具有很高的知名度。即便如此，狗牯脑茶叶仍然还只是一种"茶叶"，还没有成为"茶业"而让遂川百姓富足。据狗牯脑茶原产地——遂川县汤湖镇的干部介绍，该镇1.8万人口，种有狗牯脑茶叶5.6万亩，占整个遂川县28.7万亩狗牯脑茶的20%左右。全镇一年采鲜叶8600吨，制作干茶2500吨，茶叶总产值约4亿元。从农户家庭来看，这里户均10亩、人均3亩茶园，农户自己种植自己加工茶叶，大概每亩收入在四五千元，农民人均可支配收入大约1.8万元，略高于全国平均水平，脱贫没有问题，致富尚有差距。

尽管随着人们生活水平的提高和健康意识的增强，"茶"在人们日常生活中日益受到重视，需求不断攀升，但是，从供给侧来看，茶农如果只卖茶，赚钱的难度也越来越大，会遇到几个关键的瓶颈：

一是劳动力成本居高不下。以前农村人没有其他赚钱的出路，大家只有指望通过对脚下那块土地的精耕细作来改善生活，方法之一就是对土地投入大量的劳动力，我们经常批评农村"越穷越生"，造成人口压力，但对农民来说，这是精耕细作的需要，因此农业经济学家用了"内卷化"一词来表达：传统农业精耕细作对劳动力的需求，激发农民生育意愿，但人口增长过快，又让精耕细作得到的农作物增加的收成被同样增加的人口消耗掉，人们没有因为精耕细作而受益。随着工业化、城镇化进程的加快，传统的农民除了种田，有了更多的赚钱机会，因此不再依赖于对脚下土地的精耕细作。但是对于茶叶种植来说，劳动力投入又是一种必不可少的要素，季节一到，茶叶就要开始采摘，按照中国人的饮茶习惯，对茶叶采摘的要求几乎到了苛刻的地步，各行各业所谓"掐尖"一词，恐怕就是从茶叶采摘的要求里提炼出来的吧。采茶"掐尖"，必须依靠人工，而且需要极具耐心且心灵手巧的人才能摘出好茶叶。但如今，农村年轻一点的人都不愿意待在土地上，剩下的都是动作稍显迟缓的老年农民，采茶的劳动力供给严重短缺，用工成本自然是上涨。据称，如今采1斤青芽，人工成本在75元左右，如果按照通常1斤干茶需要大约4斤青叶计算，1斤茶的青叶采摘成本就接近300元，这茶叶得卖多少钱，茶农才有点利润呢？而且，茶叶毕竟是树叶，只要阳光雨露充足就会不断成长，其他的农作物也许人们都会盼着它成长，养猪、养鱼、种瓜果，快快长大就开心，但这茶叶要是成长几天，就真的成为不值钱的树叶了，对于茶农来说，是收益还是损失，也就这几天工夫。茶叶的这一特征，加剧了茶叶劳动力市场的卖方垄断，现在的茶农在劳动力市场上的谈判能力处于极端被动地位，只能接受劳动市场的用工定价。

二是茶叶生产农机化程度低。毛泽东时代我们就知道一句响亮的口号，叫作"农业的根本出路在于机械化"，如今看来的确是具有远见卓识的。几十年过去，我国的农机化程度得到了极大的提高。我小时候可谓吃尽了"脸朝黄土背朝天"的农耕之苦，现在的农村，在国家的农机补贴政策下，几乎每个村庄都有收割机、插秧机，水稻、小麦的种收基本实现了机械化。但是，农业机械化程度在不同的农作物上发展是不平衡的，茶叶虽也算是种植业，但如今尚没有研制出能够按照中国饮茶习惯采摘出一芽一叶的机器以替代人工。尽管也有一些采茶机械，但基本上是为生产标准化大宗茶叶而设计的，无法满足茶叶生产的个性化产品需求，比如，做袋装茶叶的青茶也许可以用机器采摘，但要做毛尖、雀舌、黄芽什么的，机器采摘就很难达到标准。一方面，机器设计有极大难度；另一方面，即便有这样的机械，其价格也不会低于人工。而且，中国的茶叶大多种植在丘陵山区，地貌十分复杂，一般的机器很难适应这样的环境，农机跟茶园不相容，宜机化程度低，这可能是茶叶生产机械化程度提高的一个巨大障碍。另外，就算有了茶叶采摘机械，现在要在农民当中找到一个会使用机械的人也是十分困难的，年轻人出去了，老年农民很多连智能手机都不会玩，更何况采茶机械呢？可见，农机技术、宜机茶园和农机人才，是提高茶叶产业机械化程度的三道"门槛"。在短时间内，要越过这三道"门槛"尚有很大难度。

三是茶叶衍生品开发不足。我们的确还是一个传统的农业国家，传统农业意识浓厚，农业功能开发不足。提及茶叶，人们的观念里只有"喝茶"，尽管喝茶也在被赋予很多文化的内涵，但毕竟只在一些非常特殊的场合才能见到，比如茶道、茶艺、茶文化等，只是在一些特别"阳春白雪"的地方才能被欣赏，不能走进寻常百姓家。对于普通茶农来说，根本无法掌握这些"阳春白雪"的东西，更不用说让其带来收益了。科学家说，茶叶对身体健康有好处，是因为茶叶里含有的"蛋白质、脂肪、维生素，还有茶多酚、咖啡碱等数百种具有调理人的生理功能的成分"，如果普通老百姓能够懂得这些知识，并在观念上能够接受，那茶叶就不一定非得采成"一尖一叶"，弄成"毛尖""雀舌"了，只要以茶叶为原料去开发出可供食用吸收的产品就行。遗憾的是，我们现在市场上很少有类似的产品，也很少有人宣传这方面的知识，以至于茶叶在人们的消费观念里，为了喝茶喝出"文化"，对茶叶原料的要求越来越苛刻，要求越是苛刻，给茶农带来的成本就越高，卖茶叶赚钱的可能性也就越小。

那么，"茶叶"怎么才能成为"茶业"呢？从上面的三个瓶颈来看，采茶的机械技术进步短时间里估计很难提高到能够满足现在人们"喝茶"的要求，只要机械技术进步困难，劳动力成本也就降不下来。因此，要让"茶叶"变成"茶业"，就需要改变"茶叶"观！也就是说，要走出"茶叶只能泡来喝"的传统观念，把茶叶作为工业原料，嵌入各种文化，引导顾客需求，衍生茶业新产品，降低人们对茶叶"形"的要求，以科学还原茶叶的"神"，才有可能。有三种方法可以尝试：

一是以茶叶整合乡村要素形成"茶业"。在一些著名的茶叶产地，地因茶而出名，就可以茶整合乡村要素，让乡村的茶成为一种载体，通过资源拼凑，形成产业。比如遂川汤湖狗牯脑茶已经颇有名气，但遗憾的是，几乎没有多少人知道"汤湖"这个地方。汤湖镇人民将眼光聚焦在茶叶上，尽管茶叶很好，但给村民带来的收益还十分有限。如果以"狗牯脑茶"的知名度，去聚合汤湖的乡土资源，那是十分有前途的：这里有井冈山红色摇篮的革命故事、有让人称奇的崎岖山道和梯田、有大自然恩赐的汤湖温泉、有热情奔放的客家族群及其文化，还有秀美的乡村田园风光。地处省际交界又与井冈山毗邻的遂川，周边高速公路、高铁、机场等基础设施一应俱全，井冈山红色旅游客流量年年看涨，如此丰富的资源条件，现在就缺一支整合的力量。汤湖如果走出卖茶叶的传统思维，以茶叶为产业载体，把上述资源整合在一起，打造红色茶乡的特色小镇，其条件不是一般的茶乡所能比拟的，应该是让茶叶成为茶业一个比较好的发展方向。

二是以工业技术开发茶叶促成"茶业"。不是有茶叶的地方都能够卖出茶文化，做成乡村旅游集散地的，对于大多数的茶叶产地来说，可能都不具备像汤湖镇这样的条件。那么，要想让茶叶产业做得更大一些，就只能"以工促农"了。我在日本待过一段时间，最让我惊讶的就是日本人对"汉方药"的开发。去日本的中国人就几乎没有不去"药妆店"的，里面的所谓药妆，就是各种各样所谓以"植物精华"开发出来的琳琅满目的产品。减肥的、抗衰老的、补水的、美白的、瘦身的、治烫伤的、护头发的，你能想到的需求几乎都能满足，使所有的中国游客进了药妆店都要大包小包买个够！

茶叶这个东西，如果以工业技术去开发这些产品，我们不必只将眼光聚焦在喝茶上。在我看来，如今以工业技术开发茶叶以促成"茶业"，最缺乏的不是技术，而是制度。比如，我们在日本可以看到随处都是的"药妆免税店"，在中国就很难找到。又比如，中国高铁里程全世界第一，但去任何一个地方一张票定价多少价钱没商量。日本为了吸引游客前往购物，就设计出一种通票，花很少的钱买上一张 JR 铁路的通票，一周之内随便坐，坐得越多越划算。这就使游客在不停地东奔西跑去购物，看似省了路费，其实花了成倍的购物费。按照这样的思维"以工促农"做"茶业"，需要有科学的顶层设计。"以工促农"促成的"茶业"，会让茶叶采摘不再受"形"的限制，人工成本居高不下的情况也会因采茶机械有用武之地而化解，这是从宏观层面上来说的中国茶叶产业的发展方向。

  三是分层市场多渠道促成茶叶变"茶业"。如果实在不具备上述两方面条件，又想摆脱现在茶叶收益微薄的困境，就只能是应市场的要求分层供给，该个性化就个性化以实现高价值，该规模化就规模化以实现低成本，让茶农种茶收益稍微能够提高一些。换言之，就是不要所有茶叶都按照最高品位的喝茶要求去生产，如果消费者一定要喝"有形之茶"，就要让其舍得让渡手中的货币，如果只是平常的喝茶，就保持茶的成分就可以了，因此茶叶的加工产品要有市场层次，价格要有不同的档次。从科学的角度来说，不一定是"一尖一叶"形状优美的茶才含有益于人体健康的成分吧！如果普通的喝茶人只是为了喝茶，不是为了展示喝茶的身份，那又何必让其讲究茶叶之"形"而付出不必要的货币呢？做到这一点，目前所缺的依然是制度，也就是培养市场的制度。现在人工成本那么贵，茶叶应该价格十分不菲，但貌似大家都能喝上"有形之茶"，为什么呢？从一些新闻报道来看，"以次充好"的市场乱象，影响了茶叶高端市场的形成，也促使了本来十分珍稀的"有形茶叶"在市场上的恶性竞争，最终损害了茶农的利益。所以，规范市场管理，让茶叶市场分层，是促成茶叶通过"个性化"和"规模化"市场路径成为"茶业"的方向。

  乡村振兴时代的来临，赋予了茶叶富农的新使命，小小茶叶要成茶业，我们无论在技术上，还是在制度上，都还有很长的路要走，但这条路又必须走下去！

2021 年 7 月 20 日

农村可以通过资源拼凑来缓解要素不足吗？

时间过得很快，中国农村改革开始时，我才 11 岁，如今我已经年过半百。2018 年是改革进入的第 40 个年头，各种纪念性学术研讨会自然很多。我作为长期关注农村问题的学者，自然少不了出席一些相关的学术活动，每每论及乡村振兴的困难，很多人都认为农村生产要素缺乏是最大的难题。从历史的角度来看，中国农村本来就存在要素不足的缺陷，再经过改革前政府实施城乡二元的制度安排，以及改革后几十年市场机制的作用，使农村要素朝向边际报酬高的城市形成"乡—城"单向流动，目前的农村要素条件就更是捉襟见肘。如今农村要发展，一下子又难以改变城乡要素的边际报酬差异，乡村振兴如何起步的确是一个难题！

今天农村的发展，当然需要政府通过各种制度安排去改善其要素状况，但是，我们不能仅仅依赖于政府。一方面，现在是市场经济，政府对经济的干预如果太多，会束缚市场主体的手脚，农村经济就会失去活力的源泉；另一方面，政府能够改变的，仅仅是要素流动的基础性条件，并不能直接作用于要素流动本身，否则就有重回计划经济的可能。我们常说，战略具有前瞻性，组织具有滞后性，如今中国社会主要矛盾集中体现在"城乡发展不平衡，农村发展不充分"，因此国家及时提出乡村振兴战略，但是，要政府部门从原来以城市为中心的发展思维，转向"农村农业优先"的思维，据我的感受，不是短时间能够完成的。也就是说，政府配置的资源在一段时间内仍然会向城市偏斜，这是一种制度惯性。对农村来说，绝不能等待，需要循序渐进，启动乡村振兴的车轮。

那么，如何缓解乡村发展面临的要素不足难题呢？资源拼凑或许是一个好办法！20世纪六七十年代农村出生的孩子对资源拼凑一定不陌生，因为它几乎体现在我们生活的方方面面：首先是在农业生产上，集体经济时代由于对家庭个体经济的限制，人们无法通过个人的努力实现收入增长。但改革开放之后这个限制被放开，立即就验证了舒尔茨的那句话，"只要有适当的刺激，农民也会点石成金"！在我老家，刚刚趁着开放政策走出封闭的农民，尚不知道去外面的大市场里赚钱，但却会想尽办法通过资源拼凑向自己的承包地要收益。有一个很典型的例子是，原来农田的田埂有两个功能：一是土地地块承包权利的边界，用来区分这块地是谁家承包的；二是农业生产劳动操作的基础设施，蓄水、插秧、收割等农业劳动过程都要利用田埂。在这两个功能之外，平时田埂就被闲置着。但是，田埂也是土地，有着跟农田一样的肥力。那时候的农村，大多数农民在春插完成之后就没事可做，成了闲置在家的劳动力，这样，就出现了土地和劳动力双重闲置的情况。在"交够国家的，留足集体的，剩下就是自己的"这样的制度安排下，聪明的农民立即想到将闲置的资源进行拼凑，在田埂上种植大豆，俗称"田唇豆"。一块地的田埂可能面积很小，但在丘陵地带地块狭小，田埂很多，聚在一起就是不小的面积。我清楚地记得，那时我家利用田埂种植的"田唇豆"收成好的时候可以达到近200斤，这是农家可以自由支配的收获，不需要交任何税费，这就是资源拼凑的生产成果。其次是在农家日常生活上，资源拼凑也发挥着作用。现在的人一件衣服穿得过了时节，哪怕衣服还是崭新的，只要款式过时，也许就会丢弃。但在那个年代，这样过日子的家庭必定凄苦，小孩多的更是如此。家里如有多个小孩，旧衣物几乎没有丢弃的可能，资源拼凑的方法有两种：一是哥哥姐姐穿过的衣服留给弟弟妹妹，一个接着一个往下传；二是衣物如果烂到根本无法再穿，就进行整合，家庭妇女个个都是缝衣能手，5件烂衣物能够整合出1件也算收获，这就是俗话说的"新三年，旧三年，缝缝补补又三年"。资源拼凑不仅节约了开支，融洽了孩子们的感情，还让孩子体验了艰苦，培养出吃苦耐劳的精神，可谓一举多得！最后是在小孩天性的满足上，在那艰苦的年代，农家孩子为了自己的爱玩天性，也懂得资源拼凑。那时候的农村人饭都吃不饱，面对家里一窝的小孩，根本拿不出钱来买玩具。但是，小孩就是小孩，不管贫穷与富贵，都有一颗童心，贪玩是小孩的天性。家里没钱买玩具，小孩有贪玩的天性，这就是矛盾，这个矛盾的解决，靠的就是资源拼凑。简单地说，就是把家里看似没有用的东西，通过变革，创造出适合自己玩的玩具。最为典型的玩具来源，就是家里那只烂得只剩下一个铁箍的水桶，作为水桶已经毫无用处了，但这个铁箍却极具价值！有了这个铁箍，再加上一根带有驱动装置的木棒，就成了小孩特别爱玩并带有竞技性的"推圈"玩具，孩子们在上学路上边推边跑，既有快乐，又锻炼了身体，还能确保上课不迟到，比现在孩子躲在家里玩"三国杀"有价值多了。综上可见，在农村生产生活要素奇缺的年代，资源拼凑策略在提高农民家庭收入、节约农村家庭开支、提升农村小孩能力等方面，发挥了极其重要的作用！

正如前文所述，中华人民共和国成立之后的几十年，由于政府制度安排和市场机制的作用，形成农村要素向城市单向流动，使当前农村发展面临着严重的要素瓶颈。如今实施乡村振兴，当然不可能再像过去那样，依靠农家资源拼凑手段，仅实现农民生活和福利水平提升目标。如今的乡村振兴，是包括"产业兴旺、生态宜居、乡风文明、治理有效、生活富裕"内涵在内的乡村整体振兴。那么，在农村要素资源不足的情况下，是否还能够运用资源拼凑策略来助力乡村振兴呢？我们认为不仅可能，而且相信会有好的效果。这是因为：

首先，资源拼凑既可以缓解农村要素紧缺又可以减少农村资源闲置浪费。说起来是一个矛盾，如今的农村，一方面发展所需的要素资源十分紧缺，另一方面大量的宝贵资源又处于闲置浪费状态。20世纪八九十年代进城务工的第一代农民工，如今大多年过半百，由于种种限制没有融入城市，年龄及身体的条件都让他们难以继续留城务工，于是纷纷回到阔别多年的家乡，我曾称这个庞大的群体为"归巢农民工"。这些50岁左右的归巢农民工，有着丰富的工商业经验和市场知识，对农村来说是十分宝贵的人力资源，闲置在家实在是一种莫大的浪费。另外，如今的农村由于大量农民外出务工，加上省柴灶、沼气、电力等新式能源在农村的推广使用，已经很少像我们小时候那样，天天为了吃饭的燃料问题，会把村边屋后山上的树木砍了一茬又一茬。因此我们看到，在农村一边出现劳动力闲置，另一边山上树木的经济价值无法实现。相对于外部要素来说，这些农村自己的资源，使用起来成本很低，但非常遗憾的是，目前这些资源并没有得到充分的利用，大家却急切地盼着外部成本高昂的要素资源注入农村！显然，如果将这些农村闲置或者没有被利用的资源，通过资源拼凑的方式让它活起来，不仅可以大大减少农村本已稀缺资源的浪费，更是能够创造出其应有的经济价值，助力乡村振兴。

其次，资源拼凑既可以促进农村创新创业又可以满足城乡居民多元需求。乡村振兴需要产业兴旺，产业兴旺不仅需要创业，还需要创新。现在的农村已经是市场经济，不再是以前的自然经济，因此，以前那种主要为了农村家庭自身生活需要而进行的资源拼凑，如今转换成主要满足市场的需要。显然，没有创新就很难适应市场，资源就很难完成从使用价值向价值的惊险一跳。由此看来，如今农村的资源拼凑，需要特别讲究无中生有，通过产业组织的整合能力，将那些看似无用之物重新整合、重新利用，生出新产品、创造新价值。比如，农村的一段残垣断壁，看似荒废无用，但要跟乡村旅游结合起来，就成了乡愁的载体，能够给游客带来无限的遐想，由此实现其完美的旅游价值。现如今，城市人在工业生产流水线上，在单调的写字楼里，日复一日，年复一年，陪伴着机械，过着机械般的生活，如果有一点闲暇时间，能够来到农村看见这段残垣，就会感到尤其兴奋。因此，对许多都市人来说，到乡下去走一走，享受一点农村的诗情画意，在朋友圈里发上几幅照片，就能心旷神怡。这说明，城乡居民的生活消费是多元的，单调的城市无法满足这种多元的生活需要，因此，利用农村的资源，通过创新性的方法，创造出超出人们想象的产品，恰好能够满足人们的这种多元需求。因此，农村的资源拼凑有着十分广阔的空间！

最后，资源拼凑既可以改善农村产业结构又可以促进城乡要素互惠共生。为什么长期以来农村孩子会以离开农村为目标？主要是因为农村落后，没有发展机会。农村之所以落后，又在于政府与市场的力量作用下，要素总是从农村流向城市，导致以农业为基础的村落里，产业结构单一，能够提供的就业机会和发展机会极少。显然，如果农村产业永远停滞在农业上，不仅不能改变产业结构单一的状况，还会造成大量资源被当作废弃物而被闲置。因此，改变农村产业结构单一状况，被人们当作是治理乡村凋敝的良方。那么，如何才能改变农村产业结构单一状况呢？大多数人首先想到的就是从农村之外引入要素，比如最近大家讨论的城市工商资本、技术、信息等要素下乡。这当然没有错，但是在市场经济条件下，任何要素都是以追逐利润为目的的，如果城市要素进入农村，不能跟农村要素相结合形成互惠共生关系，那么城乡要素主体之间基于利益的矛盾与冲突就会发生，从而无法实现改善农村落后面貌的目标，这或许就是我们所见到的许多以项目形式进入农村的城市要素，通过大拆大建的方式改造农村，最终不得不以失败告终的原因吧。如果重视农村存量要素的盘活，通过资源拼凑方式让农村要素与城市要素深度融合，情况就会改变。前几天去安徽大学参加纪念农村改革四十周年学术会议，顺道去了一个叫作三瓜公社的村庄。一家企业到这个本来凋敝荒凉的"空心村"，没有拆除旧屋，没有大修大建，只是在原来农村居民的破旧房屋基础上，灵活运用原来留在农村的看似没有任何用处的各种物件，"把农村建设得更像农村"，仅仅两年时间，就将这个昔日破旧的村落，打扮成一个人们寻找乡愁的去处。资源拼凑在这里出现了奇效，村里的年轻人回来了，在修旧如旧的房子里做起了电商，发展乡村旅游，生活过得红红火火。用村里人的话说，昔日的"空心村"，现在是年轻人回来了，农村产业回来了，鸟儿也飞回来了。城乡要素在这里和谐共生，共同演绎着村庄的美好未来！

　　俗话说，世上最怕有心人，如今农村看似凋零，其实存在许多零散的看似没有什么价值的资源，现在创新技术日新月异，这些零散的资源以某种方式拼凑起来，或许就可以创造出你想象不到的产品。零散资源的拼凑是即兴的、个性化的，不像规模化企业工厂里流水线的标准化生产，但正是这些非标准化的特征，恰恰满足了当前个性化的市场需求。从这个角度来说，乡村振兴当前面临的要素资源瓶颈，不能一味地等、靠、要，如果将农村特有的零星资源拼凑起来，或许能够找到一条意想不到的出路，是不是值得一试呢？

2018 年 6 月 22 日

如何才能将农村的资源变成财富？

最近，弟弟传来一份老家村庄的简介，这个我生活了20多年的村庄，是一个属于江西丘陵山区的典型村庄。每次回去，我都十分自豪于家乡自然资源的富庶，这回终于知道了它详细的家底：全村10个村民小组，共384户1370人；有耕地2647亩、水面345亩，有一座小二型水库；村里可以种植水稻、红薯、花生、芝麻、油菜、大豆、柑橘、蜜柚、油茶、甜叶菊等；家乡的腐竹、客家糯米酒等特产颇具历史；拥有11000余亩的森林面积给村庄常年披上绿装，绝对没有雾霾之忧；距离镇上的集市只有不到7公里，距离县城大约30公里，如今均有水泥公路直达。但是，如果要说我们村庄的生活水平，那还远远达不到小康，老百姓家的房子倒是崭新的小砖楼，也有不少人家用上了空调、太阳能热水器、洗衣机等现代日用品，但里面的装潢设施仍然十分简陋，而且这还是主要依靠外出打工的收入，要是在农村不出去，家境会更加不堪。我常觉得，"富饶的贫困"这个以前常用来描绘西部农村的词汇，对我家乡也是非常合适的，如何才能让家乡的"资源"转换成"财富"呢？我提出如下几点看法：

第一，鼓励草根创业培养农村能人。现在讲发展，大家都知道需要人，因此在几十年的计划生育之后，现在是想尽各种招数去说服年轻人多多生小孩。对农村来说，人之所以成为关键因素，主要还不是年轻人不生小孩，而是因为农村赚不到钱，年轻人都跑到城市去了。于是出现一个恶性循环：在农村没钱赚大家跑城里去，人走了农村什么也发展不起来，于是更加赚不到钱！在发达地区一些成功的村庄，一般都是村里外出的能人带着大量资金和一份家乡情怀，通过发展产业引领村民致富，由此留下了人，赚足了钱。对于像我的家乡这样的落后山区农村来说，很难指望走出一条这样的路。因为在过去几十年的打工经济中，不是每个村庄都能那么幸运，既能够出一两个成功的企业家，而且他们还有家乡情怀。怎么才能解决乡村发展缺能人的问题呢？我认为只能通过自己慢慢地培养。我回到家乡发现，尽管村里没有大企业家，但村里的农民也不完全都是只会种地不思进取，每个村里都有几个具备一点创业精神的活跃分子。遗憾的是，由于他们当下的事业还不够大，甚至刚刚起步，尚有些步履蹒跚，因此他们的创业举动很少引起人们的关注。毛主席说"星星之火，可以燎原"，我认为这些创业积极分子就是农村发展的"星星之火"，如果农村创业环境足够宽松，让愿意捣鼓创业的人能够尽情发挥他的想象，地方政府相关部门在必要的时候能给他们一点鼓励与支持，至少不要以种种理由去干扰他们，让这样的活跃分子多一点、更多一点，就有可能出现冒尖者，或许能够催生企业家！即便不能出现大企业家，这些人在市场的荡涤下也会慢慢走向成熟，增强各种能力，从而把家乡的资源转变为更多的财富。我是非常相信"草根创业"的力量的，因为这已经在历史上有过无数次的证明。现在我的家乡，村里如今也有做腐竹的、酿家烧的、搞养殖的，尽管事业做得不是很大，但我把这些"不安分"的创业积极分子看作家乡的希望，是重要的人力资本。希望社会能够格外注意保护他们的创业行为，或许经过时间的冲刷，就有可能出现创业能人，这比天天盼着一个大富豪突然降临村庄要靠谱得多！

第二，发挥能人作用培植特色产业。我们当然明白，如今农村赚不到钱都往城市跑，城里吸引他们的是产业，如果农村不缺具有"长期盈利能力"的产业，村里的年轻人就不会跑了。但是，农村的产业一直以来就是"农业"能够成一点气候，村里的几百户人家，几千人，几千亩地和水面，上万亩山，都是沿袭着历史习惯，大家种着水稻、红薯，山上的森林给农户提供着柴薪，如此而已。没有分工的农业具有天然的弱质性，这就是传统农业不能给村民带来收入的重要原因，因为没有分工就没有交易，没有交易自然不可能有经济繁荣。农民没有学过经济学，但这点道理还是明白的，所以才有上面所说的"不安分"的创业积极分子。不过我们看到，在农村创业的初始阶段，农户是各干各的，就像在我家乡，一千来人的小小村庄，"不安分"的创业积极分子就分属在不同的领域，做腐竹、酿家烧、搞养殖，每个人干着自己的事情，仍然像农业一样没有分工、没有交易，只不过是把农产品向附加值稍高的环节延伸了一点，因此多赚了三五块钱，这样下去当然难成气候。但是，我们又不能用政府行政力量去规定大家必须做什么而不能做什么，毕竟现在是市场经济，需要各自负担自己的决策后果。怎样才能在村庄里培植出一个产业呢？我还是相信群众的力量。我认为，如果我们能够有效保护上面所说的草根创业者，给予他们宽松的环境和必要的支持，那些慢慢成长的创业者就会有一种示范效应，这个时候能够给予一定的引导，就有可能使原本零散的创业向某一领域集中，从而形成专业村专业镇。从环境适应性来讲，这样通过农村草根创业者自己筛选出来的产业，会比政府从外部植入的产业更具生命力，因为这种产业具有内生性质。在我的长期农村调研中发现，那些在边远山区长出来的特色产业，大多数是这样的方式培植出来的。从经济学的角度来说，目前许多农村之所以没有形成相对具有聚集效应的产业，主要有两个原因：一是草根创业者受到来自外部的干扰，还没有成长就被扼杀在摇篮当中；二是草根创业者之间实力比较均衡，无法形成示范效应。所以，在草根创业阶段，我们给这些草根创业者更宽松的环境就显得非常重要，当然，适时进行奖优扶持，可以有效促进创业的产业集中，培植出特色产业。

第三，包容制度创新强化产业组织。当前农村最大的特点，就是一个"散"字，而产业发展最需要的，就是一个"聚"字，这就是一个经济学上的两难冲突！农村散到什么程度？看看我老家所在的村庄，总共1370人，分散在384户人家当中，户均不到4口人，因为客家人兄弟长大就分家，核心家庭很小，但家族倒是挺大的；总共才2647亩地，人均不足2亩，户均不足7亩。每家每户以自己承包的这几亩土地来展开经营，当然不可能有分工和产业链延伸。但是，如果把村里的2000多亩地、1万多亩森林、300多亩水面聚在一起，在这个基础上去衍生新业态，就有可能形成分工了。我曾经在广西桂林红岩村调研，那里原本是喀斯特地貌的贫穷山区，但在能人带领下种植了总共1100多亩月柿，树下养鸡，农家养猪，形成了良好的乡村"种植业+乡村养殖业+乡村旅游业"，产业分工明显增强，产业业态丰富，产业链也比传统农业多出许多环节。这就是产业"聚"的效果。如何才能把分散的农户在某个产业下"聚"起来呢？这里最重要的是制度创新。我还是这个观点，靠农民自己！当村里创业能人出现之后，如果示范效应引导着村里的资源向某一产业集中，我们就要给予这些能人自己组织产业经营的自由，合作社也好，合伙制也好，土地流转也好，他们自有办法。对于政府来说，只要他们不违背法律与公德，应该让他们自己去组织。村庄是一个系统，尤其具有浓厚乡土气息的中国乡村，在家族、邻里、乡土等非正式制度的规范下，很容易形成具有耗散结构的自组织系统，依靠自己的力量把村庄治理得井井有条。我们现在看到村庄的"散"，很重要的原因是对一些刁蛮的村民没有依法去规制，而对一些具有历史传统的农村非正式制度却有过多的干预。比如，有报道说某地村民为考上大学的儿子办谢师宴，顺道请一些乡里宗亲，却受到处罚。尽管我们反对铺张浪费，但要把这些活动全部灭绝，就有违乡村传统，乡土里的村规民约对凝聚家族成员力量是有非常显著作用的，正确的做法是引导，不是简单地"一禁了之"！我们有时候会犯一个错误，就是轻易否定传统，把传统等同于落后，把传统民俗当作陋习，想只靠外部植入的正式制度来治理村庄，结果没有非正式制度的配合，其效果大打折扣。

第四，嵌入技术文化拓展市场范围。有了能人，有了产业，有了组织，农村原本的资源在能人的带领下，在产业的转换下，在组织的运营下，就走出了资源的状态，成为奔向市场换取财富的产品了。不过，资源变财富还有最为关键的一步，就是找到市场，完成从使用价值向价值的惊险跳跃！从现在的情况来看，这一步最为关键。在我的调研中发现，一个村庄有大规模的农产品并不少见，但这些农产品找不到合适的市场也很常见。所以，从资源变产品只是其中的一步，下一步应该是将产品的价值实现。产品的价值能否实现，取决于两个条件：一是产品的质量好，符合消费者的需求；二是市场通道畅通，买者与卖者能够方便联系。前者需要密切注意消费者的消费动向，及时调整产品结构，不能盲目跟风，否则，产品与需求脱节，就很难实现价值。比如现在很多地方都种大量的各种水果，如苹果、猕猴桃、红枣等，或者简单地将这些水果加工成果汁、罐头，大家都只有这些招数，产品严重同质，卖起来就很难。其实，如今的技术花样百出，各地的乡土文化也各不相同，完全可以通过技术与文化的嵌入，来创造自己产品的特色，这样的例子很多。我们江西赣州的"虔心小镇"，里面养的鸡有一个响亮的名字叫作"虔山飞鸡"，优良的品质和"虔"文化的契合，使这种鸡特别受青睐，这就是文化与技术的力量！后者需要拓展市场半径，扩大市场范围，价值实现才更有保障。以往的农村市场就局限在农村周边，农村人口稀疏、收入有限、产品雷同，当然价值实现很困难。如今有了互联网技术，有了阿里巴巴、京东等电子商务平台，有了畅通的快递物流体系，这为农村产业拓展市场半径打下了坚实基础，淘宝村就是在这样的基础上发展起来的。前不久去江苏沭阳，看见那里的村民大量种多肉植物、奇花异草，通过电子商务加上顺畅的物流卖到全国各地，十分令人震撼！在那里，可以把小麦收割后的麦穗晒干，用电商卖给那些遥远的插花爱好者，这比传统的卖小麦不知道要多出多少倍的收入，这就是互联网技术带来的传奇！那里人把"互联网+高品质农产品+乡村旅游"的发展模式称为"一根扁担两个筐"，这比传统的只有农产品一个筐的农村经济，要活跃一百倍！

综上所述，我始终坚信乡村振兴是有路可循的，尤其像我的家乡这样山清水秀的地方，把丰富的资源变成百姓分享的财富，是有条件也有可能的，关键是要相信群众，保护群众创业热情，支持草根创业！在这里，政府能够做的事情很多，当然也应该限定在政府的职能范围内，这些事情包括：一是善待草根创业热情，不要伤害他们。这一点最难做到，是因为很多时候政府过于不相信群众，或者说过于相信自己，就会规定群众必须这样做、不能那样做，结果是，最熟悉自己能做什么的还是群众自己，政府希望群众做的群众并不擅长，效果就可想而知。二是着力完善创业环境，为草根提供便利。比如，良好的基础设施、公共服务、制度环境等，没有基础设施与公共服务，创业就失去了生产经营的基础；没有良好的制度形成公平环境，创业就失去了竞争的基础，而这又不是依靠哪一个创业者能够完成的，只有依靠政府的力量。三是适时进行政策引导，提升草根能力。草根之所以是草根，就是野生的，而创业要经得起市场的冲击，需要有适当的正规训练。比如，在政策上给予创业经营业绩良好的草根以政策的支持，更容易使其脱颖而出，打破均衡，实现创业的产业聚集；给予草根创业者电子商务知识的培训，可以让农民借用互联网技术开创自己的事业，减少创业风险；给予草根创业者必要的资金借贷支持，可以缓解创业者的资金困境，推进企业成长。总之，政府要做的事情很多，角色搞对了，会成为创业的有力推动者，否则，就可能成为创业的阻碍者。

农村发展的主体，永远是农民，这一点是毋庸置疑的，如何帮助农民把村庄的资源变成财富，最有效的办法就是让农民的智慧得到充分发挥，而不是想着如何去替代农民这个主体，我们要帮助他，但不能替代他！

2018年8月17日

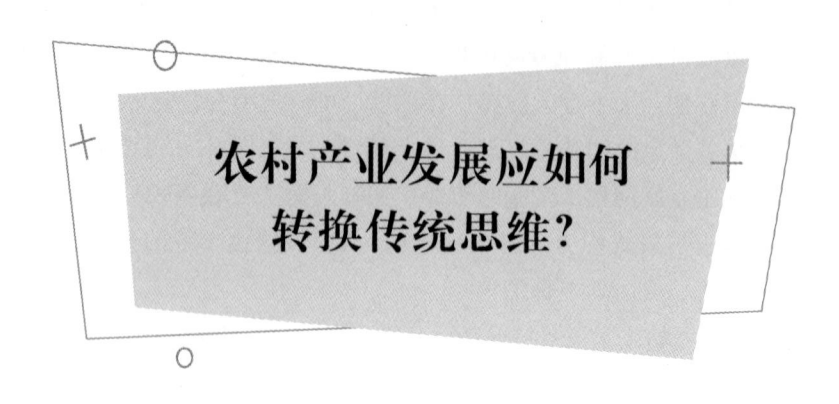

农村产业发展应如何转换传统思维？

我的出生地在江西，那是一片富饶的土地，记得有一首歌名叫《江西是个好地方》，直接唱出了那里的"山清水秀好风光"。我每次跟别人说起家乡，都会为那全国第二的森林覆盖率感到自豪！在传统的农耕社会，山清水秀且物产丰富的江西，就如歌中所唱，"鄱阳湖上渔船飘""山产茶叶和米粮""南丰橘子甜又香""还有夏布和蔗糖"，农村经济的繁荣是令人羡慕的。也许正因为如此，江西这块富庶的土地吸引了不少外省的迁徙者，就如同我的父辈，在20世纪40年代从广东不远千里来到江西，为的就是这块土地上容易刨到的一碗安稳饭。在很长一个时期里，"作好田园诗，画好山水画"是江西农村经济发展的导向，只不过在工业化与城市化进程中，工业文明对农耕文明的替代，使江西的农村经济落后了。不过值得庆幸的是，那山那水还在，山水之间透出的灵气，还是那么沁人心脾！

如今，中国社会发展的车轮慢慢驶入到后工业文明时代，"人民日益增长的物质文化需要与落后的社会生产之间的矛盾"，转换成"人民日益增长的美好生活需要和不平衡不充分发展之间的矛盾"，社会进入到一个追求美好生活的新时代。这个时代的一个显著特点，就是人们在享受工业文明丰富物质生活的同时，不断唤起"山清水秀"中的"乡土情结"，因此人们悟出"绿水青山也是金山银山"的道理，这无疑给工业化时期被称为"中部塌陷"的江西农村一次千载难逢的崛起良机。

2018年暑假期间，我受家乡市委、市政府邀请，回乡参加吉安籍在外工作人员的一个座谈会，其间在回吉水的路上，去了一个名叫"低坪"的村庄参观葡萄种植园，果园的主人正在路边卖葡萄，她告诉我：她一家人从2004年开始流转村里近70亩地种葡萄，种植的巨峰葡萄产量不错，每斤卖5元，基本上是以路边摊的形式或者是消费者上门形式销售的。但是目前一方面由于土地流转的租期将到，可能面临土地租金上涨；另一方面是各种生产资料价格也在上涨，成本上升很快，感觉以后赚钱会有些压力。巧合的是，次日我顺道去万安县拜访同学，当地政府部门也安排我考察了一个果业基地。果园主人告诉我同样的情形：10万平方米的果园里种植了红心火龙果、阳光玫瑰葡萄等，大棚等设施的投资近2000万元。正在上市销售的红心火龙果，每斤价格15元，阳光玫瑰葡萄每斤价格13元。他也同样觉得做农业很难，投资大利润小。在走访中得知，万安县是著名的富硒农产品生产基地，那里种植的富硒水稻硒含量远超国家标准，富硒大米价格大约是每斤7元左右。在与当地干部的交谈中，大家似乎都有一个共识：农业收成低，要想有所改变，必须扩大种植面积，上规模才能成气候。因此，当地政府采取的许多农业发展措施，几乎都与规模有关，甚至用行政手段来实现扩大种植规模的目标。显然，家乡的农业发展还没有走出传统思维，大家熟悉的"蛛网模型"告诉我们，在传统农业里，农民都是按照上一年的价格来安排下一年的生产，去年价格高今年就扩大种植规模，但规模一扩大，价格就会下跌，因此总走不出"增产不增收"的"蛛网困境"。要想突破"蛛网困境"，真正把江西的"绿水青山"转换成"金山银山"，就得转换传统农业的发展思维。

  传统农业之所以称为"传统"，一是不重视技术进步。记得小时候在农村种田，年年用的水稻种子都一样，是农民自己在稻田里选颗粒稍微饱满、数量稍微多一点的稻穗，留作下一年的种子，因此年年的产量都差不多，品质也逐年下降，即便农产品数量不少，也卖不出好价钱，收益自然微薄。二是不重视市场创新。生鲜农产品比较容易腐烂，保质期一般相对较短，因此大多数农民将农产品市场局限在周边，由于周边市场的高度同质性，自然会因为农产品集中上市而导致价格下跌，造成"增产不增收"。三是不重视商业模式。在传统思维中，农业之所以被称为农业，就是认为农业的分工程度低、产业联系少，因此没有衍生价值的可能性，农业产业变成简单的"种"和简单的"卖"，谁要就卖给谁，谁方便就卖给谁。在农业经营领域，从来没有商业模式的说法，当然其盈利模式就非常简单，遇到环境变化，农业的回报就非常低。在我看来，传统农业发展思维已经到了非改变不可的时候，我们至少可以从以下三方面树立农业发展的新思维：

第一，树立"种多不如种好"的思维。传统农业思维总喜欢"增产"，以为收入增加的关键在于产量增加，事实并非如此。从农业收入来讲，收入（I）等于价格（P）乘以产量（Q），因此，完全可以在产量不变甚至降低的情况下，通过提高产品价格来获取高的收益。比如，前面我提到的吉水和万安看到的葡萄，基本上属于大路货，因此价格很低，巨峰葡萄每斤卖5元，阳光玫瑰葡萄每斤卖13元。可是，葡萄真的就值这个价吗？肯定不是。据说在几年前江苏刚刚有阳光玫瑰葡萄的时候，一斤可以卖到四五十元，我曾经去过镇江句容白兔草莓小镇，见过那里有一种草莓卖到50多元一斤，就在昨天，我在超市里又买到江苏的一种葡萄，价格是40多元一斤，奥秘在哪里？在于品质。因此农业产业发展，也要像工业产业不停地变换工艺技术一样，不停地进行技术创新，创新品种。我们要知道，现在要满足的是人民对美好生活需要的追求，不是克服"落后的社会生产"，与人民对美好生活追求不匹配的产品，种再多又有什么用呢？只能是浪费各种生产要素。如果明白这一点，就没有必要一味地追求种植面积和种植规模，从供给侧改变农产品品质，让人们愿意为农产品买单，才能获得好的收益。

第二，树立"种好不如卖好"的思维。传统农业发展的思维，总是强调种，好像种出来就有钱赚一样。马克思说过，"商品价值从商品体跳到金体上……是商品的惊险的跳跃。这个跳跃如果不成功，摔坏的不是商品，但一定是商品所有者"（《资本论》第一卷）。家乡的农民也许知道这个道理，但传统的思维总是让自己一讲到农业发展就会自然而然地想到如何种，而忘记往后怎么卖，等到东西卖不出去的时候，就经常经受只有成本付出没有收益增加的无情摔打。我们说过，农产品之所以卖不出好价钱，除了上面讲的品质问题以外，最重要的是受市场半径的影响，如果农产品销售仅仅盯住身边的市场，当然没有办法卖出好价钱，因此，市场创新就变得十分重要！以今天的情况来看，农产品的市场创新，至少具备以下三个条件：一是方便的电子商务信息平台；二是快捷的高速铁路运输系统；三是完善的城乡物流输送体系。这三个条件同时具备，使农产品的市场可达性大大增强，受空间与时间的约束大大降低。我从广西调到江苏工作，每一年荔枝、芒果成熟的时候，都能收到学生从南国寄来的新鲜水果，这在以前是不可思议的。在发达地区，生鲜农产品电商发展得如火如荼，由此诞生许多的淘宝镇、淘宝村。可是我这次在家乡调研发现，那些卖葡萄卖水果的农民，连网店是什么都不知道！即便在一些村子开始引入网店，也是零星分布的一两家而已，路边摊、上门收购仍然是当地农产品销售的主要模式。因此，即使农产品种得不错，获得丰收，因为卖不好也没办法实现其价值！

第三，树立"卖好不如卖巧"的思维。传统农业发展思维中，农产品销售就是卖农产品，卖得出去就乐呵呵了，完全没有商业模式的概念！农业发展需要商业模式吗？答案是肯定的，因为不同的商业模式下，同样的农产品会被当作不同的价值实现载体。比如说，我们知道游客到一个地方去旅游，总要住宾馆，在我们的传统思维里，宾馆住旅客跟农产品销售是搭不上边的，因为农产品的销售是在农产品批发零售市场里进行的，甚至是在马路边上完成的。但是，如果我们转换一种思维模式，把宾馆当作农产品的销售点会如何呢？前面说的物流快递已经在我们的生活中十分普遍，如果在一个城市的每一个宾馆设置一个特色农产品的快递销售点，游客走到一个地方住下来就可以零距离购买当地特色农产品，自己在旅游的同时，也让远在千里的家人尝到祖国各地的特色农产品，岂不快哉！这种快感会使游客连价钱都懒得跟你讲，农产品还会卖得那么便宜吗？这种商业模式在许多地区已经开始出现，但这次回家乡，所住宾馆根本不见类似的农产品销售点，农产品种植业、旅游宾馆服务业、快递物流业完全没有交集，没有催生新的农产品销售模式，实在可惜。事实上，类似的商业模式创新还可以有很多，我2018年去过一次江苏沭阳县调研，那里的农民大量种植多肉植物等花草，通过电子商务平台卖到全国各地，不到半年时间的成交额就达100多亿元，把农业做到这样的产值规模，实在惊艳。让我最为惊奇的是，有一户农户居然依赖当地成熟的花草电商市场，把自己家里收割的麦穗晒干，变成插花用的材料，传统农业卖麦子，他家卖麦穗，一亩地麦子可能只有一两千元，麦穗的收益则可能是数万元，这就是商业模式变换的力量！所以，农产品如果卖得巧，一个好的商业模式可以增加意想不到的收益，这不是神话！

所以，农业并不注定是弱质性的，传统农业的弱质性完全可以通过思维的转换来加以克服，家乡的"绿水青山"能否变成"金山银山"关键在于人，在于人们以什么样的思维模式去变通资源，让其获得实现价值的空间！

2018年9月2日

如何通过"市场创造"来实现农业增收？

这段时间着实非常忙碌，因为又到了年终盘算收获的季节。作为"三农"学者，我不仅关心自己一年来的收获，也十分关心农民一年来的收获。这几天有机会回到曾经工作过的广西，遇上那里的果农大面积种植的南丰蜜橘又遭遇滞销，想起在那里工作时，几乎年年都要以"爱心香蕉""爱心芒果"的购买方式，帮助农民销售水果，不由得感叹农民走出"蛛网模型"的困难！事实上，最近几十年来，为了促进农民经营性收入的增长，无论是农民自己，还是地方政府，都想了很多办法，比如，改粮食作物为经济作物、改良农作物的品种、采用先进农业技术等，取得了一定的效果。但是，最近几年各地方都在扩大经济作物种植面积上做文章，由此造成许多水果品种在丰年出现滞销情况，今年就相继出现荔枝、龙眼、芒果、苹果等产量大幅度增加，导致价格不断下降，甚至出现严重滞销的局面，"增产不增收"始终困扰着农民，让他们在丰收面前不是充满喜悦，而是带着忧伤。

每次出现这样的情况，人们都会总结原因，寻找对策。不过，就现有的情况来看，我们更多是把目光聚焦在产品端，将农产品"增产不增收"归结为以下原因：一是气候原因。农业生产依靠自然条件，风不调雨不顺就有可能导致收成减少，就如同今年这南丰蜜橘，据说就是在正要摘果的季节遭遇上连绵的雨天，导致采摘困难，运输困难，形成滞销。二是技术原因。消费者的口味是多变的，种植的果品无法随着消费者的口味变化而变化，导致原本很好销售的果品，经历一定时期之后就变得无人问津。比如，在刚刚解决温饱的时候，人们吃水果喜欢甜的，不甜就不好卖，现在生活小康了，糖尿病等富贵病也出来了，糖分太高口感太甜的水果，销售就会受到影响。但是，技术上没有办法在已经种植的水果上改变它的糖分含量，除非砍掉重栽。三是供需矛盾。如今的农民有自主经营权，可以自己决定种什么和不种什么，但市场信息的不充分又恰好导致农民不知道该种什么。因此，农民往往是根据往年的价格和周边的示范两个信息来进行种植决策，在"价高我就种"和"人种我也种"的决策模式下，必然形成"蛛网"效应。

我不否认上述因素的确是形成许多农产品滞销的原因，以此去调整农产品的技术供给和需求结构，对农产品的滞销能够起到一定的缓解作用。但是，对农产品而言，无论是技术结构调整还是供给结构调整，都不是一件容易的事情，而且都存在较长的时滞，这是由农产品生产的自然周期决定的。更重要的是，由于市场信息搜寻的困难，如何才能将技术及供需调整到位也会面临极大的挑战，更为糟糕的情况是，等你调整完毕，市场却又发生了变化，从而造成极大的沉没成本。那么，"蛛网模型"困扰下的农业增收是否就无解了呢？我觉得可以转换一下视角来寻找出路，或许会有一些机会。

我要说的转换思路就是不要把解决农业"增产不增收"问题的思考方向锁定在"产品"一端，应该更加重视"市场"一端。换句话说，不能通过"创造产品"来解决问题，就尝试通过"创造市场"来解决问题。我们现在发展农业的思维更多的是"产品思维"，而不是"市场思维"，遇到问题总是先问"产品"，而不是问"市场"，只能想到通过改变产品来实现增收目标，很少思考通过改变市场来实现增收目标。其实，在市场经济条件下，产品仅仅是价值的物质承担者，马克思早就说过，"商品的物体属性只是就它们使商品有用，从而使商品成为使用价值来说，才加以考虑""商品交换关系的明显特点，正在于抽去商品的使用价值""同商品体的可感觉的粗糙的对象性正好相反，在商品体的价值对象性中连一个自然物质原子也没有"（《资本论》第一卷），因此，对于生产者来说，要实现的是产品的价值，而不是产品本身。从这个道理来说，我们种植农产品强调"产品"的好与坏，其实并不在乎产品本身，而是在乎这个好或者坏的产品会影响到其价值的实现。换句话说，也只有在影响到价值实现的时候，我们才在意产品本身的好与坏！如果这样，那么对于农产品生产者来说，就没有绝对的产品是好还是坏的说法，因为在不同的市场里，对产品好坏的评判标准是完全不一样的。因此问题的关键是要能够找到适合农产品销售的市场，即要进行"市场创造"，而不仅仅是"产品创造",用我的话来说,就是"种得好不如卖得好"!

那么,如何通过"市场创造"来实现农业增收呢?我认为至少有以下三种途径:

一是拓展市场范围边界,触及遥远的农产品市场。现在农产品滞销很大程度上说并不是因为供过于求了,因为所谓供过于求,是相对于特定的市场范围的边界来说的。比如,把广西农村的荔枝、龙眼、芒果卖给广西及其周边省份的城市,如果种多了就会出现供过于求,何况周边省份由于自然条件相似度较高,农产品的结构相似度也会较高,更加导致市场容量受限。如果卖到自然条件完全不一样的市场去呢,市场容量就会大很多,供过于求的情况就会得到很大的缓解。如今我国的高铁、互联网及物流体系三大物质技术条件,为拓展农产品市场范围边界提供了良好的保障,完全有可能把农产品卖到更远的地方。在广西吃荔枝很平常,但在黑龙江吃荔枝就不那么平常了,不是吗?

二是拓展使用价值边界,创造稀奇的农产品市场。水果是用来干什么的?大家肯定会回答是用来吃的,补充维生素的。不管是吃鲜的水果,还是吃加工过的水果,或者以水果为原料的食品,总之是用来吃的,这是大家比较一致的认知。因此去哪里寻找水果市场呢?自然就是与吃有关的消费市场了。然而,水果消费显然具有替代性,因此,如果农民大规模种植水果,不管大家种的是不是一样的水果,水果总量如果膨胀起来,卖出去就困难了。但是,从物的属性来说,水果显然不仅仅只用来吃,也可以用来取乐。比如在西方就有各种各样的砸水果的节日,最有名的就是西班牙的"番茄节"了,成百上千吨的番茄不是用来炒蛋的,是用来砸人的,参加者每人数十欧元,就可以尽情参加砸番茄取乐了,虽然砸坏的是番茄,但砸笑的是番茄生产者,是不是开辟了番茄的新用途及新市场呢?这就是市场创造的力量。2018年我们有了第一个农民丰收节,我们也可以不局限这个节日固定在哪一天,不同地区农产品不同,农产品成熟的时间也不同,我们可以用这样的契机,赋予农产品以新的使用价值,玩出农产品的新市场。

三是挖掘文化价值内涵,创造特别的农产品市场。物可以拿来使用,具有使用价值,也可以拿来寄托精神,具有精神价值。比如我们中国人,结婚的时候经常用到红枣、花生、桂圆、莲子,这些农产品不是用来吃的,是用来寄托一种祝福,祝新人"早生贵子",这就是农产品的精神价值。赋予农产品某种文化内涵，就能在一般的使用价值之外，增加精神价值，从而大大提升农产品的经济价值。比如，在赣南有个地方，有一座庙叫作"虔山寺"，当地人把所有的农产品都赋予这种"虔文化"，竹笋叫作"虔心笋"，腐竹叫作"虔心腐竹"，茶油叫作"虔心茶油"，连养的鸡都叫"虔山飞鸡"。大家买这里的农产品，不是因为好吃，是希望把一种"虔诚"带回家，自然不会像平时那样讨价还价、斤斤计较了！我国幅员辽阔，历史悠久，文化多元，但却很少挖掘文化内涵并将其赋予在农产品当中，让农产品的需求局限于简单的"吃"，自然就容易形成种多了卖不出去，种少了没有规模收益的困境。如果能够给农产品赋予精神价值，或许不用种养那么大的规模，却能够实现同样甚至更高的经济价值，这就要把农产品卖得更特别，特别的东西不容易模仿，而这个东西就是"文化"！

  时代已经不同，思维也应转换，农业增收要走出"蛛网困境"，除了需要在"产品创造"上下功夫，现在特别需要在"市场创造"上下功夫，如果能够在现有农产品基础上，创造出遥远的、稀奇的、特别的市场，对缓解农业增产不增收的困境或许是有所裨益的。没有我们做不到的，只有我们想不到的，努力创造农产品新市场，是我们未来需要关注的重点！

2018 年 12 月 4 日

农民缺的是"产权"还是"平台"？

乡村振兴成为国家战略后，似乎关心农民的声音越来越多了，这倒是好事！关心农民当然需要了解农民所需，这是基本的道理。当前的农民最需要什么？有一种说法似乎很在理，就是认为农民最需要对所支配的要素有"明确的产权"，理由大约有三个方面：一是认为赋予农民掌握要素的明确产权，才可以增加农民的财产性收入，实现农民增收；二是认为赋予农民掌握要素的明确产权，才可以让农民享有交易自由，实现城乡公平；三是认为赋予农民掌握要素的明确产权，才可以让农民摆脱束缚，实现市民化。按照教科书的说法，人是理性的，只有在产权明晰的条件下，才愿意对要素实行长期投资，排除对要素的掠夺式使用，以获得持久的利益，从而起到对要素最好的保护。对农民来说，最重要的要素莫过于土地，因此，赋予农民农地产权，也就被认为是最需要也是最重要的改革。支持这一说法的人认为，只有农地产权清清楚楚地归属了农民，需要种田的农民才会对土地倍加珍惜，从而会扩大对土地的持久性投资；不需要种田的农民也能够将土地卖出获得第一桶金，实现进城完成市民化身份的转变。因此有人甚至呼吁"不要借口保护农民土地阻碍城乡间要素流通"，主张"打通土地、资金、人员等各要素通道，允许它们相互流动，并优化配置资源"，具体地说就是"要给农村集体土地入市、宅基地流转、小产权房让出路，也要在城市人下乡置业、创业等方面开口子"，理由似乎也很简单，那就是"不要藐视农民的智慧与理性"。

农民缺的真的是"产权"吗？换言之，"产权交易"的放开真的就能给农民带来希望吗？我感觉越是进入农村就越难得到这样的结论。农民是理性的没有错，但在许多情况下，这种理性只能让农民选择将东西卖给谁，而不能选择买不买。马克思说"法权关系是由经济关系决定的"，在经济关系不平等的条件下，追求法权关系的平等，即所谓"产权交易关系"的平等，除了加速经济关系中处于劣势的一方以不利的交易价格让手中的产权消失，似乎没有别的结果。每一年我们都会看到政府出台严厉的"惩罚拖欠农民工工资"的政策措施，听到类似报道的时候，我就在想，那些农民工明知工资有被拖欠的危险，为什么还要年复一年去打工呢？这是因为在城乡的经济关系当中，农民工只有选择给哪一个老板打工的权利，而没有选择打不打工的权利，在"打工经济"条件下，要想让家庭生活条件好一点，出门打工是唯一的选择。所以，如果真的城市资本下乡可以随意与农民进行产权交易，那如今在农民手中拥有使用权的产业要素会很快易主，这不是农民不理性，而是城乡经济关系不平等造成的。一个简单的情况就是，农民没有完善的社会保障，看病、上学、养老等几乎都还是强烈依附于家庭的力量，一个理性的农民在遇到孩子上学没有钱、自己生病没有钱时，会不会加速土地的转手呢？这样的事情在旧社会是经常发生的。

因此，我从不认为"城乡要素互动"就一定是天生的"城乡两利"！我们要做的事情，是尽量加快建立城乡一体化的社会保障体系，让农村土地不再承担对农民的社会保障功能，到那时农村土地入市自由交易能否给农民"锦上添花"，就等到以后再去评估。

事实上，即便农民拥有要素"明确的产权"，也不见得能够带来真正生活富裕的出路，这是因为在如今的城乡差别下，农民手中的要素根本不太可能通过交易而获得与城市要素平等的地位，卖掉农村的土地能够在城市立足的概率是极低极低的。事实上，今天的农村，农民对手中的要素所拥有的权利已经比以往大了许多，农民对手中拥有的这些权利不能仅仅着眼于"交易"，而应该着眼于灵活使用它们进行增值。比如说，可以灵活使用这些要素与其他人的要素进行合作，共同获取合作收益。但是遗憾的是，在这方面我们的思考仍然比较少，甚至根本没有朝这个方向去思考！这几天借着回老家过春节的机会，我走访了一些农村，与一些地方领导和农民交谈这些事情，他们有一个共同的困惑，就是如今家家户户都有几亩地，拿来发展种养殖业，规模都非常小，以至于完全没有办法达到能够具有定价权的规模水平，只能听任市场的摆布，时常面临增产不增收的无奈，即便试图以流转方式集中土地规模搞种养，也会因为市场风险的掌控不力，达不到理想的收益效果，因此显得非常的惆怅！

我一直在想一个问题：在现有的条件下，农产品要以规模来取胜的可能性还有多大呢？我们如今可以在全球范围内整合市场，在我们小小的承包土地上，有谁能够用规模来实现垄断收益呢？显然是不太可能的。那么，从经济学意义上来说，如果不能以规模经济取胜，还可以范围经济取胜。这几天在家乡调研，发现家乡以农业为基础能够衍生出来的产品真是非常多：腐竹、竹笋、兰花根、米花糖、麻花、豆腐干、米酒、茶油等，简直数不胜数。我突发奇想，如果这些东西是一个公司做出来的，一个公司能够在一个主业（农业）基础上衍生出这么多有个性有特色的产品，一定会取得许多协同收益，这就是我们所说的范围经济的概念。如今的农村之所以没有取得这种范围经济的收益，主要是由于农户各家各户自己生产，农户之间没有取得协同收益。也就是说，每家每户只有几亩承包地，能够衍生的产品品种也十分有限，因此既无法获得规模经济，也无法获得范围经济。

如何改变这样的状况呢？我认为应该让农户聚在一起有一个共同的出口面对广阔的外部市场，换句话说，让所有农产品聚在一个平台上，以相同的区域品牌面对共同的市场，如果能够做到这一点，一个地方就犹如一个公司，一个公司能够生产众多的产品，具有很好的协同效应，对每一个产品来说都会因为其特色而受到市场的青睐，从而克服规模经济的桎梏。大家一定知道"沙县小吃"，里面有无数种小吃品种，但都聚在"沙县小吃"品牌的这个平台上，就巧妙地将每一种小吃"小而无规模"的弱势转换成"小而花样多"范围优势。去年在浙江何斯路村、安徽三瓜公社、江苏沭阳调研，那里的农产品品种繁多，每一种农产品的规模也不大，但一个共同的特点就是都有一个共同的品牌"平台"，所有产品在一个平台上出去，既解决了独自闯市场没有规模的弱势问题，又赚得了一个品牌市场中什么产品都有的"范围经济"优势，效益非常好！比如，在三瓜公社里面通过农村电商卖的咸鸭蛋、麻花、花生、米酒、烧饼等，都是我们儿时经常吃的东西，每家每户都做，但要以市场论，规模都很小，以任何一个单品要想以规模优势获取定价权，都几乎没有可能，但这些产品聚在一起，以"三瓜公社"的平台往外销售，人们就知道这是"三瓜公社"的名小吃，引来大量的购买者！

在"互联网+"时代，市场边界被无限地拓展，再想以"规模"来获取定价权是一件十分不容易的事情，这是一个追求个性化的年代，最需要的就是选择权，因此"范围经济"具有特别重要的意义。对于广大的农村来说，小农经济一直被诟病，也就是因为没有规模，但是人们往往忽略了范围经济的重要性。事实上，如今小农的困难，主要在于没有一个平台能够把他们聚在一起，如果能够创造这样的平台，把一个区域中众多小农生产的众多产品聚在一起，就恰好能够满足消费者在追求品牌消费要求下的多元化需求，从而也使以小农为基本生产单位的农村，获得良好的"范围经济"协同收益。因此，为小农搭建"平台"，应该是乡村振兴中我们未来的努力方向！

在当前的条件下，主张"明确产权"让农民能够从产权交易中获取收益而致富，不仅难以实现，相反会有较大风险，但通过搭建"平台"，让小农享有"范围经济"的收益，不仅不会给小农带来伤害，操作上也更具有可行性！因此，为小农"搭平台"应该比给小农"确产权"更具紧迫性。或许哪一天我们的农民经济地位上升到与城市人能够平等谈论价格的时候，产权交易才会真正"平等"，那时候谈论产权就会有意义得多！因此，在现阶段，政府应该努力承担"平台"建设所需的公共服务与基础设施，通过"平台"建设让弱小的农民聚在一起变得强大！

2019 年 1 月 31 日

山区农村的小农户如何衔接现代农业？

最近一段时间，关于小农户与现代农业有机衔接的话题引起了很多学者的关注，中央政府对这个问题也是十分重视，专门出台了《关于促进小农户与现代农业发展有机衔接的意见》的文件。文件中提出了一个十分现实的问题，那就是我国人多地少，各地农业资源禀赋条件差异很大，很多丘陵山区地块零散，不是短时间内能够全面实行规模化经营，也不是所有地方都能实现集中连片经营。当前和今后很长一个时期，小农户家庭经营将是我国农业的主要经营方式。这样就有了一个冲突：小农户究竟如何才能实现与现代农业的有机衔接呢？提出这样的问题，主要是基于很长时间以来人们的一个观念，认为小农是没有效率的，必须通过土地流转，实现规模化经营，才能改变农业的低效率状态。一些地方发生"土地被流转""农民被上楼"的情形，就是这种观念下的结果。事实上，规模化经营并不是农业效率提升的必要条件，在没有制度约束的条件下，现实中反而导致大量耕地的非农使用，直接影响到粮食安全。而且，在农村社会保障还没有实现与城市接轨的阶段，带有某种强制性的土地流转还有可能让农民失去最后的生活保障。

现代农业的内涵是十分丰富的，用一句话来概括，就是"应用现代技术、现代工业提供的生产资料和科学管理方法的社会化农业"。在我看来，这里有三层含义：一是广泛运用现代科学技术，由凭农民经验的传统农业转向依靠科学技术的科学化农业；二是广泛运用工业化成果，把工业部门生产出来的大量物质能量投入到农业当中，由手工劳动方式的传统农业转向依靠先进工艺流程与管理的工业化农业；三是农业生产要走向专业化，由自给自足的传统农业转向高度发达商品经济的市场化社会化农业。因此，科学化、工业化、市场化、社会化应该是未来现代农业的发展方向，但在不同的区域，其农业现代化的发展方向也是不一样的。有的区域可以通过改变技术条件，实现"智慧农业+资本农业"；有的可以通过改变经营规模，实现农业的"工程化+规模化+专业化"；有的可以通过改变经营模式，实现农业的"市场化+品牌化+人本化"。至于不同的区域以什么方式去实现农业的现代化，要视区域条件而异，不应该追求统一的方向与模式。

我的家乡江西吉安，那里属于丘陵地貌，一个村落与另一个村落之间隔着数道山，土地零零星星分布在这些丘陵山堆之间，很难出现连片大规模的土地。据2016年的统计，全市214个乡镇，103万户405万人，耕地总面积665万亩，按此计算，户均耕地面积6.5亩，人均耕地面积1.6亩。如果要以规模为现代农业的标志，2014年美国家庭农场的平均规模177.3公顷，大约是2660亩，那在我们家乡需要409户农户1660位农村人口所拥有的耕地聚在一起，才能达到这样的规模。而且，即便能够凑齐这样的耕地规模，由于山区的阻隔，也没有办法实现土地连片，因此要实现美国现代农业这样的规模化经营，实在是难上加难的事情！

按照经济学的说法，如果不能扩大规模实现外延式增长，还可以想办法通过改变技术提高生产效率实现内涵式增长。因此，改变传统农业采用人力、畜力、手工工具等手工劳动的技术条件，提高农业生产效率，一直以来是家乡人民推动农业现代化的努力方向。现在回到家乡看到弟弟种田，跟我儿时在家的种田方式方法已经完全不一样：直播替代了移栽，再也不用脸朝黄土背朝天；大量使（施）用农药化肥，再也不用挑猪粪和铲草皮积肥；机械替代镰刀，再也不要勾腰弯背收稻子。村里有人买联合收割机、大型拖拉机，甚至还想买喷农药的无人机，农业服务外包的发展，使农户再也不必束缚在土地上脱不开身。以前"双抢"季节干农活要花10~20天，现在使用工业化技术之后，只需要两三天时间在家看顾，剩下的事情就是支付服务费，一切问题均由专业化服务来完成。因此在山区农村的很多村庄，流转的不是土地而是服务，规模化的不是土地而是农业服务。

不过，像我家乡这样的山区，农业的工业化水平仍然是相对比较低层次的。发展"智慧农业+资本农业""工程化+规模化"这样的现代农业，在我家乡的山区农村尚没有这样的条件。一方面是没有足够的财力支持。智慧农业、工程化农业都是需要巨大初始投资的农业，但像我家乡吉安这样的山区，地方财政的力量还比较有限。我粗略比较一下我工作所在地镇江市，共有318万人，2018年地区生产总值4050亿元，财政收入301亿元，而吉安市共有530万人，地区生产总值1742亿元，财政收入280亿元。地处苏南地区的镇江市，农业也还没有走到智慧农业、工程化农业和大规模农业的地步，吉安的山区农业要走到这一步就财力而言尚有较大差距。另一方面是农村劳动力转移困难。农村劳动力转移需要有较高的城市化水平的支撑，吉安目前的城镇化率大约为51%，全国为60%，我生活的镇江市达到了71%。吉安市跟全国水平相比相差近10个百分点，跟发达地区相比相差近20个百分点，因此目前吉安市的农村劳动力大多数还是以跨区域转移为主，大多数农民仍然是处于"候鸟式迁徙"中，农村经济形态具有明显的"打工经济"特征。如果按照发展智慧农业、工程化农业、大规模农业的要求，还将会有更多的农民从土地上游离出来，如果不能被本地城市化发展所吸纳，从几十年的发展经历来看，异地迁徙会严重影响农民的生活高质量发展。基于此，我认为像我家乡吉安这样的山区农村，农业现代化的发展方向应该是实现适度规模，专业化生产，市场化经营，注重塑造区域品牌和个性化，通过市场创造来实现农业报酬递增！

因此我要说，山区农村农业的发展要有新思维，那就是通过农业生产服务的社会化和规模化，替代传统思维中土地经营的规模化，来推动农业现代化。从现在的农村实践来看，农业服务的社会化和规模化可以跟土地经营权分开，不需要以土地经营权集中为条件，从而不用改变小农户经营的山区农业产业组织性质，同时又可以实现农业的机械化、专业化生产，从而使小农户与现代农业有机衔接起来。事实上，对于山区小农户来说，土地规模多大可能不是最重要的，需要做的两件重要的事情是：一方面依靠农业技术进步，以农民的工匠精神，精心打造出具有特色的农产品来满足市场的需要；另一方面要依靠现在畅通的物流系统、高铁系统、互联网平台等技术条件，改变传统农业的自然经济特征，创新商业模式，让农产品的市场边界得到最大的拓展。如果有了好的农产品，又有足够的市场容量，做农业就不仅仅是维持温饱，用舒尔茨的话来说，农业可以实现报酬递增。能够实现报酬递增的专业化、个性化、商品化、品牌化农业不也是现代化农业应有的内涵吗？

如果这样，那么对山区农村小农户与现代农业有机衔接来说，目前最大的困难可能是农业工匠和农民企业家的缺失。一方面，要运用农业科学技术改善农产品的质量，需要大量懂得使用这些技术的农业工匠。比如家乡吉安大量种植的井冈蜜柚，对这些果树的管理就需要农业工匠。一个好品质的果品，可能要经过从果树剪枝、施肥、授粉、采摘、保鲜到包装等每个环节的小心施技才可能得到，而现在的农村，懂得这样技术的农业工匠少之又少，甚至很多人连传统农业的技能都丧失了。另一方面，要抓住市场经济非均衡中的获利机会，需要提升农民的企业家才能。按照舒尔茨的观点，农民不是天生懒惰的，而是理性的，农业不是天生没有效率的，而是有效率的，如果农民有足够的能力，就能抓住非均衡经济中的获利机会，实现农业的报酬递增，现在的问题是农民这方面的能力不足。显然，不管是培养山区农村的农业工匠，还是提升农民的企业家才能，都需要向山区农民进行人力资本投资，这应该是实现山区农村小农户与现代农业有机衔接最为迫切的任务，至于农民自己怎么去种地，则是农民自己的事情，基于此，对农民赋权与赋能，才是政府工作的重点。

2019 年 3 月 25 日

乡村产业集群如何实现"三生"融合？

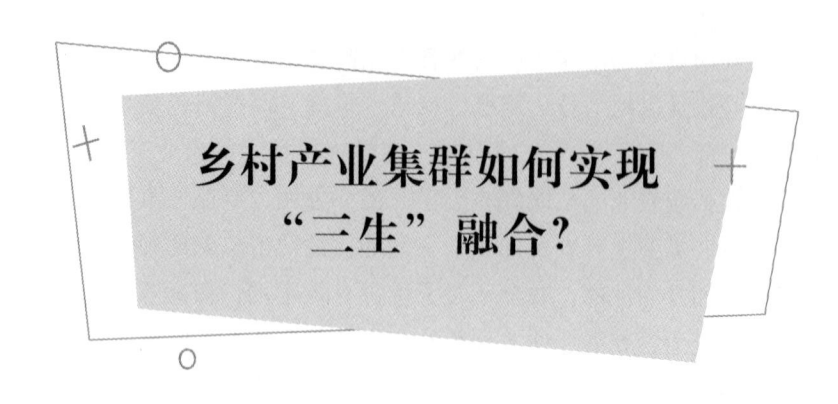

每到暑假，就有一种去农村调研的冲动，走在农村的田埂上，坐在农家的老屋里，看看稻田的收获，听听老农的唠叨，就会感觉心有涟漪。由于新冠肺炎疫情的影响，2020年不能去远方，那就在镇江的乡村走走吧。算算时间，我到镇江已经11个年头，还没有细品过这里的乡村，偶尔匆匆路过，没有深刻感知，因此希望这个暑假守在镇江，能够好好体验这里的乡土人情！

带着"三农庄园"研究团队的青年老师、硕士研究生和博士研究生，我们第一站来到了丹徒区的高桥镇。高桥镇在镇江的版图上属于一块"飞地"，它与镇江新区大港隔江相望，而与镇江对面的扬州却能陆上相连。驱车前往高桥，需要换乘汽渡方能到达。最近一段时间，长江流域洪水泛滥，处于下游的镇江自然是江水湍流汹涌，尽管已是七月天，站在汽渡轮船上仍有些瑟瑟发抖，可能既是因为天凉也是因为惊怵吧。不过，高桥的交通条件即将改变，正在建设中的连淮扬镇高速铁路从这里跨越长江，五峰山公铁两用大桥将使这里成为华东地区重要的水路交通枢纽，也许到2020年11月，高桥的汽渡对于游客来说，会成为一种时尚的体验！

尽管以往的高桥交通不便，在镇江乃至在长三角这块富庶之地，高桥人的日子都算过得有些艰辛。但也许正是这份艰辛，撬动了穷则思变的高桥人发展心思。20世纪80年代，改革政策的落实，终将城乡之间的制度闸门打开，《中共中央关于一九八四年农村工作的通知》中指出，"允许农民和集体的资金自由流动""鼓励集体和农民本着自愿互利的原则，将资金集中起来，联合兴办各种企业，尤其要支持兴办开发性事业"。支持农民办企业的政策就像一道闪电，划破了乡村的寂静，非均衡中蕴藏着创业机会，这是人尽皆知的道理，由此让高桥人找到了一个发展的契机：早在计划经济时期，原来丹徒县规模最大的皮革制品企业落地在高桥，但在改革开放后的市场经济冲击下，这个集体经济企业因竞争而被淘汰，但却留下了众多娴熟的技术工人，以及一批了解市场、懂得管理的皮革产业"懂行人"。这些人在政府允许兴办私营经济之后，便开始思考自己的未来，也许是路径依赖吧，大多数的高桥人纷纷将目光投向了他们的"老行当"，继续在皮革行业里寻找商机。于是，从裘皮加工的家庭式作坊做起，经过年复一年的打拼，发展到今天，高桥已经拥有雪地靴生产企业400多家，裘皮产业所涉的电商1200多家，生产涉及裘革鞋、裘皮服饰、皮具用品三大门类300多个品种，年产雪地靴1000多万双、裘皮服饰10万件，产业总产值18亿元，拥有从原材料销售、鞋底加工、产品生产、网络销售到物流快递等环节的完整产业链，市场占有率高达35%，全镇从事裘皮行业的职工达9500人，年人均工资超过4.5万元，高桥成为"中国雪地靴之乡"！

与长三角地区其他的"一镇一品"产业集群一样，高桥的雪地靴产业也是在改革开放之后利用外部市场发展"外向型经济"的结果。这里的雪地靴生产原料来自澳大利亚等国，产品也是销往美国、欧洲等海外市场，从雪地靴在欧美国家流行起，高桥人就敏锐地捕捉到这一市场信息，由外贸贴牌加工开始，形成所谓"两头在外，贴牌生产"的产业发展模式，在面积只有29平方公里的高桥镇，形成了全国最大的雪地靴产业集群。

产业集群这个概念大家并不陌生，它是指众多具有相关产业属性的企业聚集在一起，形成产业链分工合作的一种产业空间聚集现象。在中国的乡村工业化中，这种现象很普遍，比如浙江的块状经济、广东的专业镇经济等。理论来说，产业集群的形成起码有两个好处：一是按照马歇尔的观点，产业集群具有外溢性特征，尤其是知识的外溢性对群内企业的发展具有十分重要的意义；二是按照分工理论，集群内企业基于产业链形成的联系，强化了分工合作，降低了交易成本。有了分工合作，群内企业就能够享受到由此带来的规模经济和范围经济的好处。因此，产业集群是一种推动区域经济发展非常有效的产业组织形式，尤其对于农村地区来说，产业集群的生成，可以极大地改善农村单一产业结构，成为农村经济发展的引擎。

不过，产业集群毕竟更多强调的是产业本身的发展效率，不管是外溢性还是交易成本节约，都是发生在群内企业的联系当中。如果把产业集群看作是一个系统，这个系统同样具有对内开放对外封闭的特征，正因如此，在实践中，大多数产业集群的发展都具有一个鲜明的特点，那就是"人产分离"。也就是说，在产业集群发展中，由于追求的是产业发展的速度与效率，常常忽略产业系统的外部联系，容易形成产业系统与人的生活系统及周边的生态系统的冲突，而没有考虑各个系统之间的协同性。

在高桥的调研中我们也发现了这一现象：高桥镇的雪地靴生产企业散落在29平方公里镇域范围的村落当中，有些是独立的工厂，有些是家庭作坊，不管是哪一种类型，雪地靴的生产活动都与村民的日常生活相连，也跟乡村其他产业共处。但是，在工业、农业相分离的传统思维模式下，这里的雪地靴产业与农业等其他产业的边界显得十分清晰，工人与农民的职业分野也十分明朗。来到这里你可以看到，雪地靴工厂外面的农田，就只是农业的载体，似乎跟工厂没有任何联系，甚至为了明确区分，大多数工厂筑起围墙，以隔离外边杂乱的农田，保持围墙内工厂的独立性，这种区隔也充分体现在人们的生活就业观念当中。由于高桥镇有大大小小400多家雪地靴生产企业，需要大量的劳动力，当地大多数村民都在附近的企业上班，自然也就无暇于自家的承包地。这正好给远在苏北地区的农民提供了机会，高桥镇共有耕地面积1.3万亩，其中就有0.8万亩流转给了苏北等外地来的种植大户。我们调研时遇到一位农民，他来自苏北连云港，在高桥通过土地流转，租种了70亩耕地，算是当地的种植大户了。但由于他是镇外来的，与高桥镇的关系仅仅是简单的土地租赁关系，他的劳作跟本地的雪地靴产业没有丝毫联系。可见，在小小的镇域空间里，尽管农业与工业相邻而生，农民与工人聚落而居，但基本上没有什么瓜葛，各自保持着两个平行的独立系统。一边是狭小而喧嚣的工厂，一边是泥泞而杂乱的田野，构成一幅完整的乡村工农业井水不犯河水似的分野图景！

然而，对于一个全面发展的人来说，既需要工厂的快速运转得到更高的收入，也需要清新的环境得到更多的快乐。是否能够将产业集群与乡村系统有机结合起来，以满足人们对物质和精神的双重追求呢？我认为不仅可以，而且应该成为乡村产业集群未来的一个发展方向。现在的地方政府有一种想法，就是考虑将来如何把这些散落在乡村之中的企业再次聚集起来，集中到工业园区中去发展。我个人认为没有太大必要。因为镇域内产业集群中的企业本来就是相对集中分布的,企业与企业之间仅仅隔着一些农田,中间还有道路相连。就像高桥镇,本身方圆就只有 29 平方公里,雪地靴企业又比较集中地分布在几个自然村落当中,企业与企业之间的距离与稍大一点的工业园区相比相差无几,完全没有必要浪费宝贵的资源去专门建设新的工业园区。试想,通常我们所说的工业园区里,企业与企业之间不也有道路与绿化带相隔吗?现如今面积达到数十平方公里的工业园区不也很常见吗?

如果我们把整个镇域范围内的产业集群区看作是一个工业园区,那需要建设的就是道路和绿化带。换言之,在农村产业集群区,完全可以把乡村道路看作是工业园区内的道路,把农田看作是工业园区内的绿化带,从而将产业集群与农业系统有机结合起来,既实现产业集群的生态化,又实现乡村生态的产业化,可以很好地将产业集群的发展与乡村居民的生活、生产、生态相结合,实现农村产业集群由仅追求产业效率向追求生产、生活、生态的"三生"融合跃迁。如果这样,不仅可以稳步推进乡村产业兴旺,而且可以在产业集群发展过程中,推进宜居乡村的生态文明与进步,可谓一石三鸟!

2018 年底,我有幸去祖国宝岛台湾参加一个学术会议,所在的小镇也是工厂聚集,但工厂聚集区前面的农田,一片一片非常规则整齐,田间道路异常平整,田间沟渠十分规范,清水潺潺。稻田里同样收获着粮食,但稻田的绿色却成为周边工厂的人工绿化带,工人们下班之后,住在稻田边的民居里,可以怡然自得地在田间散步,农业与工业、农民与工人,在这个镇域空间里相互融合,浑然一体,充满着自然气息,令人流连忘返!

长三角诸如高桥这样有着成熟产业集群的乡镇为数不少,对于乡村振兴来说,这些拥有产业集群的乡镇已经有了坚实的产业基础,在这个基础上实现"生态宜居",应该摒弃传统的将农业与工业相分离的思维,打破产业集群系统与农业系统的阻隔,充分利用农业提供的生态资源,将其与产业集群所需的生活环境改善结合在一起,既改变传统农业农村的生产生活环境与农村面貌,又给工业企业提供绿色环境支持,让工业与农业在镇域空间中相得益彰,这是一种十分经济的做法,是未来乡村规划需要考虑的方向。

2020 年 7 月 21 日

民营中小企业是否能在乡村振兴中开辟蓝海？

网上曾经流传着一幅图，非常形象地描绘了民营中小企业的困境：企业主把全部财产押注给了企业，可如今他们张开双眼就是各种成本开支和薪资税费，随着越来越严格的法律约束，哪一种支出都不能马虎，稍有不慎就有可能触及法规而葬送企业；在产业结构升级的年代，企业转型升级遇到技术、资金和人才各种障碍，如果无法顺利实现转型就得面临无比惨烈的竞争；产业链上下游的企业之间，顺利时尚能风平浪静，稍有风波便会翻江倒海，利益链断裂三角债纠缠随时都会让企业窒息。在这种种压力之下，企业主作为法人代表很难抽身，就像被挂在悬崖边快断裂的树枝上，随时都有掉进脚下万丈深渊的可能。如今的民营中小企业，惨淡经营入不敷出，随时面临倒闭风险。有报道称，中国4000多万家中小企业，存活5年以上的不到7%，存活10年以上的不到2%，每年有近100万家企业倒闭，平均每分钟就有2家中小企业关门！

民营中小企业发展何以步履维艰？我们知道，企业是做利润的，要想获得利润就得如马克思所说，使"产品价值超过它的各种生产要素的价值总和而形成余额"，当然这里所说的价值是指实现的价值，如果生产成本不断增加，而产品价值实现越来越难，企业就无法获取利润，现在的民营中小企业大概就是遇到了这样的情况：

从成本增加的角度来看，一是城市房价攀升带来的房租工资上升。大家能够感觉到，这些年涨得最厉害的就是房价，城市房价一涨立即带来连锁反应，首先就是企业厂房的房租，据称在广东省深圳市、东莞市的一些地方，这两年就涨了六七成；其次是个人工资，在房租200~300元的时候，工人工资可以是2000~3000元，房租上涨到600~700元的时候，个人工资就要上涨到4000~5000元，否则工人就会跳槽，农民工都会干脆选择回乡。二是依靠民间借贷带来的融资成本增加。银行本来就不是很喜欢民营中小企业，这倒不是因为嫌贫爱富，而是经济规律使然，因为银行把钱贷给民营中小企业会面临很高的监督成本。中小企业能够拿出来作抵押的东西不多，因此贷款金额都不是很大，由于竞争激烈，中小企业还随时可能死亡，加之我们目前还没有健全的中小企业信用体系，这样一来，银行放贷给中小企业就得提高监督水平。贷款额偏小本来就没啥赚头，还要提高监督成本，因此银行还不如不贷划算。可是，中小企业发展又需要钱，怎么办？于是就出现了许多民间借贷，民间借贷的高利率对于实力本来就弱的中小企业来说真是雪上加霜。三是环保督查严格带来的运营成本提高。很多民营中小企业原本是依靠传统简单工艺吃着人口红利赚钱的，工艺简单就容易造成环境污染，这是我们经济发展走过的路。今天我们提倡"绿水青山就是金山银山"，"不唯GDP，经济进入高质量"发展，这样一来，在国家严格的环保督察下，民营中小企业要么通过提升工艺水平、治污技术来求得生存，要么只能关门。现在无论哪个省份，因环保不过关而被关闭的中小企业都是数以千计，环保要求使传统的中小企业运营成本极大攀升。

从产品价值实现来看，困难主要体现在两个方面：一是民营中小企业竞争激烈，产品卖不出去。大多数中小企业没有能力进行技术创新，即便有也属于模仿创新。没有创新做支撑，产品销售就只能以低价策略为主，因此竞争惨烈。中国大妈的故事告诉我们，在全球化时代老百姓买东西可以整合全球市场，比如去日本买马桶盖、去韩国买化妆品、去越南买香水等，如果中小企业的产品没有竞争力，当然就卖不出去，价值无法实现。二是老百姓的消费意愿降低，也影响企业产品销售。不久前看到一篇文章，说2018年的国庆黄金周旅游收入增速十年来首次跌至个位数，越来越多年轻人窝在家里不出去，同时，国内游客的人均消费也打破了连续5年的连增态势开始下降。看到这个数据我也有点惊奇，中国大妈"买买买"的气势哪去了呢？我联想起看过的另一篇文章，说中国的家庭债务已逼近家庭部门能承受的极限，于是想到了答案，不是这一届年轻人不行，而是由于家庭负债超限影响了消费意愿。家庭为何负债呢？最大的负债就是来自城市房产价格的攀升。年轻人

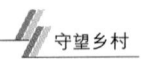

本来是消费的主力军，现如今由于城市房价节节攀升，加之通货膨胀预期，年轻人基本上都不敢不买房子，买一套是为了自己住称为刚需，买多套是为了保值称为投资。不管是哪一种，基本上都需要向银行贷款，少则几十万元，多则数百万元，反正我身边见到的年轻人是不怕欠债的，都背着一身的债。试想，年纪轻轻背着这一身的债，每月收入区区数千元，除去月供还能剩下多少呢？口袋没有钱出去玩也就没了乐趣，平时过日子都得精打细算，消费欲望就这样被抑制住了！年轻人日常消费的那些产品，正是中小企业主要的生产对象，年轻人不花钱，企业产品就卖不出去，所以，中小企业的利润实现就变得困难重重！

如果我们细细盘算，民营经济提供了50%以上的税收，创造了60%以上的GDP，提供了70%以上的出口，创造了80%以上的就业岗位，中国的未来发展怎么离得开民营中小企业呢？可是，民营中小企业发展如今困难重重，该怎么办？记得安索夫曾说，企业发展向量包括产品和市场两个维度，企业要么做好产品，要么做好市场，这和马克思强调的价值创造与价值实现是一个意思。因此企业通常有四种战略组合：要么通过市场渗透，提高市场占有率；要么通过技术创新，在原有市场里投放新产品；要么通过拓展新市场，扩大原有产品的市场半径；要么通过开辟蓝海，在新市场里开发新产品。如果民营中小企业通过前三种方式能够生存下来并谋求发展当然很好，如果遇到困难，可以尝试第四种方法，即开辟蓝海！乡村振兴成为国家发展战略，让我想起民营中小企业原本就是来自于农村的乡镇企业，只是后来强调聚集效应才慢慢向城市集中而离开乡村的。现在那些在城市面临种种困境的民营中小企业，是否能够有机会重回农村开辟蓝海？我觉得这是一个机会！

一方面，乡村振兴需要民营中小企业。我们常说乡村振兴的基础是产业振兴，乡村产业振兴的关键在于因地制宜挖掘乡村特色，将乡村传统的手工艺、土特产品、自然资源、文化资源等加以开发，形成有品牌叫得响的产品与服务。我们发现，跟乡村有关形成的消费，十分强调个性化，不以标准化为导向，适合于"小批量，多品种"的产业组织方式，这正是民营中小企业发挥其机制灵活、经营效率高等长处的领域。现在建设特色小镇，田园综合体，促进农村一二三产业融合，发展乡村特色产业和乡村旅游业，通过"互联网+'三农'"，衍生农村的新业态新产业，最需要的就是民营中小企业这种灵活性，没有民营中小企业的聚集，很难形成乡村特色产业，这也是我一直强调草根创业对乡村发展重要性的原因。

另一方面，乡村振兴给中小企业机会。前文说过，民营中小企业在城市发展面临种种困难，而乡村振兴能够给中小企业解困提供很大的机会：一是国家政策支持。工商资本助力乡村振兴以缓解农村发展资金紧缺问题，是当前的主流看法，民营中小企业是工商资本下乡的主要力量，也是政府政策扶持的主要对象。二是地缘联系紧密。从改革历史来看，当年的乡镇企业是今天的民营经济源头，现在许多民营中小企业主也都是来自于农村，与农村有着天然的联系，不存在水土不服问题。三是农村进入门槛低。与城市工业相比，民营中小企业进入农村面临的技术与资金门槛都比城市低，与现在的民营中小企业实力相匹配。四是农村运营成本低。很多中小企业主本身就来自农村，有条件充分利用农村的闲置资源，低廉的场地租金、劳动力成本使民营中小企业的运营成本相对较低。

民营中小企业加盟乡村振兴，与当年的乡镇企业不太一样，当年发展所谓"村村点火，户户冒烟"的乡村工业，造成了环境负外部性，现在乡村振兴吸引中小企业进村，显然不能再搞"村村点火，户户冒烟"，需要在农业基础上衍生新业态新产业，比如在农产品里嵌入技术进行深加工，发展第二产业；在农产品加工里嵌入文化促进乡村旅游，发展第三产业；在农业产业里嵌入互联网、信息、创意等，衍生出第四产业、第五产业、第六产业。这些以农业为基础衍生出来的新业态，不再有环境的负外部性，相反，可能带来环境的正外部性，从而可以摆脱环境督查带来的巨大压力！农业六次产业化，需要打破三次产业的边界，通过跨界让农业重生！现在的互联网技术、电子商务平台、快速便捷的物流体系，为农村产业跨界发展提供了前所未有的条件，民营中小企业凭借自身的灵活性，能够在农村三次产业融合中大显身手，游刃有余。我们相信，以互联网改造传统农业的时代已经到来，在这个过程中，民营中小企业只要抓住机会，可以在乡村这片蓝海，迎来一个创业的新时代！

2018 年 10 月 13 日

江苏应该如何推进乡村产业融合？

2020 年的新冠肺炎疫情，着实考验了中国各地方的能力。在我看来，江苏在这次抗击疫情中的表现，够得上"楷模"二字：地理位置上靠近湖北，南京与武汉同饮一江水，10 万多平方公里的土地聚集 8000 多万人口，疫情发展到现在，是少数几个保持零死亡率及本地病例较早清零的省份，另外，江苏援助湖北的医疗队伍人数最多，也是援建雷神山、火神山医院的主力。

任何现象背后都有其必然的逻辑，那么，江苏这次抗击疫情优秀表现的背后逻辑是什么呢？我们通常把区域看作是一个复合系统，其发展不能单独依靠某一子系统的作用，需要各子系统协同共进，不断改善结构，输出新能量，创造新功能，区域发展才能进入自组织的耗散结构状态。几十年来，江苏凭借着集体经济（社队企业为主）起家的苏南模式，在农村小城镇以"一镇一业"的方式发展制造业产业集群，支持各地级骨干城市发展先进制造业，在中心城市上海的现代服务业支持和引领下，不断走向制造业高端化的发展道路。江苏在工业化进程中，同时构建起由农村小城镇、区域骨干城市（苏州、无锡、常州等地级城市）、区域中心城市（主要是上海）构成的具有圈层结构特征的城市网络，不仅很好地实现了工业化与城市化的协调同步，而且巩固了实体经济基础。2019 年，全国综合的三次产业结构比为 7.1：39.0：53.9，城镇化率为 60.60%，江苏的三次产业结构比为 4.3：44.4：51.3，城镇化率为 70.61%，同期的广东三次产业结构比为 4.0：40.5：55.5，城镇化率为 71.40%；浙江三次产业结构比为 3.4：42.6：54.0，城镇化率为 70.00%。这些数据显示，江苏省的工业比重不仅远高于全国水平，也高于广东和浙江这两个经济发达省份。由此可见，在全国产业结构出现"虚高"，实体经济不同程度衰减的情况下，江苏省较好地维持了实体经济地位。如今，从中央到地方都在积极呼唤加强实体经济，江苏在这方面无疑是全国的典范。

更重要的是，江苏农村小城镇的制造业产业集群，以劳动密集型的零部件或轻工产品（如纺织、服装）生产为主，解决了大多数农村剩余劳动力的转移就业问题；地级骨干城市以资本密集型的高端制造业为主，实现了城市财富的快速积累；中心城市上海的金融市场、技术研发、科技服务等高端服务业，引领江苏现代产业的发展方向。在这里，小、中、大城市形成的圈层网络与制造业链式分工形成的产业网络相互叠加，使江苏省区域经济社会系统能够从外部不断吸收物质能量，调整系统结构，产生新的动能，从而达到一种自组织状态。尽管江苏没有特别出众的大城市，南京不像广州，苏州不及深圳，但以农村小城镇为基础，地级骨干城市为主力，核心城市为引领，形成基于分工合作的城市网络，使江苏经济具有较强的应变能力，江苏在这次抗击疫情中的良好表现，正是这种应变能力的具体体现。

综合来看，江苏与其他省份最不一样的地方，就是农村地区在经济社会发展中的作用。江苏农村小城镇里的产业集群，生产着各种工业制造业的零部件，为骨干城市的现代制造业提供了坚实的供应链支持。相应地，骨干城市的现代制造业发展，也成为农村小城镇产业集群式发展的重要支撑。正是这种产业链空间分置又相互依赖形成的小城镇与骨干城市的分工合作关系，使江苏农村产业跳出单一农业结构，成为区域经济繁荣的重要基础。以苏州市为例，2019年的1.93万亿元的GDP总量中，下辖的昆山4092亿元、张家港2904亿元，常熟2556亿元，3个县级市加在一起几乎占据一半。有如此强大的县域经济，江苏自然就不会出现"城市像欧洲，农村像非洲"的城乡差别。

但是，经历40多年的发展之后，江苏又走到了一个新阶段，面临三个新问题：一是工业化与城市化过程中累积的庞大城市工商资本需要寻找更好的出路；二是工业化与城镇化过程中发展起来的制造业，与乡村地区农业产业关联度较低，不能形成乡村与城市的产业互动；三是工业化与城市化进程中仍然存在城乡发展不平衡、乡村发展不充分问题，体现在城镇以下的乡村地区仍然存在产业结构单一和公共品供给不足问题。因此，从区域发展的系统观来看，江苏由农村小城镇、骨干城市、中心城市形成的城市网络，仍然需要进一步往下延展，以覆盖到整个乡村地区为目标，实现由城市网络向城乡一体网络过渡，最终消除城乡差别，走向现代化。在这个过程中，最关键的任务就是引导城市工商资本进入乡村，推动乡村产业融合发展，实现乡村地区的产业振兴。

如今，新冠肺炎疫情正在全球肆虐，这场疫情影响的不仅仅是人们的健康，对各国的经济冲击更是会波及到每一个人。在此之前的几十年里，世界各国尚能够在最大程度上展开合作，用经济全球化的思维，通过分工合作构建全球产业链。但是我们知道，处在产业链不同节点的国家，分享到的产业链合作收益是不一样的，因此看似紧密的合作随时都可能因为收益分配问题形成激烈的竞争。中国在工业化初期参与全球产业链分工，利用人口红利优势成为"世界工场"，源源不断为世界各国尤其是发达国家提供劳动及资源密集型产品，江苏在这其中的贡献是相当大的。直到今天，江苏的制造业仍然是以外向型为主，因此受到国际市场变化的影响也相当大，这在近年的中美贸易摩擦中得到充分的体现。正是由于全球产业链分工合作会受到利益分配的影响，所有国家都不遗余力向收益相对较高的环节努力，这样就会聚集全球产业链断裂的风险。所以，正如温铁军教授所说，疫情导致的全球产业链断裂，"任何单个国家复工复产都不可能挽救造成全球化危机的产业链解体局面"。那么，如何应对这种经济全球化的变局？温铁军教授提出了一个极有价值的发展思路：由原来过度依赖加工贸易型的外向型经济，及时转向国家已经确立的生态文明导向的国内空间资源开发，朝着贯彻"两山"理念提高生态产业化和产业生态化方向努力，构建新型产业链。因此，引导城市工商资本下乡，投向农村绿色生态领域，推动乡村产业融合，是江苏省实现产业生态化和生态产业化的重要方向。江苏省在已有的城市网络向未来城乡一体网络拓展的过程中，需要引导城市工商资本改变投资方向，即由原来的外贸加工领域转向三农、生态空间资源价值化领域。

因此，在新时代的社会背景下，江苏要在"绿水青山也是金山银山"的新理念下，鼓励和推动城市工商资本下乡，在以下领域重构产业链：一是促进乡村农业分工深化的领域。农业分工深化衍生农业服务外包，是现代农业发展的一种趋势。农业从品种培育到最后收获、销售，在技术支撑下可分离的环节越来越多，诸如农产品销售电子商务平台的开发，电商人才培训，配合农村电商发展的物流分拣、配送、运输等服务环节，可以成为城市工商资本下乡的重要领域。二是促进乡村农产品加工深化的领域。长三角区域作为全国经济最发达的区域，消费者对农产品的需求已经从简单初级农产品的刚性需求，转向经过精深加工绿色农产品及其衍生品的高端需求，推动农产品加工不断延伸和拓展，为城市工商资本投入提供了广阔空间。三是促进乡村农业产业跨界融合的领域。绿色农业、生态种养业、休闲农业、康养农业等跨界融合产业成为农村产业发展的新趋势，这些通常普通乡村农民难以胜任的领域，为城市工商资本投入提供了巨大空间。

重构产业链不是一蹴而就的事情，也不是简单的修修补补，而是需要引入新要素、创造新市场、引进新工艺、推广新方法等，以创新促发展。那么，江苏省引导城市工商资本下乡，促进乡村产业融合，实现乡村振兴，存在哪些障碍呢？从现实来看，主要包括以下三个方面：一是要素供给障碍。一方面，从劳动力供给来看，由于前期城镇化与工业化发展过程中，大量农村青壮年劳动力向城镇非农产业转移，导致乡村产业融合发展所需的劳动力供给数量不足，整体文化素质普遍偏低，懂技术、会经营、善管理的乡村专业人才紧缺，难以满足工商资本下乡后发展农村新产业的需求；另一方面，从土地供给来看，由于江苏的农村城镇化水平较高，大多数农民并不依赖土地生存，土地边际效用下降，导致农民流转土地的热情不高，土地流转不畅；另外，江苏基本进入到工业化后期阶段，可供使用的工业用地指标非常紧张，使城市工商资本下乡面临无地可用的尴尬；从金融市场来看，目前乡村地区的金融市场不健全且服务质量差，尤其是许多农村资源无法作为资产进行抵押，影响城市工商资本下乡的融资能力。二是竞争环境障碍。主要体现在，一方面，乡村社会市场经济意识相对淡薄，政府执法成本又相对较高，导致假冒侵权破坏营商环境的事件容易发生，使城市工商资本下乡的知识产权经常受到侵害；另一方面，现在乡村以农业为主的产业结构，在农业标准化、品牌化尚未普及的情况下，许多经营者只能以低价竞争手段来获取市场份额，再加上互联网时代的自媒体发达，信息传递泛滥，一些不法分子通过自媒体等手段故意栽赃、抹黑对手的事情也时有发生，严重扰乱了正常有序的市场营商环境。三是政策波动障碍。一方面是存在政策不稳定的风险。这些年随着乡村振兴战略的推进，中央各部委出台了许多相关政策，但是由于不同的政策关注点不相同，到了基层执行的时候经常出现政策打架，为了降低政策执行成本，许多部门在政策实行过程中选择了"一刀切"，这给城市工商资本下乡投资带来巨大的政策不稳定风险。另一方面是存在补偿机制缺失的风险。由于上述的政策"一刀切"行为，许多投资将得不到政策保障，诸如近年出现的"大棚房整治"，这样的整治行为没有建立相应的补偿机制，就给工商资本带来不可估量的损失。为了克服上述障碍，我们提出如下建议：

第一，夯实城市工商资本下乡的公共品及要素匹配基础。一方面要提升与现代产业融合相衔接的农村基础设施水平。比如，互联网硬件设施条件、生产生活配套设施、农业生产技术服务体系、农村产业联系平台、农村垃圾处理回收和污水无害化处理服务水平等。另一方面要提升与现代产业相融合的农村要素相匹配水平。比如，通过加强乡村基础教育、职业技能教育和完善乡村劳动力就业市场，提高乡村劳动力素质；通过推进地方政府的职能下移，服务下沉，搭建相关平台，提高政府的组织管理水平；逐步改善乡村医疗、卫生、教育等公共服务短板；完善农业保险、农地抵押、农机质押等金融手段，拓宽融资渠道。

第二，强化乡村振兴用地供给保障和统筹管理。首先，加强建设用地专项统筹和计划保障工作。比如，将乡村振兴建设用地纳入预留城乡建设用地规模的使用范畴；各乡镇在编制和实施国土空间规划时，预留建设用地用于农村新产业新业态发展或乡村旅游设施、乡村公共服务设施等建设。其次，鼓励乡村土地复合利用。比如，优化设施农用地、乡村集体建设用地和城镇建设用地空间；以灵活多样的方式盘活利用空闲农房及宅基地；建立点状供地管理制度；等等。再次，强化现代农业产业园用地保障。比如，将现代农业产业园建设用地纳入预留城乡建设用地规模的使用范畴；鼓励通过"三旧"改造利用存量建设用地建设现代农业产业园、农副产品加工、食品饮料制造、农产品冷链、物流仓储、产地批发市场和小微企业、休闲农业、农村电商等项目。最后，通过以长期租赁、先租后让、租让结合、土地入股等方式，优化乡村旅游和休闲农业等都市农业用地供给。

第三，明确乡村振兴中城市工商资本投入的重点支持领域。一是鼓励工商资本发展都市农业，衍生农村新业态。江苏经过40多年构建起来的圈层结构城市网络，为都市农业发展提供了广阔空间，可以通过发展农业服务业、农产品深加工、休闲农业、旅游农业、体验农业等，衍生乡村新业态。二是鼓励工商资本投入农业跨界融合的新领域。比如，在传统农业基础上发展绿色农业、生态种养业、康养农业；利用已有的要素聚集空间投资打造农村产业融合平台；结合当地县域农村的特色，通过打造特色小镇、特色田园乡村等方式，打造乡村产业振兴的先发地；等等。三是鼓励工商资本投入乡村振兴的基础性领域。比如，引导工商资本有序进入乡村教育、医疗、养老、通信、保险、救助、基础设施和公共服务等领域。四是鼓励工商资本下乡的政策要与原有的特色小镇建设、美丽乡村建设的各项政策相衔接，将工商资本下乡、特色小镇建设、美丽乡村建设等纳入乡村振兴范畴，使政府支持政策具有系统性。

第四，完善乡村振兴中城市工商资本下乡的营商环境。一方面加强竞争环境建设。比如，建立企业信用大数据监测平台、乡村土地流转交易信息平台、农产品溯源信息平台等。另一方面营造良好经营环境。一是营造公平公正的企业经营环境，政府及各部门对待本地企业和外地企业、民营企业和国有企业、国内企业和外资企业、小微企业和规模企业要一视同仁。二是打造友好的政策环境，维持政府政策的稳定性，完善政策调整补偿机制。三是营造良好的共生环境。比如，通过设立市场诚信保障基金，对工商资本的诚信经营行为予以表彰和鼓励；依托行业协会、产业联盟或政府相关部门，定期对工商资本投入的经营主体进行督察。

新时代赋予江苏新使命，改革开放以来江苏形成的农村小城镇、骨干城市、中心城市圈层结构城市网络，以发展现代制造业等实体经济为基础，推动了江苏工业化与城市化的协同发展，让江苏率先进入了小康社会。在未来，江苏将以构建城乡一体网络为方向，鼓励城市工商资本下乡，在"两山理论"指导下，以空间生态资源价值化为方向，衍生乡村新业态，通过乡村产业融合及城乡产业互动，推动产业生态化和生态产业化，实现江苏经济社会可持续高质量发展目标。

2020 年 3 月 29 日

如何让"井冈蜜柚"佑及井冈乡民？

也许是我们长期处在城乡二元的发展环境中，习惯于农村的落后、农业的弱质与农民的艰辛，逃离农村奔向城市成为许多人的理想追求，但恰恰又是因为当前城乡二元很高的结构化程度，阻碍了农村人奔向城市的步伐。我们看到，高度结构化的城乡关系导致城乡两个板块的界限分明，就像两条永不交会的平行线，甚至很难找到相互融合的介质。长此以往，必然会强化人们在追求发展权利过程中的城乡冲突，必须注意现实中已经开始显现的这种倾向。因此我们能够理解，为什么在温饱问题解决之后的21世纪，政府立即启动了城乡统筹、城乡一体化、城乡融合的发展战略。然而问题在于，从城乡二元到城乡融合的转变如何才能实现呢？从中国的实际情况看，途径有以下两条：一是降低城市的门槛，二是抬高农村的地位。如果能够两边同时发力，使城市与农村能够慢慢靠近，变得平等起来，城乡之间的相互融合就会变得容易得多。就像今天的欧美发达国家，一个人去城市还是去农村，不需要有太多纠结，因为城市与乡村的生活不会像我们现在这样存在天壤之别。

如果说城市门槛的降低主要在于制度安排，那么，农村地位提高要做的事情就多得多。由于经济基础的决定作用，农村地位提高的关键还在于经济发展能力的提升。在我看来，如今的城乡差别，最关键的是产业发展的差别，因此，缩小城乡差距，关键要发展农村产业。党的十九大报告提出的乡村振兴战略把产业兴旺放在首位，也说明了农村产业发展的重要地位。说起农村产业的发展，许多学者从经济学教科书的道理出发，主张让农民自己去选择，让农民成为市场主体，政府不要去干预过多，农民自己知道怎样做对自己最合适。这些听起来非常有道理的话，其正确性在现实中却非常难以得到检验。如果现在的农村缺乏政府的引导与扶持，依靠农民自己的力量，恐怕城乡两条平行线会朝着相反方向移动，之间的距离会越来越远。2019年的"五一"节假期，受家乡政府的邀请，我带着学生回到江西吉水，对家乡的"井冈蜜柚"产业发展进行了调研，加深了我的这个判断！

说起家乡吉水，我内心总有遮掩不住的自豪，这里绝对称得上物华天宝，人杰地灵。单就历史走出的6位状元，500多位进士，以及杨万里、解缙等标杆人物，就足以证明吉水在农耕文明时代所拥有的辉煌！然而，也许正是这种历史辉煌，阻碍了吉水走向工业文明的脚步，以致在工业文明时代，这里的乡村产业发展非常滞后。产业发展滞后的结果使家乡的读书人无法回头而远走他乡；有企业家才能的乡民，也因无法在故里施展本领而奔向沿海；甚至一般的乡民，为了生计也只能背井离乡。曾经辉煌显赫的吉水，在工业文明时代只能依靠"打工经济"艰难前行。如果仅仅依靠市场，这样的状况只会越陷越深，因为市场只相信竞争的力量，不会同情落后。但是作为一方水土，总要想办法养活这一方人，没有产业发展，这将是何其艰难。因此，家乡政府开始谋划，如何让这里的乡民走出贫困的陷阱，寻找产业发展的突破口，"井冈蜜柚"产业应运而生。

陪同调研的县领导告诉我们，"井冈蜜柚"产业被确定为吉安市的农业主导产业，也是江西省果业重点布局产业。吉水县属于蜜柚种植的一类县，种植面积要突破9万~10万亩。为了实现这个目标，政府举全县之力做了三件事：一是给钱，免费给柚农提供种苗、直接给柚农提供种植补贴。二是给地，为了支持井冈蜜柚的规模种植，仅2017~2018年，县里在林地上种植井冈蜜柚的面积就达11000多亩，完成林地流转面积6500余亩，调整公益林规划面积1200亩，批复采伐林木15000余立方米。三是给政策，围绕蜜柚的生产、流通、加工，在资金扶持、税费减免、土地流转、技术服务、人才引进等方面出台新政策，加大扶持力度。这三件事做下来，最直接的效果就是我们调研中看到的成片、成林的井冈蜜柚。根据政府不同部门给的材料，有的说2017年就突破10万亩，挂果面积1.2万亩，有的说到2018年，种植面积是3万亩，千亩基地有4个，百亩基地有78个，挂果投产面积7162亩。尽管我不知道究竟确切的数据是多少，但看到这郁郁葱葱、长势喜人的井冈蜜柚，我对家乡蜜柚产业发展的未来充满了遐想！据说井冈蜜柚丰产期一亩的产量至少可以达到 5000 斤，即便按照 3 万亩计算，吉水县将来也可称得上是井冈蜜柚的海洋了，要是实现县里规划的 10 万亩的种植面积，那就更是称得上是井冈蜜柚王国了！

家乡的蜜柚产业在政府的支持下，度过了从无到有的重要阶段。尽管说产业的形成可以依靠市场的自然演进，但对于落后地区来说，即便市场力量能够完成这样的演进，也需要十分漫长的时间。因为这里的市场发育程度相对较低，要让市场力量聚在一起衍生出一个产业，会面临诸多困难，否则也就不会看到今天家乡农村产业滞后的局面。因此从这个意义来说，家乡政府的大胆尝试，就像是一次充满风险的创业，如今刚刚完成从构想到商业化的阶段，蜜柚种植初具规模，产业雏形已现，接下来就要关注这个产业如何发展壮大！显然，要想让种植井冈蜜柚能够惠及井冈乡民，首先是要让蜜柚成为一个产业。调研过程中我发现，不管是政府还是柚农，尽管口头上使用了"蜜柚产业"这个概念，但对产业内涵的理解仍然非常简单，甚至可以用两个字来概括，那就是"种"和"卖"。在这种理念的主导下，政府的扶持办法基本上是集中在种的这一端，而柚农的担心也基本上是集中在"卖"的一头。如果这样下去，井冈蜜柚要成为一个产业会有相当的困难。

那么，家乡的井冈蜜柚如何才能成为产业呢？如果我们把产业看作是一个系统，那么这个系统的发展至少应该具备三个条件：一是产业链的长度。因为只有产业链拉长，产业链节点增多，产业链的中间品交易才能变得频繁，交易频率是经济繁荣的基础，有了这些交易，产业才能够充满生机，进入自组织的耗散状态。二是产业链的聚合度。也就是产业链每个节点中的经营者数量，这个数量越多，产业链出现断链的机会就越小，产业链就越牢固。三是产业链的开放度。如今的产业链已经不是线性的，而是网状的，产业边界越来越模糊。所以，产业发展中要注意与其他产业相衔接，在一个产业上衍生出许多新的业态，使产业链朝着网状方向发展。按照这个理解，家乡的井冈蜜柚产业发展至少要做以下三件事情：

一是培育多元主体，延伸产业链长度。现在吉水的蜜柚种植，基本上停留在传统的自产自销状态，果农从政府那里拿来果苗，在技术人员的简单指导下开始种植，政府关心的也仅仅是种植面积，大多数的补贴奖励集中在种植面积上，对于销售，政府仅以销售量为基础进行事后的奖励。这种做法在前期的效果是，让我们看到了果树种植面积的扩大，但随着果树慢慢长大挂果，由于没有相应环节的分工，果农就需要自己完成几乎所有环节的事情。然而，每个人的知识都是有限的，做自己不专业的事情，必然影响到做事情的质量，最好的办法就是让专业的人做专业的事情。从调研的情况来看，吉水井冈蜜柚产业发展所需的各种主体非常奇缺，分工程度很低，需要下大力气进行主体培育：①培育技术服务主体。现在仅仅依靠一个乡镇1~2名农业技术人员显然无法应付如此大面积柚林复杂的技术需求，田间管理、施肥喷药、口感品质控制、果品品相控制，果品分级分拣、果品保鲜运输等都需要技术，这些技术的缺失，将导致种不好果、保护不好果，从而直接影响蜜柚的销售。依赖专业化的技术服务队伍提供的有偿服务，是蜜柚品质的重要保证，因此技术服务主体的培育应成为培育市场主体的主要任务。②培育销售服务主体。现在让果农依传统的方法自产自销，就不可能让水果卖出好价钱、获得好收成。调研发现果农在利用电商销售蜜柚过程中，就遇到物流成本十分昂贵的问题。这是因为每家每户自产自销，导致出货量小且时间分散，而物流服务是讲究"货量多、速度快、服务好、成本省"（即"多、快、好、省"）的。如果有很多的电商聚集在一起卖柚子，通过统一的物流中心集货出货，物流公司就愿意以较低的单价提供支持产业的物流服务。可见，光讲种植柚子还不行，需要多多培育电商等销售主体，并把这些主体聚在一起专门从事柚子的销售，才有可能把柚子卖好。③培育物流服务主体。调研中果农告诉我，他们现在的柚子是论斤来卖，由于担心品相差的果卖不掉，会好坏搭配着卖，这也是我小时候赶集卖东西的经验。但是在今天，这样的经验已经不管用了，因为随着生活水平的提高，人们重视品质高于重视货币，也就是说，越来越多的人愿意为品质买单。因此，蜜柚的销售需要分级、分拣、包装、运输、送货上门等，让消费者买得满意，吃得放心，付账才会心甘情愿！

  二是激励村民参与，提升产业链聚合度。论及农业产业，我们经常聚焦怎么种，也经常提及延长产业链的概念。但讲到产业链的延长，想到最多的就是深加工，而且知道深加工不是农民强项，于是就想招商引资，引入一个大企业来把种出来的产品都吞掉，这样大家就省心。如果能够这样自然很好，果农只管种，企业只管收。但在现实中，我们几乎每次都会输在找不到这样的企业上，结果就造成产业链上一个企业的缺失，整条产业链都完蛋的局面，这就是我们所说的产业链节点没有聚合度的结果。事实上，农产品加工企业也存在着一个销售问题，在消费极具个性化的时代，一个水果加工企业要实现大规模加工，就必须生产标准化产品，但标准化的产品与个性化的消费本来就是死对头，这样的思维怎么会有出路呢？调研中地方的同志也告诉我，家乡有一家蜜柚加工企业，平时很少开工，因为开工就意味着亏钱。即便在种植的一头，我们也发现小规模的种植户还能赚点钱，一旦扩大面积，就会面临血本无归的风险。如今，家乡的蜜柚种植还比较看重经营者的规模，千亩基地、百亩基地受到重视，二三十亩的小种植户很难得到关注，从而导致农村千家万户的农民，蜜柚产业的参与度并不高，这不仅影响蜜柚产业富民目标的实现，而且也使蜜柚产业链的聚合度很低，断链风险很大。因此，要想让井冈蜜柚真正成为产业，就要让当地村民真正参与进来，按照上述培育多元主体的思路，村民成不了技术服务主体，但成为蜜柚种植主体、电商销售主体、物流服务主体是完全有可能的。如果有众多村民参与到蜜柚产业链各个环节当中来，他们就会想出各种奇招来提供个性化的服务。我在江苏沭阳看到那里的花卉产业，就有无数的农民在从事花卉种植、做花卉电商、提供包装运输等花卉物流运输服务，每个节点都有很多人在做，尽管每个人做的规模都不大，但汇聚在一起，就形成了一个大产业。正是因为很多人在做一个环节当中相似的事情，因此才有竞争；因为有了竞争，才会有新的创意不断涌现，比如网络直播销售，就是在这种竞争中脱颖而出的一种崭新的销售模式。所有这些竞争下冒出来的新创意，都在不断推动着这个产业向高级发展。可以这么说，只有让众多的村民参与到蜜柚产业当中来，草根云集才能托稳吉水的蜜柚产业！

三是丰富产业联系，提升产业链开放度。家乡吉水的蜜柚产业，产品线非常单一，几乎就是简单地卖鲜果，县里引进做果脯的蜜柚加工企业，据说运行状况不是非常理想。这样一来，导致一些种植大户的蜜柚销售现在就面临困境。在调研现场发现，去年有果农因销售不佳而让大量蜜柚烂在地里的情况。可以预见，如果仍然仅仅靠卖鲜果这种单一的获利模式，将来蜜柚全面挂果之后，一定会出现更大范围的"果贱伤农"风险。事实上，蜜柚全身都是宝这个概念已经深入人心，作为一个产业，应该借势利用这样的概念去创造新的商业模式，丰富产业联系，让蜜柚全身的宝实现它的价值，比如：①联系康养产业，开发蜜柚衍生品。在中医里，柚子的用处很多，而且制作衍生品的方法都是古代流传下来的，不是现代工业的产物，这就意味着具有家庭作坊制作的可能性。上面我们提到要让村民参与到蜜柚产业当中,这种家庭作坊产品就是村民参与的最好载体。如果把柚子皮切片晒干,加上适当的包装,就变成一小袋中药材。当前全国各地都在发展康养产业,正是这样的小袋包装中药材的销售对象。一袋柚子皮加上一个小故事,就有可能变成康养产业中一个精心推出的养生服务产品,岂不妙哉!这样的产品衍生得越多,产业联系就越丰富,能够实现的经济价值也就越高。②联系休闲产业,开发蜜柚旅游模块。现如今城市人非常希望有机会远离城市的喧嚣,到农村去散散心,乡村旅游就成为人们的热宠。油菜花、桃花、梨花等已经成为人们赏花的心仪对象,为什么不能有赏柚子花呢?摘草莓、摘猕猴桃、摘桃、摘李可以让人们忙得不亦乐乎,为啥不能体验摘柚子呢?茶园对歌、草场对歌,为啥不能有柚园对歌呢?家乡的宾馆里,可以卖衣服、卖奇石、卖咖啡,为啥不能有柚子代销点呢?我在想,如果吉安市的宾馆里都有一个卖柚子的小门面,快递公司只要通过宾馆代销点就能集到足够满载的货量,那么通过电商销售柚子居高不下的物流费用问题就可以解决,这就是商业模式创新的力量,就是一种"市场创造"!③联系加工产业,开发蜜柚高端产品。最后讲这一点,是因为蜜柚的深加工对资金、技术的要求相对比较高,不是一般农户做得到的。把柚子通过工业科学技术,提取其中若干精华,制成我们所不知道的高端产品,这是工业化的方向。如果我们有足够的钱,能够引进有足够能力的企业,我们也可以去尝试,如果成功,也就意味着这个产业走向了一个发展的新阶段。

综上所述,我们必须形成一个观念:井冈蜜柚产业的发展不要仅仅关注规模经济,也要注意拓展范围经济!如果这个想法正确,那么下一步政府应该做三件事情:一是转变扶持政策。由原来扶持种植面积规模,转为扶持产业主体培育,包括种植主体、技术服务主体、销售主体、物流服务主体等,产业主体越多,产业就越有活力。二是搭建产业平台。由原来关注种植大户的产业基地建设,转为替众多的产业主体搭建平台。比如技术服务平台(技术指导、果品检测、产品溯源、品牌标识等)、电商商务信息平台、物流服务平台(蜜柚交易中心、物流集散中心、物流运输中心、分级分拣中心、物流加工中心等)、产业联系平台等,通过这些平台聚集产业主体力量,让分散的产业主体能够在一个平台上聚集力量,以共同应对外部市场。三是营造产业氛围。蜜柚产业在家乡六大富民产业当中排在首位,但在家乡目前基本没有感受到这种产业氛围的存在。政府为了营造良好的产业氛围，一要通过扶持各种主体，让更多人参与到柚子产业当中来，通过支持草根创业，进行更深更广的产品开发与市场开发；二要加强这些产业主体的组织化程度，比如合作社的规范化运行、中介组织的规范化运作等，让分散的主体能够聚集成强大的力量；三要通过资源整合，找准产业与产业之间的契合点，让众多产业能够围绕井冈蜜柚一层层往外扩散，形成一种冲击波。如果我们回到家乡，住酒店能够买到柚子，坐高铁能够看到柚子，自驾游能够吃到柚子，让井冈蜜柚成为人们进入吉水必须聊到的话题，那么，这个产业的发展前途就是可以期待的！

最后我要说的是，井冈蜜柚要想惠及井冈乡民，必须让农民成为主体！我们家乡的农民也许现在还不是一个具备完全产业行为能力的主体，但这不是他们的错，他们需要各种教化：教化农民要靠技术种出好产品，才能卖得好价钱，因此需要技术培训；教化农民要抓住消费者的心，才能让消费者为柚子掏钱，因此需要营销培训；教化农民买柚子不能只盯住周边市场，不能等收货商上门，需要努力拓展市场边界，因此需要电商技巧培训。政府一边通过种种培训向农民进行人力资本投资，让农民得到教化转变观念，一边在推进种植规模化过程中，增强服务规模化，通过搭建各种平台，强化农户家庭内部分工、村庄内部分工，让井冈蜜柚产业因分工而聚人力、聚产业，井冈蜜柚才会有前途！总之，在"互联网+"的时代，为草根农民参与产业发展提供了诸多的创业机会，"互联网+三农"已经成为农村产业发展的主轴，提供互联网条件下服务规模化的公共品，以及教化果农观念转变适应互联网时代要求，是将来井冈蜜柚产业发展中政府扶持政策的主要着力点。

2019年5月9日

如何跨越"井冈蜜柚"产业发展的技术门槛？

"五一"期间回家乡进行"井冈蜜柚"产业调研，和我去其他农村调研有一个相同的感受：现在农村产业的发展几乎离不开政府，但同时又往往为政府所困。所以我们看到，一方面是农民对政府有着高度的依赖性；另一方面农民又表现出对政府的种种不满。探究个中缘由，我发现在对农村产业发展的理解上，政府与农户表现得相当一致，那就是重视农产品的产出而忽视农产品的价值实现！也许正是这种高度一致性，导致本应该互补的两个主体，出现了越位代劳的竞争性。政府与农户之间角色错位形成的冲突，让政府"好心"没有办成"好事"，其结果就是基层干部累得慌，却换来农民抱怨不已。仔细想起来，每次去农村调研产业发展，都能发现不管是地方政府还是农户，对种养农产品表现得非常有信心，比如我的家乡就曾经在政府的号召下，种过苎麻、莲子，种桑养蚕等。这些以往只种过水稻的农民，凭借政府的鼓励而信心满满，硬是将这些从来没有接触过的农产品种得有声有色。但是，如果我们提及要如何学会卖农产品，让农产品实现增值，不管是政府还是农民，都显得格外没有信心，政府不知道该如何扶持，农民也说自己学不会。大多数农民寄希望于政府能够将自己种出来的农产品卖掉，而政府在如何卖掉农民种出来的农产品这一问题上，又往往表现得束手无策，因此鼓励农民种得越多，农民的怨气也就越大。

如今我的家乡又在政府的号召下种植井冈蜜柚，并将其当作农村六大富民产业之首。出于惯性，政府仍然是在种植面积的规模扩张上下功夫，比如免费提供蜜柚种苗，视蜜柚种植及挂果面积给予资金扶持等。在政府的扶持下，全县已经成功种下井冈蜜柚3万多亩！不过在调研中我们发现，一部分种植面积达到一定规模的蜜柚果农，近几年开始出现果品销售困难，导致赚钱不多甚至亏本，于是开始埋怨政府没有帮助卖柚子。为了种植蜜柚，许多乡镇基层干部在村里挂牌蹲点，埋头苦干，得到的却是农民的抱怨，个中滋味不是亲历者是感受不到的。于是我们想问，为什么政府和农民都对种植井冈蜜柚那么有信心而对卖自己种出来的蜜柚却那么没有信心呢？学习种植蜜柚的技术难道比学习销售蜜柚的技巧更容易吗？如何才能跨越"井冈蜜柚"产业发展中的技术门槛，让它成为真正的富民产业呢？

在我看来，要跨越井冈蜜柚产业发展中的技术门槛，首先得弄清楚在哪些环节上存在技术需求以及目前的技术瓶颈是什么！在过去的传统农业思维中，似乎讲到技术就会将其锁定在种植环节上，很少想到农产品加工及销售环节的技术问题。这是因为在农村基层干部和农户看来，农产品的种植养殖是农村的事情，加工是非农业领域的事情，不是农村能够做得了的，至于销售，可能从来就没有想过这是个技术活。事实上，现代农业发展应该有"全产业链"的思维，甚至这样还不够，还需要有"跨产业的产业链网思维"，而全产业链乃至产业链网的形成，在各个节点的链接上都需要技术支持，这应该是农业发展技术支持领域的新观念！那么，就井冈蜜柚而言，都在哪些节点上需要技术支持以及技术支持的引领方向是什么呢？我从以下三个方面来谈谈自己的看法：

一是种植环节的技术引领方向。随着社会的发展，现在的人们对农产品的消费已经跨过了填饱肚子的阶段，走向了"吃得安心、吃得开心、吃得省心"阶段。因此需要通过技术干预，从以下三个方面实现井冈蜜柚的质量提升：①严格绿色标准，确保蜜柚安全。因此要求蜜柚种植过程中严格遵守绿色标准，在化肥、农药的使用量、使用时间等方面有规范的操作流程与方法，以绿色技术确保消费者"吃得安心"。②实施产品标准，确保蜜柚品相。在过去，农产品被看作是非标产品，因此尽管大家买的是相同区域、相同品牌的农产品，但吃到的感觉完全不一样，吃到好的会开心，吃到差的会闹心。现如今农产品标准化越来越重要，不是标准化的农产品连超市的门都进不去。从调研来看，虽然家乡种植的柚子都叫"井冈蜜柚"，但不同地方的口感差别很大，即便是一个地方，阳面的果树与阴面的果树产出来的果口感也不同，从外表来看，大大小小个头不一。我曾经买到一箱4个柚子，两个个头大两个个头小，还没吃心里就不高兴了，如果口感一个酸一个甜，心里就更加会有怨气。因此需要建立"井冈蜜柚"的果品技术标准，通过技术干预，确保"井冈蜜柚"甜度、品相尽量一致，形成农产品的标准化，因为好的口感、好的品相是消费者"吃得开心"的前提条件。③强化品种改良，确保蜜柚易用。工业品制造有个易用的考量，大家吃过罐头，以前要用菜刀撬半天才能打开，十分不便，后来在罐身加了一个旋钮，解决了这个问题。农产品有类似问题吗？当然有，比如以前的核桃皮厚壳硬，想说吃它不容易，需要斧子榔头一起上。现在的消费者没有这样的耐心，所以才有了云南薄皮核桃，手一捏就可以吃。而蜜柚，也是需要消费者手头加工才可以吃的农产品，因此需要用技术干预，让蜜柚品种能够容易剥皮、去核，让消费者吃得省心。

二是加工环节的技术引领方向。尽管人们都认为搞传统农业很难致富，至多能够吃饱肚子，但人们并不否定农业本身的重要性。除了人们吃得饱、吃得好要依靠农业以外，农业还是很多工业部门的原材料，只不过在过去，人们将农产品加工看作是农业之外的事情而已。在今天我们大致了解，农产品加工是农业化产业升级的必由之路，但是，仍然有一个思维限制着农业产业的发展，即人们说到农产品加工，基本上会忽略农民的作用，认为农产品加工不是农民能够做得了的事情。其实，农产品加工应该具有层次性，而且也必须具有层次性。这是因为，在技术分工不断深化的现代，一方面任何一种农产品都存在若干种用途，因而可以加工衍生出多种产品；另一方面也只有让农产品不断衍生出新产品，才能使农业与二三产业实现深度融合。据此，我们可以按照技术水平要求的不同，将农产品加工分为浅层加工、中度加工和深度加工，不同层次的加工，技术引领的方向也是不一样的。我们可以以此来指导井冈蜜柚的加工环节：①农产品的浅层加工，技术引领方向是范围经济。所谓范围经济，就是要用多种产品开发，来实现协同效应。对井冈蜜柚来说，不能仅仅停留在吃鲜果上，可以通过挖掘中医养生文化，将果皮、柚子花、柚子树剪下来的枝变废为宝。比如果皮、柚子花晒干可以用于药材，成为康养产业的原料；柚子树剪下的树枝可以成为插花的材料，当然也许还有其他用途。这些技术都非常简单，稍作引领农民都能生产，属于浅层加工，但正是这种浅层加工的简单技术，农民易于掌握，才可能衍生出众多产品，围绕柚子发挥协同效应，创造范围经济，让柚农在卖柚子的主营收入中增加一些其他副产品的获利机会。②农产品的中度加工，技术引领方向是规模经济。农产品的中度加工，即人们所说的农产品深加工。只不过这里的"深"，是指需要大量原材料，以生产出大规模的工业产品。如果能够做到这一点，政府和农户就不用担心种出来的柚子卖不掉了，因此成为政府与农户最为关注的加工模式，比如，把蜜柚加工成蜜柚果汁、果酱、柚子茶、罐头等就属于这种情况。这种方式由于要以大规模的方式来生产标准化的产品，因此除了需要一定的技术外，最需要的是较大规模的固定资产投资，比如标准化的工业生产流水线。由于投资及技术都超过农民的能力，只能由工业企业来承担，因此成为各地政府招商引资的首选。不过，这种加工方式能否成功，关键在于规模，因为只有规模能够上去，才能降低成本，实现规模经济，这就需要考虑当地柚子的年产量达到多少，才能维持一家规模企业的正常运行。

③农产品的深度加工，技术引领方向是创新经济。事实上，农产品属于天然之精华，里面含有无数种用途各不相同的微量元素，随着技术发展，可以开发出若干种传统食品之外的高科技产品。如果技术创新能够做到这一点，就能够形成创新经济。对于井冈蜜柚来说也是如此，据称现在的技术条件，能够开发的柚子新技术产品就有果胶、类黄酮化合物、甜味剂、柚皮色素、柚类精油、柚皮膳食纤维等。我是一个文科生，没有这个能力来准确描述都有哪些新技术产品，或许一颗蜜柚里面包含的植物精华，还有许多我们没有发现的宝藏，若有幸能够先行探得这个宝藏，或许能够带动一个地方的创新经济发展。

三是销售环节的技术引领方向。农产品销售还需要技术吗？这在许多人的脑海中一定是个不小的疑问。因为在传统农业中，销售问题从来就不是一个问题，农产品卖不完、卖不好，似乎是超出农民能力之事，卖不完倒在田间地头，尽管有许多无奈但只能自认倒霉。为了减少这种无奈，至多会想一些技巧，所谓"王婆卖瓜自卖自夸"就是这个道理。但是，进入21世纪之后，三大技术条件支撑，让农产品销售变得有极深的学问。这三个条件就是"多方共享的电商平台""密集分布的高铁系统""方便快捷的物流体系"。在这三个条件的支持下，农业产业发展开始从仅仅关注"产品创造"转向更加关注"市场创造"。产品创造需要技术，市场创造同样需要技术，在"互联网+'三农'"的时代，农产品销售的技术引领方向无疑应该是"互联网+"。用互联网改造传统农业，就需要有互联网思维，这个思维的核心就是创造"平台经济与流量经济"。对井冈蜜柚来说，未来的销售技术引领方向包括以下三个：①平台思维：以互联网商务平台聚合规模。农产品销售面临的最大困难就是物流成本，降低物流成本需要依靠规模，但如今一家一户的小规模种植很难达到聚合出货的规模效应，因此依靠传统销售方式成本就难以降低。在互联网时代，电子商务平台可以将大量分散的农户所销售的农产品聚合起来，通过共享平台的集货功能一起出货，以实现规模效应。因此，建立电子商务平台以及让柚农学会使用电子商务平台，并发挥电子商务平台功能将柚农聚在一起，是未来井冈蜜柚销售的主攻技术方向。这些技术不仅仅是简单的互联网技术，还包括适应电商平台出货的物流分级分拣、包装、储藏、运输、保鲜等等技术，因为在电商平台销售农产品的过程中，不仅要求柚子产品实现标准化，还要求物流流程也实现标准化。②流量思维：以互联网信息平台聚集流量。流量意味着体量，体量意味着分量，也就是说，知道井冈蜜柚的人越多，这个产业就越有盈利空间。因此，在井冈蜜柚销售环节，一个重要的技术引领方向，就是怎样让更多的人知道井冈蜜柚，所谓得消费者者得天下。一个柚子并不贵，只要愿意掏腰包的人基本都有能力买得起，所以卖不卖得好得看有多少人知道它，这就需要良好的信息传递技术作支撑。如今的大数据、云计算等，可以将人们的偏好弄得清清楚楚，对这些不同偏好的人，如何在不同时间以不同方式向他们传递蜜柚信息，让他们能够在适当的时候了解到蜜柚、喜欢蜜柚，这是一份技术活。如今有不少地方利用互联网，运用大数据，使用抖音等新玩法，创造出"网红经济"新模式，可谓是聚集流量，创造市场的典范，使"王婆卖瓜"的传统吆喝方式自叹不如。③跨界思维：以互联网共享平台创造新功能。柚子是用来吃的吗？是，也不仅仅是。通过互联网商务平台和信息平台，可以使农业产业与其他产业相链接，在众多产业链交错中找到相互融合的节点，由此让农产品衍生出新的功能。十几颗草莓装在一个心形果盒里，在 2 月 14 日情人节那天的旅游活动上，卖出 520 元的价钱，不仅卖给现场参加活动的人，也卖给在互联网虚拟空间中相遇的人，听说过吗？草莓在这里已经就不是简单的水果了，而是爱情文化的载体，由水果变成文化承载物，跨在旅游文化产业当中，如果没有互联网技术，如果不懂互联网玩法，是不太可能的事情，但今天的的确确发生了！所以，不要简单地将农产品当作是第一产业，在互联网技术下，农产品一样可以跨界，而且很容易实现跨界。由此我们可以思考，在一个漂亮光洁的柚子身上，可以通过互联网技术衍生出怎样的跨界新功能呢？

由此看来，井冈蜜柚的未来发展，仅仅从技术来看，我们就还有许多工作要做。因为目前我们仅仅是把蜜柚树种下去了，尽管有些树已经挂果，但离我们期望的产业还有非常长的路要走。单从技术来讲，我们最初级的技术都还没有过关，那就是还不能种出具有统一标准的"井冈蜜柚"。从不同地方柚农地里长出来的果，有的甜有的酸，有的大有的小，有的黄有的青，但它们却用着同一个名字：井冈蜜柚！至于说加工技术和销售技术，可以说基本上还没有起步，大多数果品还是以农户自己的力量，以传统的吆喝方式在卖，偶尔有零星的果农开始使用电商进行销售，却没有统一的电商平台。柚子衍生品尽管有了一些概念，但远谈不上规模，由于没有规模，生产线的运转就变得十分昂贵。所有这一切，都需要我们通过建立相应的技术服务体系来改变，就目前来看，跨越井冈蜜柚产业的技术门槛，需要从以下几个方面着力：①建立产学研联系，突破蜜柚的产品标准化瓶颈。农产品标准化是农产品电商的前提，因此要想通过互联网让井冈蜜柚走出吉安，走向全国，必须考虑蜜柚的标准化问题。蜜柚标准化主要体现在最为基础的三个方面，即口感、大小与外观。农产品依自然而长，自然条件异质性又普遍存在，要克服这种异质性带来的果品差异，就需要技术的干预，但这仅仅依靠农民是做不到的。因此，需要与高校、科研院所合作，来攻克蜜柚的非标难题。在国内，这样的高校及科研机构有很多，在江西有江西农业大学，在赣州有赣州柑橘科学研究所，在中国农业科学院、华中农业大学等都有相应的柑橘类科研机构，也许它们的技术，可以帮助果农解决蜜柚的非标问题。因此，建立产学研联系，突破蜜柚产品的标准化瓶颈，是这个产业能够发展的前提，十分重要！而且，在蜜柚产业的后续发展阶段，如果有条件实现创新经济，所依赖的也是产学研联系形成的技术突破。②建立农民培训体系，突破果农现代技术运用瓶颈。不管什么技术，最后变成操作手册之后，总要人去落地的。这个将技术落地的人，不可能是科研院所的研究人员，而一定是柚农，因此，技术手册制作出来，需要果农能够理解才能运用到位。但是，现在的农民大多数没有经过现代农业技术的熏陶，凭经验种植和销售仍是主流。因此，当前向农民进行人力资本投资的主攻方向，应该是培训农民，让果农有能力按照技术操作手册执行技术标准，这不管是在种植环节还是在加工、销售环节，都需要大量密集的培训，而不是隔年隔月才一次，且没有泥土气息的培训。只有建立完善的农民产业技术培训体系，进行密集的技术培训，让农民知道如何施肥、如何剪枝、如何喷药、如何摘果、如何分级分拣、如何包装储存、如何开网店、如何装修经营网店等，才能真正解决蜜柚种植、加工、销售环节的产业提升问题。③调整政府扶持方向，突破蜜柚产业链失衡困境。一个产业的发展需要整个产业链所有环节有均衡的能力，否则就会由于某一环节的困境导致整体产业发展乏力，这就犹如我们 IT 产业面临的芯片之困一样。如今的井冈蜜柚产业，由于政府的扶持，在种植规模上已经有了很大突破，可以预见未来几年在蜜柚产量规模上是惊人的。但是如果后续的加工、销售环节跟不上，蜜柚给农民带来的就不是收获，"蛛网模型"已经无数次告诉人们这个道理。所以，政府的扶持政策在关注种植面积的阶段过后，应该迅速作出调整，重点关注蜜柚标准化、加工及销售环节，为蜜柚产业范围经济、规模经济、创新经济的获取奠定基础。因此，就政府而言，在当前应该思考如何形成对蜜柚产业的种植、加工、销售环节的均衡扶持，为蜜柚产业链的均衡发展打下基础。

技术和制度是经济发展的"双轮"，如今来看，产业发展也一样需要这两个"轮子"同时驱动。井冈蜜柚要成为产业，不仅仅是种多少面积，更重要的是要符合现代技术发展趋势，用技术种出标准化产品，用技术衍生更多的蜜柚产品及功能，用技术创造更广阔的市场空间，同时在高效的产业组织下，实现其应有的价值，这才是井冈蜜柚产业未来的出路！

2019 年 5 月 27 日

乡村治理篇

如何应对日趋严重的农村老龄化问题？

每年回江西吉水农村老家过年，都会发现一些令我震撼的事情：比如前年回去发现村里已经开始统一处理家庭生活垃圾；去年回去发现水泥路通到了家家户户的门口；今年回去发现村庄的路边多了几盏路灯。对我来说，发生在村庄里的这些看得见的变化，着实鼓舞人心，因为这表明家乡小山村正在逐渐恢复往日生机，慢慢从凋零中复苏过来！不过，今天我要给大家说的，不是这些年来村庄的复苏情景，而是在春节拜年中遇到的另外一种令我不安的震撼：农村老龄化！

孩提时候的我，特别盼望过年，春节到了，就可以挨家挨户串门拜年。大年初二起个大早，收拾几件换洗的衣服，拿上母亲准备好的伴手礼，去外婆舅舅家，去叔叔伯伯家，心里甭提有多高兴！尽管那个年代农村生活水平不高，但长辈们看到一大帮子晚辈前来给自己拜年，脸上总是挂着笑容。没有鱼肉就多炒几个扁萝卜，没有床铺就在楼板上多铺一些稻草，一大群孩子拥在一张饭桌上吃着萝卜白菜，众多堂兄表弟挤在楼板的通铺里相互嬉戏打闹，饭菜虽简单，起居也简陋，但感情却浓厚。

我是祖辈从广东迁来江西的客家人，父亲骨子里就有非常典型的客家基因，即习惯迁徙。我曾经写过一篇《农村劳动力迁徙为何从"转圈"到"钟摆"？》的文章，描述了我家在父亲主导下所经历的数次搬迁。本来我家和大伯家是同住在丁江公社（现在是乡）一个叫作"朱坑"的村子，由于父亲的好动，经历多次搬迁后，在我懂事时已经是住在邱陂公社（现在属水南镇）一个叫作"长富"的小山村，离大伯家有30多里地，离外婆家也有近10里地。外婆舅舅跟两个姨娘，还有我姑姑住在相隔不到 2 里地的两个同属一个村庄的村屯，一个叫作"仙歌岭"，一个叫作"黄连家"。过年的时候，父母两边家庭的亲戚是不能偏废的，因此我们兄弟姐妹 6 人，拜年常常兵分两路：一路去伯伯家，一路去外婆家。伯伯那边路途较远，外婆那边亲戚较多，因此两边都要玩到初十以后才会回来。我们这一代人兄弟姐妹比较多，家家差不多都有四五个小孩，年龄相差也不大，拜年相聚在一起，彼此不分你我，非常熟悉，着实热闹！

我上初中的 1980 年冬天，在父亲的主张下，我们一家搬到了外婆舅舅住的"仙歌岭"，之后由于农村改革，把土地分给农户承包，搬家就不再是一件容易的事情，因此这就成了我们家的最后一次搬迁。跟外婆舅舅、姨娘姑姑住得近，春节期间拜年尽管省去了许多奔波的辛劳，但拜年仍然是春节的重要活动安排，只不过方式由原来的登门拜访小住几天，变成了家家户户轮流请饭。时间仍然是从大年初二开始，按照约定的顺序，每家都要请，每家都要去吃，所有亲戚轮一圈下来，往往已经是元宵节外，整个年过得热热闹闹，异常繁忙。亲戚之间频繁往来之下，长辈晚辈之间就非常熟悉，不但能够熟练叫出名字，知道是谁家的孩子，甚至知道每个孩子什么脾气，爱吃哪道菜！

但是，这样的情景终究还是被打破了，我 1992 年离开家乡去外地读书，放寒假也基本上回家过年，但已经记不清从哪一年起，村里过年不再轮流请客吃饭，当然更没有相约着去 30 里开外的伯伯家住上几天。春节拜年的时间也从以前的大年初二提前到了大年初一。迎接新年的鞭炮声响过之后，匆匆吃过早餐，大哥就带着我们兄弟姐妹，还有侄子侄女，顺序地前往外婆舅舅、姨娘姑姑家，给长辈请个安，给表兄表妹问个好，就匆匆赶往下一家。往往的情形是，我去你家时你也恰好来我家，很多时候大家都没有见上面，在互换串门中，不出两个小时，拜年任务完成，各自回到各自的家。因此，现在回到村里，很多面孔我都不认识，尽管大家居住在一起，甚至还是至亲！

后来我知道，拜年时间提前、节奏加快，主要是由于大家时间紧张。20 世纪 90 年代后，大量的农村劳动力开始外出打工，腊月二十七八才回来，初四开始又要往外走，不太可能像以往那样，花上半个月时间去拜年。2019 年春节期间，我照常是初一跟着大哥去给舅舅姨娘拜年，路上遇到一大群年轻人，也是去拜年的，我一个也不认识，弟弟偶尔认识一两个，告诉我说这是谁谁家的孙子，谁谁家的外孙，我一脸蒙圈。拜年依然是按照顺序一家一家走，到了亲戚家门口，给长辈送个祝福，立即前往下一家。那天大约十点来钟，我来到排行中间的一个舅舅家门口，只见舅舅迎出来，按照习惯放一挂鞭炮，然后说道："你们待会儿再过来玩，我现在正照顾你舅妈的起居。"我的心一下就被震撼到了：在我孩提的时候，最羡慕的就是这个舅舅，人长得帅气，又有工作，在公社（后来的乡政府）上班拿工资，吃商品粮，家里儿女五六个，个个机灵，舅妈原来也是响当当的村干部。如今女儿嫁到了村外，儿子远走他乡，大过年的家里冷冷清清，老两口相依在一起守着空屋，舅妈身体不好，起居都需要70多岁的舅舅来照顾。看到此情此景我才意识到，自己都已经到了该在家里等着别人来拜年的年龄，外婆1997年过世，到今天已经二十多年，舅舅舅妈也老了！与外婆在这个年龄的时候相比，舅舅舅妈是孤独的，外婆起码每年都能等到许多前来给她拜年的孙子外孙甚至曾孙，舅舅舅妈却只能孤独自守。现实告诉我，随着农村青壮年劳动力外出的脚步，农村老龄化时代已经来临！

都说光阴似箭，眨眼间改革开放就已经过了40多年，真是弹指一挥间！还能清晰记得孩提时代拜年情景的我，转眼间已是年过半百，自己儿时前去拜年的长辈很多都已经过世，健在的也早已年过古稀。我们这代人赶上计划生育的时代，大多数膝下只有一两个孩子，不像上一代人孩子能三五成群。所以，如今的农村，50岁以上的中老年人占据绝大多数。"仙歌岭"这个小村落里，总共不到30户人家，大约130人，我粗略统计，60岁以上的老人就有30多个，其中超过70岁的有25人。再过几年，像我大哥这样年过半百靠近60岁的人，慢慢加入到农村老年人行列，这是一个相对较大的群体，农村老年人增加将进入一个高峰期。现在我们村的老龄人口比例已经超过25%，未来几年之内超过30%也不是什么奇怪的事情。更为重要的是，我们这一代人不仅小孩数量少，而且所谓"农二代"的观念也大不相同。如果说上一辈人还传给了我们一些农村的传统观念，像我大哥和弟弟，还能够在父母年迈时回到家乡，现在的"农二代"显然是不太可能像我们那样有这份情怀和传统观念了。春节时我还问过大侄子，想让他在外经商时把大哥也带上，相互有个照应，毕竟他父亲已经年近六十，一个人在家也挺孤独。侄子一脸茫然，说两代人没法沟通，出去一起做不了事情！我想，如果村里没有谋生的手段，农村年轻人会把进城谋求更好生活当作首要的出路，这是无可厚非的。以现在年轻人的观念，大多数都不太愿意带着老人一起进城，这就形成了一个严重冲突：年轻人想要远去，老年人却离不开村庄！

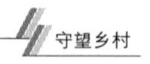

显然，农村老龄化问题已经不再局限于哪一家哪一户，我舅舅舅妈的窘境迟早会在许多家庭上演。我母亲已经年近八十，幸得在家担任村干部的弟弟照顾，又有我们这么多的兄妹在外支持，生活可以无忧。即便如此，由于子孙大多读书工作在外，基本上长年不在村里，弟弟工作又忙，父亲去年过世后母亲在家有时连个说话的人都没有，情感上也是颇为孤独。我回村发现，如今的农村老人开始自救，每位老人都学会使用智能手机，训练自己刷微信的本领，孤独的时候就通过微信三五成群约在一起，打牌谈天，聊以度日。身体好倒不打紧，一家东一家西时间也就过去了。

面对如此严峻的农村老龄化问题，显然不能只靠农民家庭个人的力量。理论上说，解决这个问题有两个办法：一是发展农村产业，让农村年轻人在家门口能够有赚钱的机会，不用背井离乡，让家里老人能够得到应有的照顾；二是政府承担起农村养老保障的责任，为农村老人提供养老保障和相关的公共品。就目前的情况来看，依靠发展产业吸引年轻人回村，不是一朝一夕能够做得到的事情，尽管这些年随着农村创业条件的改善，已经有部分年轻人开始扎根农村发展事业，但这毕竟还仅仅是开始。政府层面对农村养老保障和公共品投入倒是每年都在加大力度。不过遗憾的是，如今政府对村庄的公共品投入，采用的是项目制，一方面，存在比较严重的"精英捕获"现象。村干部有能力、有事业心又善于包装项目，或者村里有人在上级政府任职，或者有出门在外影响力较大的乡贤能人，或者是村庄来了挂职蹲点的政府机关干部，这样的村庄往往能够得到更多的项目支持；那些村干部没有能力、缺乏事业心的村庄，如果又没有乡贤的支持，没有干部来蹲点，就很难得到项目支持。因此如今的村庄公共品供给存在某种"马太效应"，强者恒强！另一方面，存在比较严重的"城市模仿"现象。回乡调研发现，我们村庄有大约10个村民小组，过去一两年里，在政府支持下搞了几个被村民称为"新农村建设"的村庄公共品支持项目。但从现在已经完成建设的项目来看，建设内容基本雷同，即在村庄建一个不大不小的广场，铺上砖块，安装一些如高低杠、乒乓球球台等体育运动设施，作为农村人休闲的去处。这种做法可能是从城市社区学来的，在我居住的小区里，也有几乎跟我老家村庄完全一样的小广场和体育运动设施。然而我在想，城市社区因为周边有完善的医院、健康医疗设施，城市老人平时也缺少运动，在小区里安装一些体育设施方便老人锻炼，是可以理解的，也是有一定作用的。但对一辈子在田间地头劳作的农民来说，这样的村庄公共品究竟有多大的需求？那些一辈子在田地里跌爬滚打的农民，尤其像我老家这样居住分散的山区农村，老年农民真的需要和愿意到这个运动场上去锻炼身体吗？如果在村庄里建设一些老人康乐中心，甚至是生活中心，会不会对老年人更有帮助呢？

面对农村日益严重的老龄化问题，现实情况是，无论农村产业能否得到发展，村里的年轻人能否回到村庄，传统农耕社会的"家庭养老模式"的内涵都会发生实质性的变化。家庭子女替父母承担养老费用可能已经是非常不错的一种期待了，指望老年人由子女赡养照顾，可能性越来越低，原因在于，即便农村青年回到农村，也不太可能从事"传统农业"。过年期间，我留意到村子里回来的年轻人，已经开始深化农村内部的分工，根据自己掌握的技能，从事专业的生产。年前遇到一个我儿时的玩伴，骑着摩托车载着一大筐肉丸到我家门口，哥哥和弟弟各买了几袋，他又急匆匆地赶往下一家。我发现村里这样的年轻人逐渐增多，有人做酒，有人做豆腐，有人做腐竹，各自干着各自专业的活，相互进行交易，增加了自己的收入，丰富了村民的生活。农村这种分工的深化，是年轻人能够回乡的必要前提，因为这是他们收入增加的主要手段。就像那卖肉丸的玩伴，制作加工肉丸，卖20元一斤，一筐肉丸大约50袋，卖完就有1000元销售额，在一个村里一两天时间卖完一筐不成问题，更何况如今农村道路交通方便，又有互联网连接，谁家有个客人来了需要招待，一个电话或者一个微信，买卖就可达成，十分便利。因此，这些住在农村里的年轻人，其实做的并不是传统农村的活，下地种田这样的任务，基本上交由"机械"去替代了，弟弟说村里有人打算买无人机，为农户种田提供喷农药服务，这在以前看来是不可思议的事情！

我们必须关注农村的这种变化，既然一二三产业融合是未来农村产业发展的方向，那么，农民在农村社区实现生活方式的"市民化"可能性极高。也就是说，将来农村农民的工作，可能再也不像传统农民那样具有季节性和农闲时间，参与到农村产业分工当中的农民，就像城市的工人一样，任何时间都是繁忙的，根本没时间去照顾老年人。因此，在发展农村产业的同时，建立农村社区养老体系，包括组织机构、基础设施以及养老服务社工队伍，才是应对农村老龄化问题的最终出路！

2019 年 2 月 18 日

你是否关注到乡村里的"银发族"?

最近在农村调研,让我深刻感受到农村老龄化的严重性。镇江丹徒区的宝堰镇,面积 40 多平方公里,下辖 6 个行政村和一个居委会,共约 24850 人,60 岁以上的就有 6858 人,占 27.6%,而且这些老人大多数在 65 岁以上,共有 6280 人,占总人口的 25.3%;与此相对,0~6 岁的小孩却只有 450 人,仅占总人口的 1.81%。我们通常说的一家三口,算是最小的家庭规模,可这个镇 2 万多人口,却有 9124 户家庭,平均每个家庭只有 2.7 人,这种现象在江苏比较普遍。家庭小孩少和规模小的原因大致有两个:一是年轻人的生育意愿低。江苏早先的计划生育抓得特别严,很多农村家庭都只生育一个小孩。以前是不允许生,等到这些小孩长大了,生活条件好了,尽管政府放开了生育政策,他们却不愿意生小孩了,所以人口出生率自然不断降低,江苏大概是全国人口出生率最低的省份。二是老人独立成户。调研发现,这里 60 岁以上的老人很多都是老两口独立成户,他们的孩子在成家之后通常不愿意跟老人住在一起,从而导致家庭户的人口规模越来越小。其实江苏并不是特例,其他地区情况也许没有江苏那么突出,但家庭小孩少及规模小的趋势依然很明显,而且,现在年轻人很少从事农业生产,要么进城务工,要么自己创业,纷纷离开村庄,村子里剩下的就只有老人,这在全国都很普遍,我把这称为"银发族留村"现象。

时间过得真快,改革开放已经过去 40 多年,从全国的情况来看,如今 60~65 岁的农村老人,正是改革之初外出的一代农民工,当年他们抛家舍子离开家乡外出赚钱,让父母坚守农村成为"留守老人"。几十年之后,他们的父母大部分年过古稀，甚至已近耄耋。比如宝堰镇，80岁以上的老人有1129位，占老年人口比重的16.5%，现在进城务工的主力军，已经属于第二代和第三代农民工了，第一代农民工逐渐变老，陆陆续续返乡成为了"留村银发族"。不过，第一代农民工的"留村"与他们父辈的"留守"在性质上颇有些不同：当年的"留守老人"大多数是因为子女进城务工，需要有人在家替他们照看孩子，耕种田地。也正是因为这个原因，大多数家庭的"留守老人"能够收到外出子女打工赚来的收入，通常情况下，父母跟子女在一个家庭户里，外出的子女对父母及家庭都要承担较大的责任，父母对家庭事务也拥有较大的决策话语权；如今的"留村银发族"，与外出子女之间的经济联系变得松散，大多数都不跟子女在一个家庭户里，各自独立成户，子女当然也不再把打工赚的钱寄回给父母，父母基本没有对子女家庭事务决策的话语权。经济基础决定上层建筑，在父母与子女之间的经济联系变得松散之后，剩下的维系纽带就是血缘关系之下的"礼仪道德"，能够遵从的已属"孝顺"，如果连这个都做不到，那就只剩下法律上的义务底线。

"留村"与"留守"的这种差异，反映了城乡发展不同阶段的特征。在"留守"年代，因城乡各异，相融很难，外出的农民工预计着总有一天要回来，因此会穷尽外出所得用在农村，或建房，或立业，这不仅使"留守老人"成为在外打工子女的一种依靠，子女返乡的预期也给了"留守老人"一种期待，他们不用担心将来子女不在身边而老无所养。在那个时代，子女与老人的目标是一致的，即如何把农村的家庭建得更好，因此在家庭重大事务决策中，子女与父母自然需要共同商定，共同决策，而且在通常情况下老人拥有更多的决策话语权；如今的"留村"，是在城乡融合加速的背景下发生的，进城的第二代、第三代农民工尽管从出去那一天起就像一朵浮萍，不知会扎根何处，但已基本没有再回村种田的想法。因此，留村"银发族"不能像他们的父辈指望自己那样，去指望子女日后能够回来相伴身边，父母与子女的目标脱钩，老人自然也就没有了对子女家庭事务的决策话语权，望着子女远去的背影，留村"银发族"需要做的是如何盘算自己的未来，包括日后的养老。

乡村社会悄悄进入"50后""60后"种不动地、"70后""80后"不愿种地、"90后""00后"不会种地的时代，于是许多人不由得担心将来究竟谁来种地的问题。但是调研发现，谁来种地的问题并没有那么严重，原因有以下两个：一是由于农业机械的广泛使用，种田已经不再需要太多的劳动力，农业服务规模化大大缓解了没有人种田的问题。如今的苏南地区，夫妻两个流转百八十亩土地经营家庭农场的很常见，这在过去是很难想象的。二是区域之间发展水平不同、产业结构不同，发达地区的农民不愿意种的地，成了欠发达地区的农民眼中难得的机会。苏南地区种地的农民大多数是来自苏北地区和邻近的安徽省，他们通常流转百来亩地建立家庭农场，把日子过得有滋有味。在镇江高桥镇调研时，遇见当地一位种田大户，20年前就从连云港来到高桥，两口子流转了70亩土地精心耕耘，加上政府对农业的重视，对种地提供各种补贴，老农一年下来收入不菲，如今他们都已经60多岁，打算干到70岁再回家乡去养老。即便在我老家江西，由于邻近广东，村民外出广东打工相对方便，会有不想种地的念头，就有来自贵州山区的农民到我们村里来租种土地。所以，农村的土地，人干不动可以由机器替代，你不想种会有别人想种，只要政策上没有土地流转的障碍，就不担心土地没有人耕种。当然，就农业本身的发展而言，最终总是要由机械替代劳动的，面朝黄土背朝天的种地方式终归会成为历史，随着农业分工深化，将来也许"让农业成为一种体面的职业"不是一句空话，只不过需要的是时间，如果这样，大多数人总是要退出农业的。现在的情形是，无论是发达地区还是欠发达地区，最先退出农业的总是年轻人，留在土地上的大多数是老年农民，因此，"银发族"留村与"老年农业"之间具有某种内在关联性。

我十分钦佩留村"银发族"的勤劳，不管在发达地区还是欠发达地区，"50后""60后"正在成为乡村农业的主力军。这一代人年轻时有过长期丰富的农耕经历，不仅有娴熟的农业技能，而且对土地也有深厚感情，他们见不得土地被荒芜，也笃信只要耕耘就有收获，所以，只要体力上允许，他们就会竭尽全力去种地。在常州焦溪古镇调研时我们遇到一对70多岁的夫妇，子女都在城市工作，也很孝顺，但老两口却很努力地在自己承包的5亩地上，种了2亩水稻、2亩翠冠梨和1亩蔬菜，不但不浪费任何一分地，还搞起多种经营，每到收获季节，要早上三四点钟起床，尽管他们的子女一直希望父母不要再种地，但老人却一直在坚持，并且乐在其中，也许他们觉得凭自己的能力获得收益，还能减轻子女的负担，内心颇有成就感吧！但是，如果问及将来的打算，他们也有隐忧，担心哪天自己种不动地了该怎么办。他们的希望是，如果自己不种地了，希望政府能够把土地收回，然后给他们每个月发一些生活补贴，他们对附近村庄土地被征收之后每个村民能够领到每月900元的生活补贴很是羡慕。

这段时间的农村调研，乡村留村"银发族"问题引起了我的关注，概括起来，我认为有这么几个方面值得思考：

一是注意发挥留村"银发族"的人力资本作用。随着一代农民工陆陆续续返乡，现在留村"银发族"的主力年龄在60岁左右。村庄里的年轻人纷纷外出，他们事实上已经成为乡村建设的主要力量。因此，用好这些"银发力量"对乡村振兴十分重要。以现在的医疗健康水平以及农业机械化普及程度，这些人干到70岁是完全可能的，就像上面提到的，老两口可以流转70亩土地搞起自己的家庭农场，那就不用担心农村土地抛荒。现在很多地方推进土地规模化经营的主要做法，是引进工商资本下乡流转土地，结果在实践中成功的并不多见，还不如充分调动留村"银发族"的力量，给他们流转土地建立家庭农场更多的支持，也许会有更好的效果，因为这些本乡本土的老农，在自己家门口的土地上，播下汗水指望收获的不仅仅是利润，还有对家乡土地的情感，以及对子女解压分忧的愿望。当然还有一个重要原因，让村里的老农流转土地，不仅有熟练的技术，而且自己的劳动不在成本核算范围内，种田多少还有些收益，下乡的工商资本不仅对农业本身不熟练，而且使用任何要素都要付费，就很难获利，难怪常常出现"跑路烂尾"现象。

二是注意引导留村"银发族"进非农产业就业。城市工商资本下乡对解决乡村振兴的要素不足问题的确很重要，但是，城市工商资本下乡去种田，的确不是他们的强项，也对乡村振兴要求的产业兴旺帮助不大。所以，应该鼓励工商资本下乡干农民干不了的事情，那就是发展农村非农产业。从留村"银发族"的角度来说，农村非农产业发展还有一个重要意义就是，"银发族"也是具有代际传承的！现在的留村"银发族"主力是"50后""60后"，他们尚知农事，留在农村尚能事农耕，但目前在城里打工的他们的下一代，基本上不愿意甚至根本不懂从事农业活动，以现有的城市规模与能力，他们中的大多数最终也会回到老家农村，成为未来的"银发族"，所以，动态来看，随着时间的推移，留村"银发族"的职业也会慢慢从"农业"向"非农产业"演化。基于此，目前在农村发展非农产业，需要考虑到留村"银发族"的就业需求，要能够逐渐把"银发族"引导到农村"非农产业"中去就业。在调研中我们发现，一些乡镇注重工商资本下乡办实业，但在产业选择上没有很好地考虑到吸纳本土就业问题，比如选择自动化程度较高的产业甚至是智能化的农业等，这些企业进入农村要的是土地，政府想的是税收，但对吸纳本地就业能力较弱，使其失去"本地根植性"，显然不是一种最佳选择。我比较倾向于工商资本下乡入镇，在农村小城镇里发展非农产业，形成"一镇一业"，这不仅符合乡村振兴中产业兴旺的要求，而且也能吸引返乡农民工在城镇非农就业，既解决现在的农村两代人分离问题，又解决未来的"银发族"不事农耕面临失业的问题。

三是注意建立留村"银发族"的养老保障体系。正如前文提到的，现在的农村老人还能够在家种上几亩土地，总有一天他们要从土地上退出，他们从土地上退出后，他们的下一代回来留在土地上的可能性会很小。因此，最终农村老人的养老问题，还是要靠社会保障体系来解决。虽然目前国家公共财政已经在逐步考虑这个问题，但是毕竟牵涉的农村人口数量庞大，覆盖面可以做到很宽，保障水平就很难提升，如今大约只有每人每月不足百元的水平。现在农村土地流转，大多数都是获取租金收益，租金直接到达农户手中用于生活消费，基本上没有考虑到养老保障问题。事实上，农村土地一直承担着一定的养老保障功能：自己还能种地的时候，土地的收获可以养老；自己不能种地的时候，土地作为资产在家庭内继承，可以获得子女赡养的家庭养老的权益。但是，如果自己年龄增长再无体力种地，子女也不想种地，农村老人的养老问题就会暴露出很多矛盾。立足于现实，可以探索以土地换保障的思路，现在有不少地方在尝试土地流转与农民养老保障挂钩的做法，但还没有形成一套比较稳定可行的方案，还需要继续探索，比如，是否可以在村集体一级利用土地流转收益建立养老保障基金等。

总之，中国已经进入人口老龄化时代，但在城乡二元尚未完全消除，在乡村振兴刚刚起步的情况下，农村老龄化问题比城市更严重，留村"银发族"既是一种难得的乡村人力资本，又是未来乡村养老需要关切的主要对象，家庭养老模式渐渐远去，关注留村"银发族"就是关注乡村的未来，关注自己的未来，因而不可忽视！

2020 年 8 月 5 日

农村的生育意愿还会回来吗?

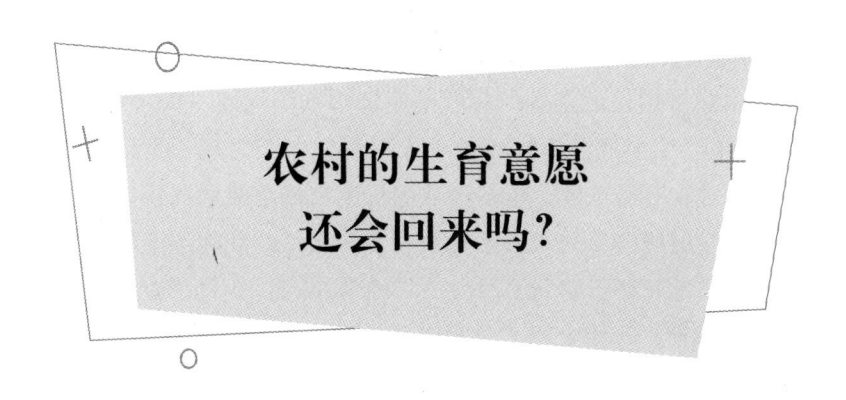

我们这代人可能没有意料到,人口不足会成为社会关注的焦点,因为在我们的记忆中,中国最不缺的就是人。我们的父辈尽管生活极其艰苦,但似乎笃定只要把小孩生出来,生活就一定能够改善,"人多力量大,只要有了人,一切人间奇迹都能创造出来"这句话,成为他们不怕多生小孩的生活信条!但是,那个年代的城市化水平极低,父辈们在传统农耕文明下对一亩三分地的坚守,无论如何是没有能力让拥挤在一间小屋里的众多小孩获得温饱的。为了民生,政府一方面通过实施计划生育政策以限制人口增长,另一方面通过打开城乡藩篱,加速城市化进程。据称,在计划生育作为基本国策之后的几十年里,"只生一个孩子"的政策让中国少生了将近3亿人!与此同时,政府还通过鼓励农村富余劳动力进城务工,使农村家庭的工资性收入大幅度增长。因此,儿时的我早已知道,自己长大之后是不可能像父母那样生那么多小孩的,公众宣传里也理所当然地把多生小孩看作是一种落后的价值观!大家一定记得1990年春节联欢晚会,黄宏与宋丹丹因表演小品《超生游击队》而声名鹊起,小品讲述的就是一个农村家庭在重男轻女的思想观念下,如何不顾生活的颠沛流离,硬是从"海南岛"生到"吐鲁番",从"少林寺"生到"北戴河"。小品直接把生小孩跟贫困联系在一起,是为了提高人们对"要想富,少生孩子多种树"的认知!它能够家喻户晓,从侧面说明一方面人们对国家计划生育政策的认可,另一方面老百姓对富裕生活的向往。结果必然是超生游击队员逐渐减少,进城务工大军逐年扩编。

然而,许多研究发现,支撑中国经济高速增长的,正是我们这一代人的英雄母亲所生就的一大帮孩子！这一代有着众多兄弟姐妹的人组成浩浩荡荡的农民工大军，进入到城市的各个角落，拿着相对低廉的报酬，用自己的勤劳与汗水在城里建起一座座高楼，充实着工厂生产流水线上的一个个岗位，才创造了中国经济增长的奇迹。这就是经济学家所称的"人口红利"。但在经历了30多年以缩小规模为特征的"人口再生产"之后，我们这代人渐渐老去，不能坚守在高楼工地，也不断从工厂生产流水线的岗位上撤出，人们才发现，经济发展所需要的人成了稀缺资源，人口红利在逐渐消失！经济学家和社会学家的呼吁终于得到了回应，2013年11月15日，中国告别"只生一个孩子"的政策，开始允许"单独二孩"，即一方为独生子女的夫妇，允许生育"二孩"。之所以如此谨慎地放开生育，是因为担心一旦放开会有大量小孩呱呱坠地。可出人意料的是，在"单独二孩"政策实施的2年多时间里，原本预计符合条件的1100万户家庭至少每年有200万左右的"单独二孩"到来，实际申请者却不足两成。政府在"单独二孩"政策遇冷之后宣布，从2016年1月1日起实施"全面二孩政策"。时至今日，"全面二孩政策"实施已经超过两年，但目前中国1.7%左右的人口出生率仍然低于世界2.1%的平均水平，能生小孩的适龄青年不愿生小孩，已经成为一个严峻的社会问题！许多地方开始出现严重的企业用工困难，使用着各种办法吸引人口流入，于是在区域之间正在上演着各种抢人大战。

  抢人终究不能解决问题，因为在人口总量不变的情况下，一个地区人口的流入必定伴随着另一个地区的人口流出，最终的解决办法，还是要回到适龄青年愿意生小孩的轨道上来。那么，在传统的农耕社会里人们为啥愿意生那么多的小孩呢？我们认为，除了技术上（没有避孕条件）的原因外，最主要的就是因为对子女寄予了维护资源占有和养老的预期。农耕社会以农业为主，受自然因素影响，土地的肥瘦、用水的丰歉都直接影响到收成，而这些对农业收成影响极大的要素，产权边界却不明晰，因此赋予了"占有"以特殊的意义。而且，由于农业生产的特点，计量每一个家庭成员的贡献并不容易，因而收入的获取基本上是以家庭为单位的，为了占有资源获取收益，家庭之间的力量对比就显得十分重要。我念中学的时候，每年暑假都要回家参加"双抢"劳动，只要遇到天旱，晚上就得去守水，否则收完早稻就没法插晚稻。守水守什么？就是将产权不明晰的沟渠水资源，通过占有的方式变成产权明晰的私有资源。水在沟渠里是共有产权，但只要流入自家稻田里就变成私有产权。因此，谁能够把沟渠里的水引入自家的稻田，就有为自己提供收入的可能，因为没有人会霸道到把你家田里的水排入他家田地里，这在农村是违反道义的。那么，将沟渠里的水变成自己稻田里的水依靠的是什么呢？在乡村治理缺乏足够权威的情况下，最能实现秩序化的其实就是家庭力量的对比。我清楚地记得，那时候的农村经常有一家兄弟齐出动，扛着锄头立田头的守水情形。在争夺水资源的博弈中，显然是没有男丁的农村家庭最吃亏，而男丁多的家庭占便宜。

影响农业收入的一个重要因素是劳动者的体力。中国农业技术自汉唐以来，其实进步不是太大，直至20世纪八九十年代，畜力和曲辕犁仍然是传统农耕的主要动力及工具。因此可以说，这一时期的农业收成，与农业技术没有太大关系，而与劳动者的体力却关系密切，需要的是劳动者吃苦耐劳的精神。但是，人的体力与人的年龄是呈负相关关系的，随着年龄的增长，体力自然会衰退，并有衰竭的一天。因此，每一个农村人都要考虑，当自己的体力衰竭时，由谁来养活自己。传统农村社会，原子式的家庭没有办法形成完善的社会保障，家庭养老是主要的养老方式，因此生育儿女自然就成为一种养老的预先投资，没有儿女的农村家庭，年老之后的生活就可能变得十分凄凉。

小时候在稻田守水的经历以及亲眼所见的农村无子女老人的生活窘况，让我十分理解为什么农村家庭对子女有特殊的渴望，为什么为了生个男孩，可以不惜四处流浪变成"超生游击队"。然而，随着城市化进程的推进，这种强烈的生育意愿正在逐渐弱化，许多适龄青年对生育孩子变得十分谨慎，这是为什么呢？有人认为是如今的生育养育成本太高，有人认为是如今没有养儿防老的预期，这些看法自然有其道理，但仔细想起来又不尽然。比如说到养育成本，如今的家庭无论如何也不会比我们这代人出生的年代生活水平差，那时的父母可以忍受一家八九口人挤在一个小屋里，就像我家，即便住在茅草屋里，仍然觉得六兄妹的热热闹闹是一件快乐的事情。我觉得有一个现象应该引起人们的注意，那就是在如今许多"80后""90后"的适龄青年不愿意多生小孩的同时，"60后""70后"接近甚至超出50岁那一代不是那么适龄的人群中，却有为数不少的人极力通过各种办法在国家放开二孩政策后生育了二孩，以弥补当年因为政策限制，没有勇气成为"超生游击队员"的遗憾。于是如今社会上出现这样一个奇特的家庭群体：父母均已年过半百，大的孩子可能早已经大学毕业或者独立成家，小的孩子却刚刚出世，兄弟姐妹相差近20岁！我好奇的是，"60后""70后"的这代人，与"80后""90后"的下一代，现在面临着同样的社会环境与条件，在生育意愿上为什么出现这么大的反差呢？这显然不能用生育成本或者养老预期来解释，最有可能的原因，就是生儿育女的价值观差异。

观念有一种神奇的力量，它是在人们长期的生活和生产实践当中形成的，是经过长期沉淀才得以保留下来的对事物的认识。因此，观念一旦形成，就会变成一种力量，要改变它并非易事。难怪人们常说，改变观念最难，改变观念也获益最大。我们六七十年代出生的这一代人，一方面熟知农耕社会的生存法则，另一方面受到来自农耕社会父母的熏陶，因此在观念上与农耕社会的距离最近。我们这一代人不管进入城市还是留在农村，如果遵纪守法，一般都只有一个孩子（中西部地区的农村一般有两个小孩），但是，即便在国家法律非常严苛的约束之下，也还是会出现类似"超生游击队"一样的故事。在国家放开"二孩"政策后，我们这代人的大多数早已过了适合的生育年龄，但内心仍有强烈的生育冲动，只是对大多数人来说，既可能在生理方面，也可能在心理方面，还可能在经济能力方面，超出了自己掌控的范围，心有余而力不足，只能成为"二孩"政策的旁观者。当然也有极少数仍然选择试一把的勇者，其勇气就如同当年的"超生游击队员"。

然而，对于八九十年代出生的人来说，一方面，他们来到这个世界看到的就不是农耕文明。他们的父母大多数都有进城的经历，或是打工或是考学留城，他们所接触的文化是城市工业文明。在城市工业文明里，要素的产权边界是清晰的，社会治理相对来说是完善的，人们不需要通过以家族成员捆绑的力量去占有共有资源来实现自己的收益，相反，家庭成员过多会直接影响到自己的生活福利，这就是人们普遍说的养儿育女成本。另一方面，尽管他们大多数人仍然具有农村人的（户籍）身份，但农村已经不是他们生存的主要空间。收入主要来源不在农村，生活空间主要不在农村，因此，村庄作为一个外在环境，能够给他们带来的压力是极小的。在农耕文明中，村落除了是生产的空间，还是生活的空间，村落里每一个人的行为，都直接受制于村落这个聚合体。比如，在"多子多福"的观念下，村子里一个人如果选择不生小孩，舆论就会将其淹没，因为在相同的村落空间中，大家低头不见抬头见！但是，自从允许城乡劳动力流动以来，农村青壮年劳动力的活动空间完全突破了村落的限制，村落的舆论对村民行为的影响不断弱化，因为一个人如果不想活在村落的不利舆论环境中，他就可以选择离开。随着村落居民交往频率的降低，就很难形成舆论的压力，因此，他们完全有可能冲出中国传统农耕文明中对生儿育女观念的束缚。在市场经济的冲击下，马克思所说的"拜物教"却在起着积极的影响作用。商品经济强调"私与己"，正如马克思说的，在市场上买卖双方都"只顾自己"，这种"己"的认知经过长期的沉淀之后，就形成一种观念，即便在生育问题上，也要优先考虑是否会影响到自己的生活，即考虑生育"机会成本"，只要考虑成本问题，自然就会降低生育意愿。

　　由此看来，随着城市化进程的推进和市场经济的发展，即便在农村，要想完全找回当初"超生游击队"的生育意愿，也不是一件容易的事情。我在农村调研时曾经涉及这样的问题，大多数受访的农村年轻人表示，生育2个小孩或许可能，至多不会超过3个，但要像我们的父辈那样，只要能生就一个不能少这种现象，几乎是不存在的。从这个角度上说，或许我们今天放开"二孩"政策仍然过于谨慎。另外，如果我们要想达到放开"二孩"政策的预期效果，适当保留乡土文明或许能够起到意想不到的效果，这一点可以在比较强调家族观念的地区得到验证。因此，乡村振兴过程中，对乡土文明的保护不仅仅是一种文明传承的需要，还有可能是"种的繁衍"的需要。因此，我们一方面想要实现人口聚集的集约，另一方面又要鼓励农村人口进入城市去实现城市化，这多少是自相矛盾的，因为我们看见，大多数城市化水平高的地区，出生率都在下降。"人不是问题，没有人才是问题"的时代正在向我们走来，在乡村振兴过程中，对乡土文明的保护，或许可以延迟"缺人时代"到来的脚步，不能把乡土文明当作落后的代名词，这是我们需要达成的共识！

2018年5月30日

农村老家的年味到哪里去了？

电视里又见那浩浩荡荡的摩托车大军，才知道又临近过年了。一年一度春运开启的时候，就是在外辛劳了一年的农民工像钟摆一样摆回家乡方向的时候，回家总是心切切，路迢迢！费孝通先生说，中国是乡土社会，这种乡土气息最为集中的体现，恐怕就在于过年的年味了：村里有人杀猪，你就有机会吃上一顿杀猪饭，不管你家是穷还是富；正月初一至正月十五，你就有机会在村礼堂看一场村民自导自演的大戏，不讲究水平是专业还是业余；从正月初二一大早开始，你就得精心安排走亲访友，不管手上的礼物是轻还是重，也不管亲戚是远还是近。俗话说，"远亲不如近邻"，"姑舅亲，辈辈亲，打断骨头连着筋"，因此，一到过年，邻里之间的矛盾烟消云散，亲朋之间的问候接踵而至，为的就是那份乡土之情！

可如今，年还在过着，因此家还是要回的，但是回到家中，已经很少有人招呼你吃杀猪饭了，除了围着电视，原来村里那些"天才的业余演员"也已不知去向，提起那些原本同宗同族的至亲，也大有骨已断筋不连的感觉。千里迢迢回到家乡，见过一年未见的老父老母、兄弟妯娌，接下来的日子大多耗费在酒桌上、牌九中，年味就像那锅忘记了添酱油的红烧肉，貌似是在过年，味道却越来越淡了。很多人都不理解，为什么日子好过了，物质丰富了，年味却没有了呢？有人说都怪那该死的智能手机，害得现在的人最亲密的不是乡邻，不是亲朋，而是手机，因此气呼呼地抱怨"现在大家普遍都用手机聊天"；也有人说都怪现在生活压力大，尽管大家都是外出，但一年到头有人赚钱，有人亏本，有人腰缠万贯，有人勉强糊口，彼此见面之后发现已经不在一个层次，为了保住彼此的面子，只好以沉默代替交流，过年就少了几分热闹。这些说法不能说没有一点道理，但肯定不是年味变化的关键，因为手机能够阻断的乡土之情是脆弱的，心系收入多寡的人际交流是势利的，这都说明人情早已淡薄。事实上，年味的变淡，是二元结构下的传统农耕社会向现代工业社会转型的城市化推进使然，这样的说法是基于三个理由：

首先，二元结构下的工业化与城市化造成了乡民交往的时空分割，使交往频率大大降低。中国的社会是二元的，即存在着发达的城市工业社会和传统的农村农业社会。以前这二元的社会各自并行着，井水不犯河水，老死不相往来。乡土的农村乡民们日出而作日落而息，生活工作在一个狭小的空间里，抬头不见低头见，交往甚密。一方面，农耕社会里的农业分工程度很低，完成耕作的任何环节都得自己亲自到场，花钱也买不到服务，交易的频率很低；另一方面，个体的技能与能力面对浩瀚的大自然，又显得非常渺小，凡事都有请乡里近邻帮个忙搭个手的可能性，因此，每个人都不敢轻易得罪了彼此，交往的频率就变得很高。我们发现，凡是花钱能够买到服务而使交易频率高的地方，人与人之间的交往频率就会很低，没有交往频率，当然就没有人情味了。与此相反，凡是花钱买不到服务而使交易频率很低的地方，人与人之间的交往频率就会变高，凡事要请人帮忙，一来二往，人情自然就变得浓郁起来。记得小时候，家里分田到户，每到插秧季节，像我家这样读书人多的家庭，由于孩子在外读书，农活总是干得相对较慢，插秧要赶时令，就幸得左邻右舍的帮忙，自然地如果年关杀猪宰羊，就少不了请来邻里相亲吃个杀猪饭，表达感激之情。在乡土的农村里，人们工作与生活在时空上是统一的，因此彼此的交往是必须的，正是这种密集的交往频率，形成了彼此难以割舍的乡土之情，也正是这种浓郁的乡土之情，给年味增添了佐料，让年味浓郁清香，经久不散！然而，二元结构下的工业化城市化，是以打开城乡之间的闸口让农村人进入城市务工的方式推进的，在这样的情形下，原本在村落空间聚在一起的村民，现在已经各奔东西，形成了高度的时空分割，交往频率大大降低。与此同时，由于在外的收入增加弥补了农业收入的不足，大家已经不再指望来自农业的收成，因此即便遇到困难，宁可撂荒，也不再请村民帮忙（也是因为村里已经走得没有人能够帮得上忙了）。当然，随着社会的进步，今天的农业技术也已经与过往不可同日而语，有了收割机、抛秧技术，这些都是可供购买的服务，一旦花钱能够解决问题，乡民们彼此之间的需求就有了替代品，交易频率增加了，交往频率就降低了，人情的纽带就慢慢由粗变细，甚至回到乡里，很多人的名字都叫不出来了，哪还有乡土人情味呢？过年也因此仅仅成为一种仪式感的存在而已。

其次，二元结构下的工业化与城市化造成了乡民以工作替代闲暇，使过年的时间大大缩短。年味是需要时间去打造的，在乡土的农村，一般进入腊月之后，土地里该收获的已经收获，该种植的尚未到时节，这就形成了一段很长的闲暇期。这期间大家聚在村里干啥呢？当然是筹备过年了：腌腊肉、做香肠、组建舞龙舞狮队、自导自演唱大戏，总之忙得不亦乐乎。这一方面是由于传统农业分工程度低，季节性强，因此在传统的农业社会里，没有可以交易而形成的赚钱机会，就只能以闲暇来替代工作，结果就是收入少些，但自娱自乐的时间会多些，"穷并快乐着"就是过去农村年味的一种最好表达。以我在农村的经验，那时过年一直要过到正月结束，甚至很多地方还把二月二当作"龙抬头"的日子，继续过年，直到大地复苏，可以下地干活，年才算结束。这么长的时间自然就造就了许多的节日，没有这些节日很难打发完这么长的日子。但是，在城乡二元结构之间的闸门打开之后，情况就完全不一样了：城市里是工业社会，工业没有季节性且分工程度很高，使得每个乡民进入城市都基本能够找到一个岗位，通过劳动来换取收入。这样一来，待在家里过年就变得昂贵起来，大家都在盘算着早回一天晚走一天该是损失多少钱。经济学里说人是理性的，而且是贪财的，在生活水平不高而又有机会得到钱财的时候，闲暇就变得相对便宜了，用闲暇换取工资收入变得很划算。所以如今在城里打工的乡民们，总是尽量推迟回家，尽早返回城市，以多换取两个铜板的收入，从而造成过年的时间大大缩短。这年一短，就啥事情也办不成：即便村里有猪可杀，招呼吃杀猪饭也找不到人；即便想排大戏，演员也还在城里上班；即便想走亲访友，也不能占用上班赚钱的时间。于是能省的就省，比如从正月初一到正月十五的村里自导自演的大戏，自从改革开放之后就再也没有了，我记得自己还是从村里乡民自演的《铡美案》里第一次知道陈世美的呢，现在只能成为一种记忆！不能省去的，比如走亲访友，是必需的人际关系，那就只能删繁就简，加之交通工具的进步，一天就可以把所有亲戚走完，只不过是形式多于内容，真的是"走"亲戚，走到为止了，以前那种住下来聊家常，在现在已经是非常奢侈的事情。形式之下的年，就像画纸上的美味，看似这么回事，本质已经完全不同！

最后，二元结构下的工业化与城市化造成了农村组织能力弱化与公共品供给不足，使交往平台缺失。年味的炮制方法，是把许多个体的乡民，组织进村落的系统，通过不断搅拌，把各自的不同需求、不同技能混合在一起，形成一种新的输出。因此，原子式的村民是打造不出年味的。没有那全村老少坐在一起吃杀猪饭，没有大家猫在礼堂里为自导自演的大戏齐声鼓掌呐喊，没有龙狮队到你家门口造访引得鞭炮声声，那年味就缺了一点东西。在传统的乡土社会中，村民组织是严密的，在南方除了村组织，还有宗族组织，大家平时因为交往频率高，就会想办法在村里专门为这经常的交往建起礼堂、议事厅等公共设施。这些设施平时议事，过年用作娱乐集中的场所，使用效率较高，不浪费。那当然也是因为平日里乡民们相互之间联系多，需要在一起讨论的事情也多的缘故。二元结构之下的工业化城市化推进，使村民各自以原子方式走进城市，原来的聚变成了现在的散，人散事也就跟着散，没有了事，公共设施也就派不上用场，也就没有人会去在意它。当然也是因为村民们之间平日里没有多少事情是相互联结的，没有事情需要处理，组织也就变得不是那么重要，也就越来越涣散。一个涣散了的组织，在年关时要把大家聚起来，既没有动力也没有能力！现在回到农村看看，在许多没有什么公共资源可以掌控的地方，连村长都选不出来，因为没有人愿意干。在另外一些地方有人愿意当村干部，也主要是因为可以掌控资源获取额外收益，真正能够聚起村民干事业的村组织，较之以前是少之又少。村庄在原来是村民们日常赖以生存的组织单位，离开村庄就会没有身份从而失去收益，现在土地分了，有能力的人走进了城市，村民与村组织的利益连接少了，集体经济基本消失，组织的功能自然地退化。没有了组织者，也没有了公共品平台，活动自然就少，没有丰富多彩的活动，年味自然就淡！

由上观之，如今农村老家的年味，是被城乡二元的工业化城市化模式夺走了！但是，随着社会的进步和生活水平的提高，我们发现自己的闲暇在慢慢变得昂贵起来，反而是货币收入慢慢变得廉价起来。许多人都期待着能再品味到过去浓浓的年味，并十分愿意用金钱去换取那珍贵的闲暇，也发现到哪里去旅游都不能替代过去那种夹杂着浓浓乡土味道的年味，于是出现各种怀旧风情的文字，唤起人们对乡愁的记忆。然而，路在哪里呢？我以为，奥妙在"交易频率与交往频率"冲突的解决上。我们把"交易频率"与"交往频率"看作两个维度，可以组成四种组合：一是有交易频率，没有交往频率，这是工业社会；二是有交往频率，没有交易频率，这是农业社会；三是既没有交易频率，也没有交往频率，那是鲁滨逊社会；四是有交易频率，又有交往频率，那是我们期待的"乡村振兴"的新农村社会！我们要走进乡村振兴的新农村社会，通过交易频率找到钱，通过交往频率寻回乡土人情，从而找回那浓浓的并富有新意的年味，最为关键的是能够让进城的乡民们回来，但又不能减少他们的收入，不能再次让闲暇变得便宜，根本的方法就是振兴农村产业！农村产业的振兴不能走城市工业化的道路，要让农村有农村的味道，年才有乡土的味道。所以，乡村产业振兴，要以农业为基础，要以农民为主体，要以乡村为空间，在分工细化导致的交易频率提高的过程中，让乡民们的交往频率也提高。所以，强调乡村振兴要以农民为主体，以农业为基础，实现农村一二三产业融合发展不是一句空话。因为只有这样，才会增加对公共品的需求和组织的需求，才不会导致组织能力的弱化。我们期待着这个新时代的到来，或许到那时，农村的年味会再次透出浓郁的乡土味！你期待这样的乡土年味出现吗？

2018 年 2 月 8 日

关于乡村治理积分制的一些思考

"治理有效"是乡村振兴的重要内容。经过几十年的不懈努力,今天的中国农村居民终于过上了"吃不愁,穿不愁,住上青砖黛瓦小洋楼"的小康生活。但是不可否认的是,在物质生活不断丰富的同时,几十年的市场取向改革也在改变着村民的行为方式。在现实中,农村"统分结合"的经营体制实际上是"分多统少",村集体组织功能的弱化,使村民变成了原子式的个体。村民作为乡村社会主体,他们人与人之间的联结越来越少,倒是作为市场主体的交易联结不断增加。在乡村社会,"利"与"礼"的冲突经常发生,而且大多数情况下"利"总能占了"礼"的上风。党的十九大提出乡村振兴战略,要求"乡风文明,治理有效",关键任务就是要把原子式的村民重新聚合起来,使乡村社会既要讲"利",也要讲"礼",让交易关系在和谐的社会关系中进行,实现乡村和谐。但现在的问题是,通过什么方法才能有助于将原子式的村民重新聚合起来呢?经过多年的探索,积分制被认为是一种有效的乡村治理工具。当然,要让积分制真正发挥乡村治理的作用,就需要了解积分制运作的基本逻辑。今年8月底,海南省有关部门颁发文件,要求围绕"七个倡导"(即倡导男女平等、勤劳致富、文明饮酒、远离私彩、厉行节约、孝老爱幼、卫生整洁)在乡村治理中推广积分制,我有幸与积分制结缘[1]。在此,将这几个月工作中对积分制的思考与大家交流分享。

---

[1] 2022年笔者参加中央组织部、团中央"博士服务团"在海口市乡村振兴局挂职,其间负责乡村治理的积分制推广工作。

乡村治理积分制的逻辑

为什么可以通过积分制来强化乡村治理？这是一个仁者见仁智者见智的问题。有人认为通过扣分可以对村民施压，从而使其不良行为得到规范；也有人认为通过加分可以鼓励村民，从而调动村民参与村庄建设的积极性。我的看法是，村民是村庄的主人，是村庄建设的主体，每一位村民的不良行为都会给村庄带来负效应，相反，他们的每一个善举也可以让乡风文明多一份精彩。所谓乡村治理，就是要让每一位村民规范自己的不良行为，发扬自己的奉献精神，大家心往一处想，劲往一处使，让村庄变得和谐有序。

基于这样的思考，在制定积分制工作方案时，我特别注重强调积分制工作要实现让村民知道"什么事情不能干，什么事情要多干"。我们将村民的日常行为分为四大类，即善行公益类、移风易俗类、表扬表彰类和村庄中心工作类，并根据村民的这些行为类型，设置了正面积分清单和负面积分清单。正面积分清单用于记录村民的功德善举，为加分项；负面积分清单用于记录村民的不良行为，为扣分项。我认为，中国的乡土社会制度，虽然在市场经济大潮中受到一定程度的冲击，但费孝通先生所说的"面子"，在乡村社会中仍是规范村民日常行为的一种机制，让这种机制发挥积极的作用，有助于提高乡村治理工作的有效性。村民做错了事情被扣分，做对了事情得加分，每次张榜公布的分数排名，在每个家庭的内心都会产生触动，这个触动的强弱，取决于村民对"面子"的重视程度。积分制的有效性就在于，让"面子"机制作用不断强化。

为了充分发挥"面子"机制的作用，积分制采用以家庭户为单位的做法，在农村，家庭是最小的经济社会单元，家庭成员的利益是捆绑在一起的，一荣俱荣，一损俱损。乡土社会中的"面子"，其实不是个人的，而是家庭的。不管一个人在外面做了有损面子还是获取面子的事情，羞耻与荣光都是全家人的。所以，以家庭为单位的积分制，对个人行为就能形成双重约束或激励：一是来自个人。人是社会的人，都有自我价值实现的需求，都希望得到别人的肯定。因此，通过对村民善良行为进行加分，失当行为进行扣分的积分制形式，就相当于是对村民行为的褒奖或惩戒，由此成为每个个体的一种社会评价，进而触动个体成员的内心。二是来自家庭。由于个体的行为会影响到家庭的荣誉，所以，每个个体的行为除了受到乡土社会的监督，同时也受到家庭其他成员的监督。一个人行为失当会受到家庭其他成员的批评甚至责罚，而得到社会肯定的行为，由于给家庭带来了荣耀，自然在家庭内部也会得到肯定与褒奖。所以，乡村治理积分制需要以"社会人"为假设，充分运用个体实现自我价值的需求，运用个体与家庭的双重激励或约束，来达到抑制村民失当行为，鼓励村民良行善举的目的。

值得注意的是，乡村治理积分制，强调的是"德治"理念，我们提出"乡村治理，你我参与；积德行善，福泽后世"，就是要通过唤起道德的力量，来规范村民的行为。基于此，能够用积分制去惩戒的村民不良行为，是属于在"法治""自治"之外的不良行为。我们知道，法治是以惩戒的力量来实现的，而"德治"则更多强调通过人的道德素养提升去规范自己的行为。所以，乡村治理积分制要以激励良行善举为主，辅之以对失当行为的惩戒。也就是说，在执行层面，积分制要以精神鼓励为主，不可过分强调积分制的惩戒功能，否则就会本末倒置，得不到村民的支持。在乡村走访调研中，很多村干部和村民告诉我，积分制让他们家庭对村庄做出的积极贡献能够以积分形式展现出来，让全村都了解，他们觉得很光荣，所以会很积极地将自己家庭的良行善举申报加分。但在对村民一些不良行为进行扣分时，会得到不同程度的抱怨或抵触，并会引来很多申诉。所以，积分制的顺利开展，应以激励加分为主，对于扣分事项，就必须注意一定要有清楚的事实后果，以避免因为扣分争执导致新的不和谐因素产生，使积分制的乡村治理效果大打折扣。

乡村治理积分制工具的使用

如何用好积分制工具促进乡村治理？在这段时间的工作实践中，我主要关注了以下几个方面的内容：

一是贯彻积分制的逻辑。我们将村民的公益善行、移风易俗、表扬表彰和村民对村庄中心工作的配合四类行为纳入积分制范围，设置加分的正面积分清单，与此相对，把违反善行功德、违反移风易俗、受到批评处分和干扰村庄中心工作的行为以负面积分清单形式设置扣分事项。正面积分清单起点分值为0，往上加分，上不封顶，鼓励村民为村庄发展做出的积极贡献；负面积分清单设置一个基准分值（比如100分），往下扣分，用以规范村民的不良行为。正面清单得分可以得到一定程度的奖励与表扬，比如兑换一定的奖品，评选"道德家庭""文明家庭"等荣誉称号等。但正面清单积分和负面清单积分不能随意打通，当负面清单积分被扣至及格线（比如60分）以下时，该家庭户将在一定时间范围内失去兑奖和评选各种相关荣誉称号的机会。为了贯彻积分制以正面激励功德善举的设想，在一定程度上允许村民通过改正自己的不良行为，同时做出积极的善举行为来赎回自己的所扣分数。

　　二是使用数字化小程序。积分管理需要先进的技术，以减轻干部的管理工作负担。我们邀请中国电信公司开发了"数字乡村综合服务平台"小程序，只要村民以家庭为单位在小程序注册账户，就可以运用小程序完成加分事项的申请。同时，小程序为村、镇、区和市级积分制管理员开通管理账户，用于审核村民申报的正向加分事项，以及根据有事实依据的结果为村民的失当行为进行扣分。因为有了数字化的小程序，可以将家庭户的积分二维码放置于每个家庭户的门口，积分管理干部随机检查到村民的不良行为事项（比如房前屋后卫生没有搞好，影响人居环境等），通过扫码就可以完成给村民的扣分事项，这省去了使用纸质打分表让干部进门入户打分的工作，而且小程序可以随时查阅所有农户家庭的正负清单的得分和排名情况，大大减轻了积分管理干部的工作负担。

　　三是强化组织动员工作。乡村治理积分制的主体是全体村民家庭，因此需要组织发动村民参与到积分制工作当中来，让村民了解和认识积分制工作的重要性。以乡镇为单位，统一印制积分制宣传手册，利用当前核酸检测的机会，或者通过走村入户的方式，由村干部将手册发放到村民手中，向村民介绍积分制基本内容，并帮助村民完成积分小程序的注册，让村民了解积分制工作内容，熟悉小程序的使用方法。在这个过程中，邀请电信公司的小程序开发员讲解小程序的使用方法，同时听取干部群众对小程序的改进意见，经过多次的磨合，让小程序使用更加流畅，群众能够更方便参与到积分制工作当中来，充分调动群众参与的积极性。为了使组织工作规范有序，各自然村由村干部、乡贤等人员组成建立了积分审核小组，行政村成立了积分制管理机构，分两级审核，建立积分的审定评估及积分公示的常设工作组织。

　　四是建立健全积分制规则。由于不同村庄存在许多差异性，乡村治理的重点难点问题也不一样，因此在积分制管理中，不强调所有村庄的积分制管理规则、打分细则等完全一致，允许存在差异性。但为了减轻管理负担和在一定范围内积分具有可比性，在实践中是以镇为单位统一积分管理规则。镇政府指导运用积分制的村庄干部在一起反复讨论交流，形成各清单的打分细则，做到既有科学性又有可操作性，尽量减少因为对规则的不同理解而造成的纷争，使积分制真正起到其应有的乡村治理作用。

五是强化积分结果的运用。要让积分制在乡村治理中真正发挥乡村治理的作用，积分结果的运用就显得特别重要。目前积分制试点中常用的方法是用积分兑奖品，但是，毕竟积分制的使用目的是为了强化"德治"，激发村民的善举良行，因此仅仅强调积分兑奖是不够的，甚至不能过度强调积分兑奖，以免让村民的善举"功德"被"功利化"。所以，需要由镇政府制定积分制结果运用的相关制度，做到积分制使用的公平公正，并起到激励村民善举良行的作用。通常，积分是一个月审核一次，一个季度公示一次，正负积分清单分开排名，让村民了解自己的积分情况。在这个过程中，并不强调设置"红黑榜"，以免造成村民与干部之间不必要的冲突。依据乡土社会的"面子"机制，每个村民及其家庭了解到自己的积分和排名情况，都会在内心形成某种触动。对错误的行为加以修正，对积极的行为加以发扬，让自己的家庭在村庄社会中得到更高程度的肯定，是每个村民的基本意愿，这一点我们要对村民有足够的信心。此外，镇政府制定"道德家庭""文明家庭"的评定标准，并就这些荣誉的获取及家庭积分的高低，与在制度允许范围内的各种荣誉、晋升挂钩，让积分制成为一种"先进遴选机制"，在村庄弘扬正气，实现有效治理中发挥应有的作用。

乡村治理积分制实践中需要关注的认知问题

2018年我去浙江省义乌市的何斯路村调研，被那里建立的"功德银行"深深吸引，通过了解，何斯路村2008年就开始进行"功德银行"试点，把村民做的每一件善举事项都转化为积分进行量化，定期公示，用以调动村民建设和谐村庄的积极性。现在去何斯路村，地面干净整洁，村庄绿树成荫，每一位村民对来到何斯路村的客人都非常热情，让客人有宾至如归的感觉。

尤其是村里的老人，可以在村庄的居家服务中心参加锻炼、学习党的方针政策，了解国家大事，还可以在那里吃近乎于免费的早餐，而这些都得益于村民志愿行为的自觉奉献。何斯路村的文明和谐远近闻名，每年到那里取经学习的人络绎不绝，着实让我看到了"功德银行"这种积分制在乡村治理中发挥的巨大作用。与其他工作一样，在乡村推行积分制虽然说主体是村民，但引领者是干部，尤其是镇村干部。根据学习的经验，结合现在的乡村现实，我觉得乡村治理积分制在实践中需要关注几个认知问题：

首先，干部要有相信村民可以引导和塑造的认知。不得不说，由于几十年的社会变迁，现在的村民原子化程度越来越严重，凝聚力减弱，凡事需要用金钱去刺激，这也是干部们做农村工作所遇到的最为头疼的问题，也使很多干部认为如果没有金钱的刺激，靠积分制很难唤起村民的良行善举功德行为。但何斯路村的实践表明，只要遵循科学方法，合理使用积分制，村民的行为是可以引导和塑造的，如果干部没有这样的信心，积分制推广就会变成应付上级检查的走过场而流于形式。

其次，干部要有用时间去与村民不断磨合的认知。凡事不可能一帆风顺，积分制要将原子式的村民聚合在一起，仅靠一次两次试点是不够的，需要不断坚持，不断修正积分规则与村民行为的冲突，让村民与积分规则融合一体，日积跬步，才可以行稳致远。如果各级干部在推行积分制过程中，遇到困难就否定积分制的功能，不愿花时间解决矛盾，那积分制多半会夭折，难以取得成效。

最后，干部要有把积分制当作激励机制的认知。尽管积分制有扣分事项，但积分制作为一种"德治"工具，是以正面激励为主的，不能将其变成一种管制村民的新式工具，否则，积分制的推行不仅不会让群众积极参与，发挥正面引导作用，反而有产生新的干群冲突的可能。所以，积分制一般以激励性加分为主，对于扣分事项是需要十分审慎的。在激励机制的使用中，要强调精神激励为主，物质激励为辅。尤其对于经济能力不够强劲的村庄而言，过分强调物质激励万一出现兑现困难，就可能使镇村干部的信誉受损，让积分制难以为继。

实践证明，积分制是乡村治理的有效工具，但任何工具的使用都要讲究方式方法，都要合乎逻辑，这是我们在实践中需要认真研究和把握的问题。唯有如此，才能让积分制成为乡村治理的一把"钥匙"！

2022 年 10 月 31 日

乡村振兴为何需要重视村干部选拔？

这些年在农村调研，我发现一个现象：但凡发展较好的村庄，都有个共同特征，那就是村干部发挥了重要作用，比如江阴华西村、常熟蒋巷村、义乌何斯路村、凤阳小岗村等。相反，也有不少村庄，资源条件本不算差，但由于缺乏有能力的村干部带领，村庄发展相对缓慢，甚至陷入越来越凋敝的境地。说来也怪，在中国的行政体制中，村干部是排不上号的，行政级别只管到乡镇，往下的干部从身份来说跟"农民"没有两样，村干部没有"工资"，仅有的"误工补贴"早些年还是由村集体支付，后来没有了"三提五统"，村集体开不出钱给村干部，就由乡镇财政给村干部津贴，但并不改变村干部的"农民"身份。我好奇的是，中国传统文化一向重视体制内，古代的人争着吃"皇粮"，计划经济时代我们也争着吃"商品粮"，现在没有"皇粮"，也没有"商品粮"与"农村粮"的区分，但大家还是喜欢在体制内的"公务员队伍"里就业，觉得这样既体面又稳定。然而，像村干部这种"农民"身份的干部，在农村经济发展中，为何还能够起到那么重要的作用呢？

任何地方的经济发展都需要两个基本条件：一是要素，二是组织。换言之，经济发展无非是有效率地组织要素进行产出转换的结果。如果一个地方没有组织要素的能力，即便有丰富的生产要素，也只能坚守"富饶的贫困"。今天我们看到，随着技术的进步，地方经济发展越来越有条件突破要素的限制。比如在边远的山区，以前因为山高水远，只能过着自给自足的传统农耕生活，现在的高铁技术，缩短了人们的时空距离，许多城市人能够走进山村，许多山村物产能够进入城市，技术的进步使边远山村也能在更广阔的市场中去配置资源。但是，无论是技术运用本身，还是运用技术实现要素向生产力的转换，如果没有强有力的组织都将难以实现，所以我们看到，在相同的高铁时代，存在发展境况迥异的村庄，这也许是马歇尔将"组织"看作是第四种"要素"的原因。

　　对于今天的中国农村来说，经济发展的许多要素都已经分配到以家庭为单位的农户手中，既包括对农村经济发展最为重要的土地和山林，也包括一些基本的生产资料，如耕牛、仓库等。实行家庭联产承包责任制之后，对于大多数农村来说，经济经营组织由原来的"三级所有，队为基础"，变成现在以"农户家庭"为基础。这种转换曾经给中国农村经济带来巨大活力，甚至可以说是解决中国温饱问题的关键制度创新。但是，也正是这种制度变迁，使中国农村在解决温饱之后的发展中，遭遇到李斯特所说的"农业残缺状态"的困境。在"增人不增地，减人不减地"的基本政策之下，农村家庭承包的土地山林，会随着人口的增加呈现出零碎化程度加深的趋势，其他分配到农户家庭的生产要素，如仓库、耕牛等，随着农耕技术的变化逐渐退出历史舞台。以家庭为单位的农户，如果依靠自己的力量率先使用一项新技术，则会面临极高的成本，这就大大提高了农村经济发展对"组织"的依赖！哪个地方农村的组织能力强，能够将零碎化的要素组织得好，经济就会得到长足的发展，反之，没有组织能力去改变生产要素零碎化的村庄，就有可能面临一步一步走向凋敝的陷阱。

　　那么，谁有能力去组织资源以推进村庄发展呢？村干部的角色自然不可小觑。中国有句俗语说"别把豆包不当干粮"，村干部尽管不是行政体系内的"干部"，但在农村却是许多资源的管理者。在农村，村干部一头连着村民，一头连着乡镇基层政府。在村民那一头，由于最重要的经济活动是以农户家庭为单位的，在理性人的世界里，农户只关心自己家里的事情，只有当自己家里的利益受到侵害时，才会出面维护自己的利益，否则就会选择多一事不如少一事；在乡镇政府那一头，由于信息搜寻需要成本，农村地区农民居住分散，信息成本变得十分高昂，因此，乡镇政府对农村管理所需信息的来源，基本上是通过村干部来获取。在这样的情况下，要想实现对村庄的有效管理，将村庄里的资源整合组织起来，村干部就起着举足轻重的作用。这是由于面对村民，村干部有正式制度赋予的"权力"，处于"权力优势"地位；面对乡镇政府，村干部掌握着村庄更多的信息，处于"信息优势"地位。因此，村干部能够在村民与上级政府之间活动得"游刃有余"。至于村干部的活动是否能够带动村庄发展，就取决于两个条件：一是村干部的能力；二是村干部的责任心。在村庄资源条件一定的情况下，将村干部的能力和责任心作为两个维度，将会出现四种不同的组合，即村干部有能力但没有责任心、村干部有责任心但没有能力、村干部没有责任心也没有能力、村干部有能力也有责任心。这四种组合情况就决定了相同条件下村庄发展的差异性，一个村庄遇到怎样的村干部，则取决于村干部的选拔机制。

现实中，大多数发展较好的村庄，其村干部都是既有能力又有责任心的，即村干部有能力调动资源、整合资源、利用资源，使村庄资源得到高效率的运用，并且心里想着村庄集体，装着村民百姓，尽心尽责带领大家推动村庄发展。我曾经调研过浙江义乌的何斯路村，这个村庄原本很穷，但有一位本地的企业家回到家乡，通过创建"何斯路村"的品牌，发展高端种植业及乡村旅游等，把原来的穷山恶水变成美丽乡村的旅游目的地。这个山村的发展靠的就是这位有能力有责任心的企业家回到家乡起到的带头作用。

当然，也有的村庄里选拔出来的干部，有责任心但却没有能力，不能充分组织村庄资源来发展经济。村干部虽然兢兢业业，但村庄经济发展起色并不大，发展相对缓慢，不能有效改变村庄落后的局面，这是目前大多数村庄的情形。此外还有一些村庄，选出来的村干部有能力但却没有责任心，由此形成严重的"精英捕获"，村干部把村庄的资源变成自己的资源，把村庄的发展让位于自家的致富，造成村民怨气冲天，最终导致乡村治理失序，干群矛盾紧张。

如果说"精英捕获"多少还有点溢出作用的话，那么，一个村庄如果选拔出来的是既没有能力，又没有责任心的干部，对村庄发展来说就是一种灾难！这样的干部一方面会因为没有责任心，通过自己手中的权力，将村里大大小小的资源拢在一起，占为己有，损害村民利益；另一方面会因为没有能力，不知道如何使用这些占有的资源实现增值，最终结果是，把村庄资源败光了，还让自己家庭摊上一身债，既害了集体也害了自己。说实话，在长期打工经济的影响下，如今的农村有文化高素质的人才基本上进城务工去了，村庄里留下来的农民普遍受教育程度较低，也缺乏组织资源参与市场竞争的能力。再加上在原子化的农村社会中，"一切为了自己""一切向钱看"的价值观日渐盛行，因此导致既没有能力又没有责任心的人，担任村干部的可能性还不小，这是十分值得注意的问题。

现在大家都在讲乡村振兴，乡村如何振兴呢？当然首要任务就是发展产业！乡村产业要发展，就需要整合一切可以整合的资源，通过组织资源形成高效产出。在这个过程中，一位有能力又有责任心的干部起到至关重要的作用，这是我的体会。每次回到那熟悉的山村，我都感慨老天爷的眷顾：给了青山绿水，给了河流山川，给了肥沃的土地，给了勤劳的村民，还有那深厚的乡土文明。记得小时候砍柴烧炭，种稻养鱼，只要付出汗水就能得到收获。背起书包走进学校，能够听到书声琅琅，接受文明熏陶，只要不怕寒窗苦读，就有可能摆脱狭隘，走向远方。几十年后的今天，小山村外部条件正在发生翻天覆地的变化：不远处的镇里通了高速路，县里来了高速动车，连接城里有水泥路，通往外面的世界变得越来越便利。然而，与时代的进步相比，小山村的进步却显得有些迟缓：村里学校规模在变小，老人没有活动的去处，头痛脑热依靠一家条件简陋的私人卫生所，田间地头的水渠水沟杂草丛生，遇水遇旱都担心收成，山村集体甚至拿不出五万元钱，每次"一事一议"都会让村民充满怨言！徘徊于村头，却发现青山变秃，绿水断流，农田撂荒，荒山被占。这本是个富饶的地方，不应该与快速进步的外面世界渐行渐远。因此，总希望有能人出现，带领这方百姓，组织好村里的资源，建立起村里的产业，发展好村庄经济，让山村走向振兴！

"火车跑得快，全靠车头带"，在农村经济发展中，村干部就是那带动村庄经济发展的"车头"，如果车头马力十足，不偏轨道，就能够带领火车飞奔驰骋，怕就怕车头马力不足，还偏离轨道，那就会暗藏着巨大的风险。所以，乡村振兴中需要十分重视村干部的选拔，要将有知识、有能力、有担当、有情怀的村民选出来，让他们成为村庄发展的领头人。技术的进步正在使我们面临着一个不确定性的社会，正是社会存在的不确定性，使村庄的发展越来越需要具有企业家才能的领头人，他们把握的任何一次"失衡中的机会"，都有可能让村庄率先完成"制度创业"，得到创业收益。从这个意义上说，村干部选拔之于农村发展，其重要性不亚于村庄里任何其他的资源禀赋，因为资源可以整合，选错干部带来的损失却很难弥补！

2019 年 10 月 27 日

新农村建设为何需要"软硬兼施"?

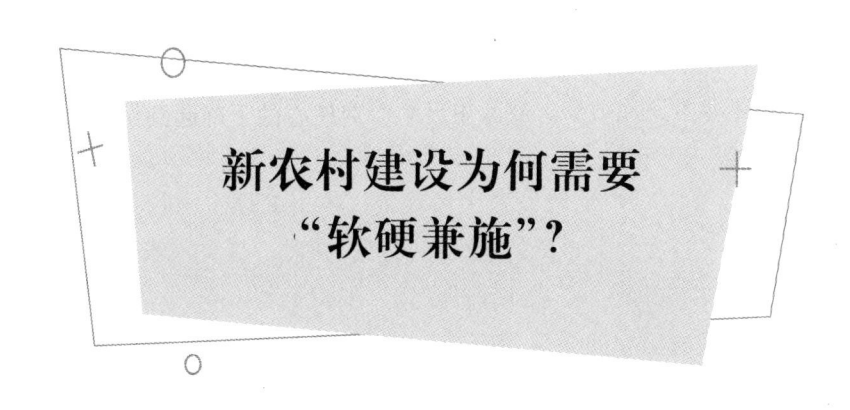

俗话说:"有钱没钱,回家过年!"我真正意义上离开家乡,是在1992年去外省读研究生开始的,距今已经有27年了。这几十年来我的确一直在践行着"有钱没钱回家过年",不管家乡多么贫穷,回到这个熟悉的山村就有一种安全感,所以回乡就成了一种精神寄托!

几十年来,我亲历了家乡的变化,其实也是中国农村的一个缩影:1992年我外出读书时,恰逢邓小平同志南方谈话之后,中国致力于建设社会主义市场经济体制,沿海地区的经济蓬勃发展。对于我们中部地区的农村来说,绝大多数村民改善自己生活的出路就是外出到沿海去打工,从此步入"打工经济"时代!记得那时每到大年初四之后,就会有各种大卡车,简单地支起帆布篷,在车厢里铺上一些稻草,这种简单改装之后搭载着四五十人前往广东。那个年代人们要改变自己的命运,是必须要有一点冒险精神的,政府的政策似乎也是倾向于如何"让农民走出去,把钱赚回来",对这种在今天看来不可思议的私自改装车辆,改变营运范围的行为并不怎么关注。说实话,要像今天那样去规范人们的乘车行为,或许会严重影响到沿海地区的经济增长。因为那个年代的火车、客运汽车的数量与速度,以及连接城乡的道路,都无法与今天的情况同日而语。那些私自改装的大卡车,以及村民为了改善生活而富有的冒险精神,成为支持沿海地区经济高速增长所需劳动力资源的重要补给线!从那时开始,我从外面回到家乡,慢慢看到村民的住房不断翻新,由土墙变成砖瓦房,由粗糙的外表变成瓷砖外立面的小洋楼。但是,村头那条通往崭新农家小院的道路,依然是那么的泥泞,乡村的基础设施与公共服务，好像长时间被人们所遗忘，也被时间所遗忘！

家乡真正的改变是在最近几年。趁着回家过年，我细心地向弟弟询问了村庄各种设施的演进情况。弟弟告诉我，自从2008年村里那条与省道相连的乡村公路铺上水泥路面之后，近几年村里的变化提升了速度：2012年建起了村委会办公楼，2014年村民用上了比较稳定的自来水，同时接通了互联网，2016年开始在家家户户免费设置了垃圾桶，集中处理生活垃圾，也在这一年，村里修通了连接家家户户的水泥路。与此同时，政府开始在村里搞田园规划，使原本高高低低、零零碎碎的农田，变得平整大块，可以进行机械化操作，由此也在农田中间修建了宽敞机耕道路，以及主干的水泥水沟水渠。2017年村里获得新农村建设项目，建起了村民活动广场，农村人开始在家门口玩起了许多健身运动，今年回来过年，发现乡村公路边多了太阳能路灯，据说过完年还要建村卫生院。

家乡山村的这些变化在一定程度反映了政府农村发展的战略转变，从以前如何把人送出去赚回钱，到如今如何把农村建设好让农民能够留在村里致富。从2005年提出新农村建设，到2008年有了那条乡村水泥路，国家政策出台后两年左右的时间惠及我的家乡。2012年党的十八大之后，农村建设开始提速，因此才有最近几年我的家乡上述日新月异的变化。伴随家乡基础设施变化的是，一些年轻人开始陆陆续续回来，弟弟有个统计，我家所在的村屯大约130人，目前有过打工经历而返乡不再外出的有10多人。今天是大年初一，在村里相互拜年的人群中，明显增加了许多年轻人的身影，未来一两年打算在村里建房子回乡居住的外出打工人员也不断增多。村子里种田，现在大多使用农业新技术，因此即便回到村里，单一种田的农户已经很少，而是搞起了家庭经营。按照亚当·斯密的说法，"分工受市场范围的限制"，这是以往农村产业发展的桎梏，如今由于互联网的连接，使市场边界得到拓展，给农村产业分工提供了必要的条件，因此在乡村开始出现各种纵向与横向的分工，交易的频繁使人们有能力在村里获得更多的收入，这是我能够在村头的腐竹厂边看到"进厂务工在家乡，赚钱顾家两不误"的主要前提。

我惊喜于家乡的变化，但也会寻找一些美中不足。回来几天，我有时间就去田间地头走走，去附近的山上看看，的确发现一些不尽如人意的地方。比如，经过田园化整治的农田里，存在许多丢弃的农药、肥料、塑料等农资包装物；退耕还林的林地里，留下乱砍滥伐后的杂乱树枝；村庄道路两旁，杂草丛中的白色污染到处都是；偶尔一两家农户的小规模养殖场附近，原本清澈的水库池塘也多了一些污水臭气；等等。这些问题的存在，大多数是乡村居民的行为习惯所致。因为这些农药瓶、塑料垃圾、工业用品的包装物等，只要村民们多留一点心，养成一个习惯，在能够集中处理生活垃圾的条件下，集中处理这些废弃物并非难事。我在想，为什么硬件设施不断进步、生活不断富有的今天，村民们良好行为规范却没有得到同步养成呢？

中国有句古话"江山易改，秉性难移"，村民丢弃废弃物的习惯大概也属于自己难移的"秉性"。长期以来乡土农村与大自然亲近，从土里来到土里去，养成了农民没有收集废弃物的习惯，但在过去不会有任何负面作用，是因为在封闭的农村社会里，几乎不存在不能被大地降解吸纳的废弃物，因此能够实现生物学意义上的"落红不是无情物，化作春泥更护花"！如今不一样的是，随着农业技术的进步和工业化对农村生活的影响，越来越多的工业废弃物进入农村，这些废弃物就不再是当年的"落红"了，而是来自外界的且不太容易被大地降解吸收的废弃物。这样就有了一个矛盾：村民的习惯改变之难与废弃物降解之难的两难冲突！如何化解这个两难冲突呢？总得有一方要作出改进才行。就目前的技术条件而言，要解决降解难题尚需时日，而且即便能够降解，随地丢弃废弃物也会有碍观瞻。因此，改变人的行为习惯是最佳选择。

按照制度经济学的说法，习惯属于非正式制度，改变人的习惯属于制度变迁，而制度变迁是有成本的。制度变迁可以是诱致性的，也可以是强制性的，如果制度变迁给人带来的利益超过其成本，就能够诱致人们设法改变自己的习惯，相反，如果制度变迁带来的利益少于其成本，人们的习惯改变就会比较困难。如今的村民能够很习惯使用现代农业技术去种田，利用互联网技术去拓展市场，关键是因为政府支付了使用这些技术所需的成本，比如连接村里的互联网、田园规划整治所需的费用都是政府提供的，村民无须支付这些费用，而利用这些基础设施能够给村民带来丰厚的经济利益，因此耕作习惯很快就改变了。但是，政府尽管给村庄提供了生活垃圾处理设施，村民能够合乎规则地处理家里的生活垃圾，却不能将田间路旁的垃圾集中起来处理，主要是因为生活垃圾直接影响到村民私人生活时时可以触及的地方，对于公共场所的垃圾，村民就有"搭便车"的倾向，容易产生机会主义行为，这就是人们常说的"各人自扫门前雪，莫管他人瓦上霜"的"公共地悲剧"吧！

显然，如果不能通过诱致性制度变迁来实现村庄文明进步，就应该实施强制性的制度变迁，即为村庄提供强制性的行为习惯教化这种公共服务。遗憾的是，如今政府向农村提供的公共品中，采用"项目制"来分配资源，大多数的项目属于有形的"硬件设施"。比如，2019年新农村建设补贴项目，涉及"农村危房改造""农村公路改造""农村水井改造""农村煤改电""农村散养圈养改造"等"硬件"，几乎没有"农民行为习惯改造"这样的"软件"，尽管这些年政府也给农民提供了大量的培训项目，但大多也是关于如何发展经济实现增收类的"硬件项目"，对农民日常行为教化类的"软件项目"非常少见。人的行为改变不是一朝一夕的事情，需要不断灌输理念，并让其付诸行动。这就需要有人去做这样的工作，并要有不同的形式、不同的题材设计，同时经过一种强制性的教化加强制性的规范，才有可能改变人们的习惯而且不至于形成冲突。这样的制度变迁需要成本，而且这个成本支出没有"硬件项目"那样的"经济效益"，它只能产生"软件项目"的"社会效益"。因此，这种公共品性质的服务，只能由政府来投入，而且要配备相应的人、财、物才能够做到。

如今的农村建设，要教会农民如何改变习惯去好好赚钱比较容易，只要给他们提供一些"硬件设施"，他们自己会努力去学习必要的"软件知识"，因为赚钱是自己的；但要他们改变一些生活习惯就比较难，因为这不能带来直接惠及个人的显性收益，政府仅仅提供一些"硬件设施"尚不够，还要有一些强制措施教化他们"为了自己生活的美好不能影响到他人的生活"，与此同时，要不断投入人、财、物，以各种方式去改变他们的一些习惯。因此，新农村建设不能仅仅顾及"硬件"，还要顾及"软件"，在设计新农村建设的补贴项目时，应该增加"软件类项目"，通过"软硬兼施"，才能让富裕的农村与文明的农村融为一体！

2019年2月5日

为什么迫切需要加强乡村创业的软环境建设？

费孝通先生说"中国社会的基层是乡土性的"，意在强调那些人们眼中"土头土脑的乡下人"才是"中国社会的基层"。如果我们把国家比作大厦，那么，乡土社会基层的承载能力，就在很大程度上决定着国家的上升空间。事实上，中国的乡土农村，实实在在成了社会稳定的根基，远的不说，翻开中国的发展史，别看一些城里人经常用"土气"来藐视乡下人，但正如著名"三农"学者温铁军教授所说，中国"城市工业化的危机代价对乡村转移，是在城市实现软着陆的条件"，改革前后几乎每次城市发展遭遇危机，都会选择面向农村，借助"乡下人"宽厚的肩膀来渡过难关。

让我们一起来简单回忆一下吧！中华人民共和国成立伊始，面临在完全没有资本原始积累的条件下推动工业化的难题，国家通过建立互助组、高级社直至人民公社，城乡户籍分离以及主要农产品统购统销等一系列制度安排，以较低的交易成本从农业、农村、农民的乡土社会中提取剩余；工业化初期，面对国内资本的极度稀缺，本想依靠大规模外资拉动（主要来自苏联）建立重工业为主的工业体系，却不料遭遇外资中辍（苏联撤资），致使经济难以为继而出现大规模城市失业，国家先后通过三次"上山下乡"，让农村承接了城市转移出来的大约2000万失业劳动力，同时动员大量农村劳动力集中投入以替代稀缺资本，才使原始资本积累不足的工业化困境得以缓解；1997年东南亚金融危机爆发，出口已经取代投资成为经济增长第一动力的中国，突然面临外需收缩和国内生产过剩的巨大压力，国家只好实施积极财政政策，面向农村加大基础设施建设的投入：1998年启动农村电网改造、农村广播电视、公路、水电等"村村通"工程，1999年提出"西部大开发战略"，2003年提出"中部崛起战略"，2005年提出"建设社会主义新农村"等，不仅化解了危机，还夯实了农村发展的基础条件；2008年美国金融危机引发全球金融海啸，造成中国消费性电子产品外销的困难，国家仍然是依靠实施"三农"新政来化解，于2008年12月宣布财政政策救市方案，给全国的非城镇居民购买彩电、冰箱、移动电话、洗衣机四类产品以售价13%的补贴，之后不断扩大补贴产品范围，并将这一政策延续到2012年底或2013年初，这个被称为"家电下乡"的政策，让许多传统外向型制造企业得以生存。

如果我们以客观的、历史的眼光去看待今天的乡村，就很难得出乡村衰败是必然规律的结论。恰恰相反，如果没有乡村这个牢固的"蓄水池"，中国城市化进程的推进就要艰难得多。尽管按照西方教科书的理论，可以描绘出城市化尤其是大城市化的种种好处，比如什么聚集效应、什么投资效应等。甚至有人测算出，一个农民工进城能够带来近20万元的投资，中国3亿农民工进城，就会带来接近60万亿的投资需求。可是，真要有如此巨大的投资，依靠的载体是什么呢？以现有的城市容纳得下如此庞大且要解决近3亿人就业的投资吗？退一步说，即便现有城市能够承载这些投资，所形成的巨大产能又依靠谁来消化？如果继续任凭乡村衰退，诸如2008年"家电下乡"的政策很难再现救市辉煌，那就只能依附于全球市场。可是近10年来，由于全球金融资本和产业资本的双重过剩，很多发达国家都纷纷从贸易自由主义走向贸易保护主义，全球市场竞争愈演愈烈，依赖出口形成外需所面临的不确定性也越来越高。所以，无论是从保护国内生态环境，还是从稳定国内经济增长的角度来看，原来那种过度依赖外国资金和市场的发展道路都日益艰难。正因如此，中央政府再次将目光转向农村，秉承"绿水青山就是金山银山"的理念，2017年正式提出乡村振兴战略，期望实现国家发展由黑色工业文明向绿色生态文明转型。

世事多艰，2020年的新冠肺炎疫情，一方面阻断了发展中国家产业链向外延展的通道，另一方面发达国家认识到经济脱实向虚带来连防疫口罩都无法自给的尴尬。收缩产业链布局的逆全球化，恐怕不是疫情防控期间的短暂现象，而可能是全球经济即将进入的一个新格局！在这样的背景下，如何延续中国经济的中高速增长？答案当然是上述提到的"向生态文明转型"。具体来说，需要由原来的依赖传统工业向外延展产业链，变成依赖乡村生态向内重构产业链，使经济社会发展实现由黑色工业文明向绿色生态文明的演进。事实上，这是一种倒逼机制，如果把控得好，就有可能使中国经济走出资源高耗环境恶化和外需下降产能过剩的双重困境，建立起城乡产业内循环体系，以推进中国经济的可持续发展。

那么，什么是城乡产业内循环体系呢？

大家知道，长期以来，我国城乡产业区隔是十分明显的，城市发展工商业，农村发展农业。由于农村产业结构单一，农业又属弱质产业，农民很难通过在家的一亩三分地里获得高收益，于是纷纷扔掉锄头进城打工。这些农民洗脚上岸来到城里，面对的不再是青山绿水的农田，也不是高端大气上档次的写字楼，而是整齐划一的传统制造业生产流水线。然而，20世纪90年代，农村基础设施还十分落后，交通不便，电力缺乏，更不知网络为何物。我犹记得，由于农村居住分散，电力路损严重，城乡用电无法实行同网同价，那时农村生活消费用电十分昂贵。我的家乡虽说是1985年就已经通电，但那时最贵的电价竟然要7元多一度，而卖一担谷子才不到20元。所以，那时的农村家庭，一般用的都是15瓦的电灯泡，这是唯一使用电的现代消费品，一个月下来全家人的用电量不足2度。在这样的条件下，农民工在城市工厂生产出来的彩电、冰箱、空调、洗衣机等工业品，对农村家庭来说，既买不起，也用不着。因此城市产业只能依靠国际市场，这就是所谓"两头在外"的外向型经济。1997年东南亚金融风暴导致外需下降，为了维持经济增长，中国加大了农村基础设施建设，尤其是大力进行农村电网改造，实现城乡用电同网同价，与此同时，农村水、路、网、气等基础设施也得以大幅度改善，再加上经过多年发展生活水平有了较大提高，为农村家庭既买得起也用得着家用电器等耐用消费品奠定了基础，为抵抗2008年全球金融海啸而出台的"家电下乡"政策的才有了实施空间。

国家对农村基础设施的投入，打通了城市传统制造业产品下乡的通道，彩电、冰箱、洗衣机、空调、电话等这些昔日被认为只有城市人才能消费得起的耐用消费品，开始逐渐走入农村家庭。中国农村的"乡土性"有一个显著的特点就是邻里之间喜欢"攀比"，往好里说叫作"示范效应"，只要隔壁邻居家里有件稀罕的什物，就会让村子里的许多人心生期望，直到拥有。这也就意味着，只要这些工业制造业产品进村点燃乡村的消费之光，由于存在"示范效应"，很容易激起农村家庭的消费欲望，潜在需求就会十分巨大。然而，这种消费欲望同时也强化了农民进城打工以提高收入的意愿，因为在农村种田很难积攒下用得起这些耐用工业消费品所需的花费。年年攀升的农民工数量带来的隐忧，是农村青壮年劳动力的离村进城，导致以农业为基础的农村单一产业结构不仅无法改变，甚至越陷越深。

如果无法改变农村的单一产业结构，会带来两个后果：一是农村家庭收入增长困难致使城市产业下乡通道受阻。这是因为，一方面，城市产业发展会随着市场的变化而不断升级，包括产品本身的升级，比如原来的平面电视到现在的数字电视，原来的普通手机到现在的智能手机等，也包括产业结构升级，比如原来是家电耐用消费品为主导，现在是家庭小汽车等奢侈消费品为主导等，农村家庭消费要跟上城市产业升级的步伐，就需要收入水平能够不断增长；另一方面，技术进步使要素之间的替代性不断增强，制造行业中技术与资本替代劳动的可能性不断增加，导致农民工进城打工的工资收入水平不能与城市产业结构变动水平同步。一边是城市产业结构升级需要不断花钱使用新产品，另一边是农民外出打工或回家种田都不赚钱，农村家庭的消费能力难以提高，从而无力支持城市工业品的持续下乡，城市产能过剩就在所难免。二是城市家庭收入提高所要求的需求多样化无法满足。城市的工业文明被称为"黑色文明"，是因为人类工业文明是以煤炭的运用和钢铁的制造为标志的，而且号称工业"血液"的石油也是黑色的。换言之，工业文明是以消耗地球几十亿年积累的有限资源，并排放出大量的有害废弃物等环境质量恶化为代价的。生活在工业黑色文明之中的城市人，对清新的空气、甘甜的山泉、绿色的食品有着无限的期望，这种期望却只有绿色文明下的乡村才能提供。但是，由于农村单一产业结构造成的收入增长困难，农村劳动力不断涌向城市，必然造成黑色越来越浓，绿色大量闲置。城市居民收入水平虽高，但却无处享受乡村绿色文明，这就是现代社会的一种尴尬。

由此观之，城乡产业区隔，一方面，导致城市产业发展只能依赖外部市场需求，因此只要外部市场扩张受阻，就极容易出现产能过剩的危机；另一方面，导致农村家庭不能依赖乡村产业发展来提升收入水平，从而不仅无法转嫁城市产能过剩的危机，也不能满足城市居民对乡村绿色文明的需求。因此，只有在传统单一农业的基础上，利用乡村生态多样性，不断衍生新业态，挖掘乡村生态资源价值，才是解决这个矛盾的出路。这是因为：一是通过乡村创业，充分利用乡村生态资源衍生新业态，将农村生态资源价值化，可以提高乡村农民家庭的收入水平，使他们有能力持续消费城市工业品，推动城市产业的转型升级；二是通过将乡村生态资源价值化的乡村创业，在传统农业基础上不断升级农村产业结构，创造出大量绿色生态衍生品，可以满足在工业黑色文明笼罩下的城市居民对绿色文明消费的需求。由此，城乡产业由原来的区隔变成现在的互补，城市居民的绿色消费将提升农村居民的收入水平，农村居民收入水平的提高将有助于消化城市工业外需不足的产能过剩，这就是城乡产业的内循环体系。若如此，必将极大地提高中国经济的抗风险能力，使之得到持续健康发展。

根据以上分析，乡村创业是城乡产业内循环体系形成的关键。从现在的情形来看，在全国大多数乡村，道路硬化由"村村通"延伸至"户户通"，农村电网改造工程、农村饮用水安全巩固提升工程、数字乡村建设工程等相继开展，投入加大，使现在的农村已经接近实现"五通"，起码可以比肩20世纪末许多城市招商引资提出的"三通一平"（水通、电通、路通和场地平整）。也正是得益于城市产业发展遇到多次外需下降的困难后国家不断加大对农村的投资，使现在乡村创业已经具备相当不错的硬件条件，才有近年来大批农民工陆陆续续返乡创业。然而，与硬件条件相比，乡村创业的软环境却显得极其滞后：一方面，在城市化的惯性思维下，许多地方采用各种招式，敦促农民放弃承包土地，退出农村宅基地等"釜底抽薪"的办法，或者是在所谓避免农村土地闲置浪费的幌子下推行"合村并居"，让农民"拆房上楼"，离村进城；另一方面，在城市即先进、乡村即落后的观念下，许多地方按照城市标准进行乡村改造，乡村不准养鸡鸭猪羊，不准在庭院搭棚盖房，要像城市一样整齐划一，表面亮堂。这样一来，农民在乡村不要说创造新产业，就是种田这个老本行都难以继续。乡村就变成没有农民的乡村，没有庭院的乡村，没有鸡鸭猪羊的乡村，谈何乡村新业态衍生产业结构升级？在一些人看来，让乡村之外的工商资本到乡村去流转土地，实行所谓的土地规模化经营，似乎成了农村现代化的唯一内涵。在这样的思路之下，乡村资源抢夺在加剧，生态环境在恶化，产业结构单一程度在深化，居民收入增长渠道在减少，如何能够支撑城乡产业内循环体系的有效运行呢？

2020年，有大量城市产能得不到消化，有大量农民进城找不到工作，这些在城里找不到工作的农民工无奈之下只得回乡，我们不能指望他们回乡之后继续下地种田，应该让他们发挥在城里积累的才能，回到农村谋求新的出路。鼓励乡村创业不仅是帮助农村，也是帮助城市，更是推进国家的发展与进步。因此，在如今乡村硬件设施不断完善的条件下，是到了努力改善乡村创业软环境的时候了，唯有如此，才能形成城乡产业内循环体系，提升国家抵抗各种外来风险的能力！

2020 年 5 月 28 日

乡村治理如何防止"内卷化"？

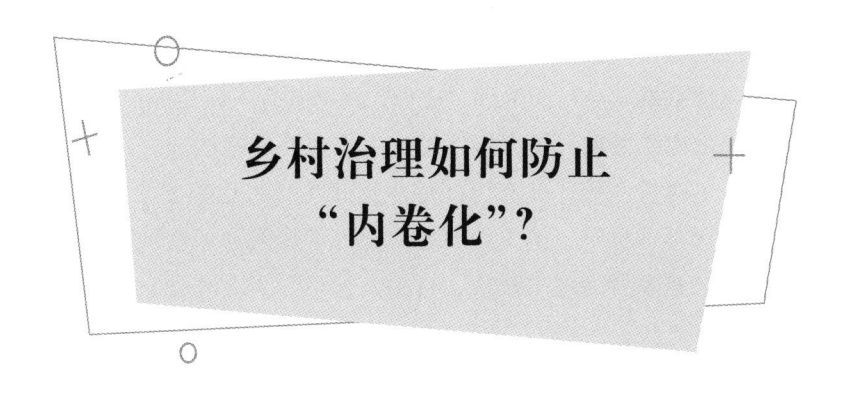

治理有效是乡村振兴的重要保障。什么叫作治理有效？其内涵应该包括两方面：一是指治理有效率，即政府用于乡村治理的稀缺资源，能够完成复杂多样的治理目标任务，包括要素资源配置效率、公共品供给效率和组织运行效率；二是指治理有效果，包括干部工作压力改善效果和群众生活品质提升效果，即通过乡村治理措施的实施，让干部工作压力减轻，让群众生活质量提升。如果乡村治理中出现资源投入不断加大，干部的工作压力也不断加大，而群众的生活质量和获得感却没有明显提升，那就是乡村治理的"内卷化"现象。

最近在农村调研，感觉乡村治理中的"内卷化"现象还挺普遍，具体表现在如下几个方面：一是资金投入不断增加，但仍感觉"工作经费不够用"。尽管每年投入到乡村治理中的资金量在不断增加，但仍感觉到由于经费不足，没有钱投入到社区工作的信息化和智能化手段上，依赖人工完成工作，资金很紧张，工作难度大。二是资源投入不断增加，但仍感觉"工作条件不够好"。"设施不足"被认为是基层治理遇到的普遍性困难。现在，大多数的农村都建有村委会的办公楼，面积基本都在几百平方米以上，但仍感到办公用房紧张，问题突出。三是人力投入不断增加，但仍感觉"工作压力不轻松"。"人手不够"也是乡村社区治理中人们反映的普遍问题。按常规，农村社区的干部数量通常是 5~7 人，现在有的农村村庄社区因为事情繁杂，人手不够，通过内聘方式增加人手，已达 10 人以上，仍然觉得工作压力巨大。

为何出现乡村治理中"资源投入越来越多，工作压力却越来越大"的

"内卷化"现象呢？主要有两个方面的原因：一是乡村治理形式化、高成本、低效率。在农村社区一级的治理中，通常使用正面清单管理，试图尽量做到事无巨细，而且对每一件事情都要求"专业的人做专业的事"，试图通过增加更多专职岗位来推动乡村的治理。比如，网格管理、宣传等都要专人专责，事情增加，岗位也要增加，资金、设施、人手也就随之增加。增加了岗位就要有考核，为了应付考核，就有可能催生形式主义，比如要求"处处留痕"就会生出"天天整理材料"的工作，导致投入增加但治理效果不提升的"内卷化"结果。二是乡村治理"法治、自治、德治"共治不足。按理说，"法治、自治、德治"中，"法治"是底线，"德治"是"规范"，只要大家尊崇"规范"，就能在最大限度上避免触及"底线"，"自治"要处理的"日杂事务"就会变得相对较少。但调查发现，目前的乡村治理工作，主要是采用行政化的"自治"手段，德治建设相对滞后，因此，"群众参与少"就成为乡村治理中的最大难题。

乡村治理是为了乡村群众，如果群众不参与进来，干部做得再多，群众也可能感觉不到，也就影响治理的效率和效果。我们认为，应该从以下几个方面克服乡村治理中的"内卷化"问题：

一是从重视过程到重视结果，改变乡村治理效果的评价。现在的乡村治理工作，由于采用正面清单管理，比较强调治理过程中要做什么，而且事无巨细，考核的时候同样是注重做了什么，各条线都有具体的任务指标。由于重视的是过程，就使很多资源分散在事前规定好的各条线的事情上，治理结果如何却往往被忽视。如果要提升治理的有效性，就需要将治理资源的使用绩效与乡村社会生产生活条件的改善，邻里之间的和谐文明进步等纳入到基层政府行政考核的指标体系，从治理结果来明确考核激励和约束内容。

二是从强调规范到强调效果，改变乡村资源利用的方式。乡村治理的过程，同时也是规则及规范下乡的过程，但是如果过分强调规范，"只能这样做，不能那样做"，千篇一律，没有因地因时，就会出现"打酱油的钱不能买醋"的尴尬。比如，现在推行基层治理的"网格化"，要求按规范划网格，按规范管网格，这与农村本来就有的村、组等基本管理单元是什么关系？是否有重叠而导致投入增加、资源消耗的情况？再比如，资源利用讲规范，是否一定要求处处留痕？如何避免宝贵的资源耗费在维持做事情的"规范"上，而没有起到治理有效的结果？这些都是值得研究的问题。因此，需要在强调资源利用规范的同时，给予基层一定的主体性和主动性，强调通过效果评价，来强化资源的使用效率。

三是从依赖干部到依赖群众，改变乡村治理主体的认知。现在的乡村治理，主要依靠干部力量，强调干部的责任，明确规定干部需要做哪些事情，甚至可以列出上百件工作任务的"村干部工作清单"，导致村干部压力巨大。事实上，乡村治理的主体应该是广大的村民，应该让村民积极参与。比如，农村社区的舞蹈队、旗袍队、合唱队等群众组织，完全应该是农民自发的，但调研发现很多村委会办公楼都设有类似的组织机构，既占用资源又脱离群众。乡村治理在坚守法治的规范下，应该发挥"德治"最广泛的群众基础，把许多用以规范村民行为的事情，交由群众自发性组织去做，在村"自治"组织中干部的引导下，让更多人参与到乡村治理工作当中来。所以，乡村治理体系建设，要非常重视"德治"的作用，让群众在"德"的教化下，自觉规范自己的行为，这样才能有良好的治理效果。

2020 年 10 月 24 日

城乡融合篇

农村人口流向东部及大城市是"客观规律"吗？

一

斗转星移，2020年又近年末，这一年说来极不平凡，除了与新冠肺炎疫情周旋，还得谋划"十四五"。作为一个"三农"学者，自然非常关心"十四五"规划对农村发展的基调，因此对一些关于农村的话题多少有些敏感，其中之一就是关于"农民进城"的老话题。

说起农民进城，话题尽管陈旧，但亦有新说。最近有一种观点，让我有点疑惑，那就是所谓"农村人口向东进城规律说"，大致包含三层意思：①中国人口流动呈现出从中西部向东部，从农村向城市尤其是向中心城市周围的都市圈以及沿海地区聚集的现象，这种现象是"城乡和区域发展的客观规律"使然。②我们既然无法改变客观规律，那就应该顺势而为，促成国家各类资源和公共服务向东部及中心城市聚集，让资源配置更具效率。③把资源配置到东部及中心城市、特大城市形成效率，然后解除这些城市的户籍限制，让中西部地区的农民流向中心城市，不仅能够实现农民城市化，而且还能促使中西部地区随着人口流出而人均资源量上升，进而提高收入水平。根据"农村人口向东进城规律说"，"十四五"规划就应该把更多的土地、资金等资源配置到东部地区尤其是大城市，而对中西部地区尤其是农村地区，要在资源和公共服务上做减量规划，在那里发展一些现代农业、旅游业、自然资源等产业足矣，否则就是资源错配，形成浪费。显然，这种思路与乡村振兴战略坚持农业农村优先发展，要求"在要素配置上优先满足，在资金投入上优先保障，在公共服务上优先安排，加快补齐农业农村短板"存在矛盾，问题究竟出在哪里呢？

二

如果"农村人口流向东部及大城市"真的是"客观规律"，那我们就要反思乡村振兴战略；如果我们认定乡村振兴战略的方向是正确的，那么就得重新审视"农村人口流向大城市"这个"规律"是否真的客观存在！逻辑学告诉我们，一个判断如果前提是错误的，结论就不可能正确。比如，有不少人认为的乡村凋敝"规律"，就被世界上许多国家乡村发展鲜活的例子证伪。因此，我们要识别"农村人口流向大城市"这个"客观规律"的真伪，就需要回到现实世界中来。

如今回到乡村，一个非常深刻的印象就是人少，完全没有儿时那种热闹，甚至很难见到年轻人的影子。要问农村的年轻人都去哪里了，答案很简单：进城打工。打工经济在中西部地区的农村，已经持续了数十年，今天的农民工数量已经达到2.9亿人。面对年年进城打工的农民工，看见冷冷清清的乡村，一些学者抛出"农村人口向东部沿海地区和中心城市聚集，是城乡和区域发展的客观规律"，能让许多人信以为真也就不足为怪。在现实中，用现象解释现象似乎成了人们的思维习惯，但是，揭示事物的本质，需要考察现象背后的逻辑关系。正如马克思所说，分析经济形式，既不能用显微镜，也不能用化学试剂，两者都必须用抽象力来代替（《资本论》（第一卷））。

所以，我们不能只看到现在每年有多少人从中西部农村地区向东部城市流动，要探究这些流动的人口背后的流动逻辑。如果对中西部地区流出人口的结构稍加关注，就会发现那些从农村流出的人口，大多数是身强力壮的年轻人，由此才产生所谓的老人、小孩甚至妇女的"留守"问题。从经济学意义上来说，年轻劳动力流动属于劳动力资源的配置问题。那么，劳动力流动的规律是什么？如果排除其他一些非经济因素，决定劳动力流向的是劳动力报酬的高低，或者叫劳动力价格。也就是说，如果要讲规律，劳动力要素从报酬低的地方流向报酬高的地方，体现的是劳动力的供求规律。如果要说中国人口从中西部区域流向东部沿海，从农村流向大城市是"客观规律"的话，就等于说东部地区的劳动力报酬比中西部地区高，城市地区的劳动报酬比农村地区高具有不可逆的特性。那么，这种"不可逆性"真的存在吗？答案显然是否定的，因为在现实中，这种"逆转"现象不仅存在，而且并不鲜见！事实上，目前表现出来的劳动力从中西部地区流向东部沿海，从农村地区流向城市，不过是工业化过程中某个阶段的现象，随着工业化水平不断实现阶段超越，劳动力流动的方向也会不断转换，我对这一点深信不疑。

三

说来也巧，我的家族就是农村人口从中西部地区流向东部沿海地区的一个反证。我祖籍是广东人，标准的来自东部沿海省份。20世纪40年代，爷爷奶奶带着我的父辈，从广东沿海迁徙到属于中部地区的江西，恰好跟"农村人口向东进城规律"相逆。事实上，那个年代这样逆向流动的人口很多，我的出生地是江西吉水县，赣江支流恩江从县城纵穿而过，人们习惯上以河为界将县域分为"水东片"和"水西片"，水东片多为丘陵山区，那里的居民绝大多数是像我的家族这样的外省移民，而且以来自广东的客家人居多。为什么那个时候人口会从广东流向江西呢？以我家族来说，主要是为了糊口。20世纪40年代，中国社会尚处于农耕社会，土地是糊口最重要的生产要素，江西自古就是农耕文明发达的地区，地多人少，尤其是丘陵山区的次等地很多处于荒芜状态，而客家人聚集的粤东山区，土地资源十分缺乏，常常为生计发愁，于是他们成群结队向江西迁徙，俗称"上江西"（因为江西位于广东的北边）。现在的江西各县，这样的外省移民流入人口很多，有的县占到总人口的30%~40%，在我现在居住的村子里，几乎都是那个年代来自广东的客家人的后代，江西本地人反而很少。由此可见，那个时代存在东部地区人口往中西部流动的情况，原因很简单，就是江西土地上的劳动报酬要高于粤东山区，在没有流动限制的条件下，人口就会从报酬低的地方流向报酬高的地方。

我算是从广东迁徙到江西的第三代，有幸感受到国家从农耕社会向工业化社会的转型过程。中华人民共和国成立之后的前30年，我们用计划经济体制集中人力、物力和财力，推进城市工业化进程，1978年改革之后，我们利用市场机制和非均衡的区域发展战略，优先发展东部沿海地区，实现国家工业化提速。改革开放之前，人口流动由于体制制约很少发生，即便有也是属于政策推动，比如"上山下乡"运动等，这个时期的人口流动不是市场机制作用的结果，也不是以劳动报酬为驱动力。改革之后打破了这种制度约束，劳动力流动遵循市场规律，东部沿海地区搞工业化，工资水平自然要比中西部地区农村搞传统农业要高，所以很多农民自发地从中西部地区流向东部地区。不过，这些中西部来的农村人口，起初也不是进入大城市。我们现在看农民工流入的似乎都是大城市，比如深圳，但在那个时候，农民工聚集的地方很多其实还是乡镇，比如那时候的观澜镇、松岗镇、沙井镇、龙华镇等，由于发展"三来一补"的传统制造业，成为农民工的主要聚集地，现在这些农村乡镇都已经变成深圳市区或者下属街道了，现在的农民工流入到那里，才算是进入大城市。由此可见，在工业化初期，中西部地区农村的农民，很多是流入东部的农村乡镇，通过发展制造业、服务业，改变了这些乡镇的农村产业结构，从而使之成为大城市的一部分。换句话说，深圳这个大城市其实是在那些从中西部地区流入的农民工参与下建起来的，深圳如此，其他大城市也如此，哪里存在农民工流入大城市的规律呢？由于东部沿海地区在国家政策倾斜下率先进入工业化阶段，使中国开始走出传统农耕社会，进入工业文明时代，人口流动的方向也就得到改变。就我们村而言，自20世纪80年代劳动力的区域流动开放之后，就有部分村民陆陆续续举家搬迁回到广东，走向与他们的父辈相反的迁徙道路。

四

那么，现在呈现出来的中西部地区人口向东部沿海城市流动的现象，会不会在若干年后再次逆转呢？我觉得不仅可能，而且时间不会太久。

我们对城镇化水平的认识，一直存在一个误区，就是把常住人口当作城镇化率的重要指标。据统计，2019年我国人口总数为140005万，其中城镇常住人口数量为84843万，按此计算我国的常住人口城镇化率达60.60%。但是，与此同时，我国的户籍人口城镇化率只有44.38%，也就是说很多城镇常住人口其实户口并不在城镇，全国人户分离的人口2.8亿，其中流动人口就有2.36亿。那么，什么叫作"常住人口"呢？这是目前国际上进行人口普查时常用的统计口径之一，大多数国家把在一个地方居住6个月（半年）以上的人口作为识别常住人口的时间标准。我国第六次人口普查中，常住人口由三部分组成：居住在本市街道且户口在本市街道和户口待定的人；居住在本市街道且离开户口所在地半年以上的人；户口在本市街道且外出不满半年和在境外学习工作的人。所以，中西部地区的进城农民工，只要在一个城市生活超过半年，就被算作是该市的常住人口，而被算入城镇化率的分子了，但是，这部分农民工真正实现城市化了吗？显然没有。

我们心目中的城市人生活水平是比农村居民高，但现在很多农民工在城市的生活状态，其实并不比在农村生活好，他们去城市打工的目的是为了赚钱以改善未来在农村的生活，是带着对未来回到农村的生活期许来到城市打工的。究其原因：如果不计城市的生活艰辛，农民工在城市能够赚到的收入比在农村要高。这是由于城市工资水平不是由农民工群体来定价的，是由在城市劳动力平均水平来定价的，城市生活成本高，自然要求的工资水平也要高。对于农民工来说，只要能够忍受在城市生活的苦，就能降低在城市的生活成本，把赚到的钱带回农村，从而比在农村种田获得更多的收入，这是绝大多数农民工的选择。所以我们发现，大多数农民工在城市是租房子住的，根据《2018年中国住房租赁报告》，流动人口是租赁的第一大需求群体，而且2000元/月以下的刚性租赁需求占市场的主导地位。为了省钱，农民工甚至连个人隐私都无暇顾及，很多人挤在一间出租屋里是常有的事情。

那么，农民工为什么不在城市落户过上正常的城市生活呢？一些学者强调说，是因为城市户籍制度的限制造成的，我认为这个说法只对一半。的确，如果我们早点放开城市落户的管制，会有不少的农民工能够通过落户城市而成为城市永久居民，从而真正实现城市化。可惜的是，我们在很长一段时期里，只允许农民工进城打工，不允许他们落户。因为不允许落户，所以大多数农民工都没有在城市买房；因为没有买房，大多数农民工都是流动在各大城市之间；因为流动于各大城市之间，就很少交养老保险费用；因为没有交养老保险费，就注定他们日后要回到农村。我们国家在2010年才颁布《中华人民共和国社会保险法》，依照这个法律才将农民工完全纳入社会保险范畴，距今仅 10 年时间。国家规定农民工累计缴费 15 年才能享受养老保险待遇，很多农民工自然就没有在城市落户长久居住的打算，这就是为什么农民工再苦再累都要在城市赚钱而回农村盖房的重要原因。

那是不是现在只要放开户籍制度约束，农民工就可以顺利进城了呢？我觉得没有那么简单！其实现在中央政府已经放开了 300 万人口以下的大城市的户籍限制，缴纳的社会保障费用也能够在城市之间自由流转，但是，从政策实施的情况来看，农民工进城落户的意愿不太高，效果并不理想。原因可能有两个：一方面城市房价经过这十数年来的上涨，已经远远超出了农民工的承受能力范围，与此同时，国际市场风云变幻对城市经济的影响，又使农民工在城市工作越来越难找，工资收入水平提升缓慢；另一方面由于前些年城市落户政策没有放开，大多数农民工在自己的家乡都建好了新房，农村的房屋不能流通，即便流通价值也很低，导致卖房进城的转换成本居高不下。所以，与其说是因为户籍制度约束导致农民工不能进城，不如说是房价为主的城市生活成本导致农民工无法进城！再加上这些年国家大力推进乡村振兴战略，农村的生活条件正在慢慢改善，农民工进城终老的意愿就更加低迷了。

事实上，住房对于一个人选择是否住在城市所起到的作用，在某种程度上已经大大超过户籍制度。现在很多农村来的大学毕业生，户籍都在老家农村，但他们与农民工不同。农民工因为低技能只能在城市非正式劳动市场就业，工作十分不稳定，收入也就不稳定；大学生留在城市工作相对稳定，工作条件相对舒适，有较好的按揭购买住房的能力，对成为城市永久居民有稳定的心理预期。所以，真正限制农民工进城的，是高昂的城市生活成本和不稳定的收入水平。就现有条件来说，降低农民工的城市生活成本和不稳定收入的难度，并不比提高他们在农村的收入水平来得容易，农民工留城还是返乡，正面临艰难的抉择。

五

综上所述，无论是过去、现在，还是未来，"农村人口向东进城"都不是所谓的"客观规律"：在过去的农耕社会里，人口往中西部耕地多的山区农村流动时有发生；在工业化初期，中西部农村地区人口向东部沿海地区流动并不都是进入大城市，很多是率先进入农村乡镇，是他们把东部的农村建设成为大城市的一部分；在工业化后期，中西部地区农村人口流向东部沿海城市，由于城市生活成本高和工作收入不稳定，大多数人没有留下来扎根城市的长期预期，他们认为自己仅仅是这个城市的过客，最终还是要回到自己的农村家乡。我们所期盼的是，有一天中西部地区的农村能够衍生新产业新业态，改变传统农村的单一产业结构，创造出比城市更高的收入水平，那么到那时，农民工从城市返回自己的家乡，就会成为新的人口流动方向。所以，中西部地区农村人口究竟会流向何方，要看城市与乡村哪里能够给他们提供更好的生活预期，并不存在留城一定比返乡好的规律，如果人为地臆想出这种不存在的"规律"，来指导中国未来的区域发展，必然带来极大的政策风险。试想，要是真的在"十四五"规划中，对中西部地区尤其是农村进行公共资源的减量规划，那些在城市打工的农民工将来回到农村会遭遇怎样的生活困境呢？目前，在 2.9 亿农民工里，年龄超过 50 岁的老年农民工接近 5000 万人，他们没有在城市落稳脚跟，或者说他们要在城市落脚，生活品质反而不如农村。对他们来说，返回家乡农村是理性选择，他们也正在陆陆续续返回老家。这些在城市工作了大半辈子的老年农民工，正在期盼政府能够为他们的前半辈子的付出给予一些关注，我们能不正视农民工的这种诉求吗？鉴于此，资源配置优先考虑农业农村的发展，塑造良好的农村就业创业环境，鼓励草根农民回乡创业，积极建设农村小城镇，努力推进乡村振兴，才是中西部地区农民市民化的可行路径。

2020 年 10 月 7 日

村庄究竟是已死还是会复活？

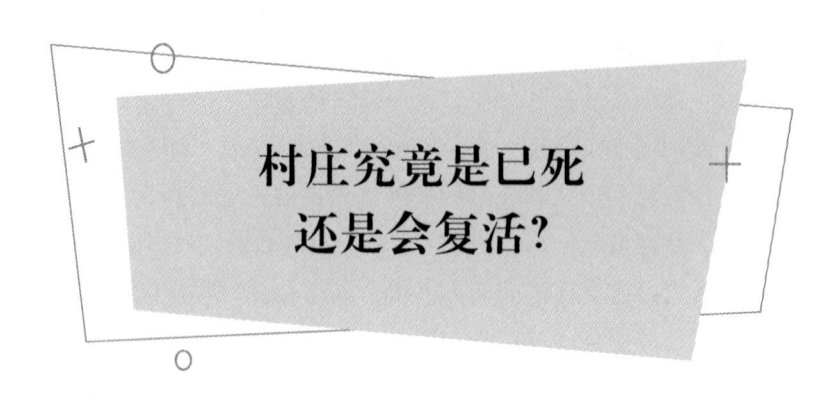

今天是 5 月 20 日，按照身份证上的出生日期，我已在这个被年轻人撩得十分浪漫的日子过了 26 个生日，把这天当作生日，是在我硕士毕业之后进入城市工作才开始的。在此之前，尽管我念完大学并出来参加了几年工作，但却没有在真正意义上离开过农村，因此一直依着农村人的习惯过农历生日。硕士毕业后到南宁工作，算是真正离开农村。城市生活没有使用农历的习惯，渐渐地就只记得自己身份证上的生日，我曾说这是我实现从农民向市民转变的标志。

在我孩提年代，离开农村不是一件容易的事情，所以从来没有想过村子里会缺人。农户家庭都恪守能生尽生的传统，家里有三五个小孩很正常。平日里劳动，很多年轻的母亲把娃娃背到田间地头，找一块空地摊上一些稻草、薄膜或者蓑衣，把娃往上一搁，自己便下地干活。这样带出来的娃不仅跟妈妈很亲，长大以后干农活也特别容易上手，这是潜移默化的作用。得益于大家对劳动力再生产的重视，乡村里生了那么多的孩子，才有每到逢年过节，村里的公共场所熙熙攘攘、热闹非凡的景象。因此在我的记忆里，那个时候的村庄是活的，总能看到鸡鸭成群，六畜兴旺，炊烟袅袅，嬉笑打闹！不过，那时的村庄活得不容易，大多数地方人多地少，土地产出极低，村里的人们时常食不果腹，衣衫褴褛，"新三年，旧三年，缝缝补补又三年"不是夸张，是真实的生活写照，吃上一顿饱饭成为很多人毕生的追求与梦想，后来人们发明一个词，描述乡村社会越穷越生的现象，叫作"内卷化"！

穷则思变，这是人的主观能动性。1978 年土地承包政策放开后，三四年之内各地就把田地分给了村民，实行家庭联产承包责任制，允许村民"交够国家的，留足集体的，剩下全是自己的"，村民们积极性大涨，放开手脚种了两年田，同样的土地同样的农具，粮食产量翻番了，终于可以吃上白米饭。但是，农民终究是农民，农业终究是农业，"蛛网困境"很快就显现出来，那时候农民最愁的就是口袋里没有钱，吃得上饭但住不上屋，简陋的土坯房时常遭受雨水的侵袭，让村民夜不能寐。所谓"吃、住、行"，在吃的问题解决后，人们开始琢磨住的问题，可是待在村里似乎永远赚不够盖屋子的钱。政府政策再次放开，1984年开始允许农民自带口粮进城务工获取工资性收入，也就是允许农民进城打工，20世纪90年代初期一部叫作《外来妹》的电视剧，完整记录了那个时代村民外出打工的情景。转眼间，村民们勒紧裤带省吃俭用维持着扩大规模的劳动力再生产取得的成果，呼啦啦地全部被城市吸引走了，乡村里剩下了那些为了劳动力再生产累得筋疲力尽、容颜尽衰的老人。年轻人不回来，老人快速老去，乡村不仅回到了原来的贫穷，甚至少了人气与活力，于是人们惊叹：村庄已死！

村庄已死，不仅是指年轻人走得毅然决然，更重要的是指村庄伦理的逐渐改变。现在很难再找到愿意在粥汤里加一勺水也要多生一个娃的村姑，很难再找到能够把娃带到田间地头的娘亲，很难再找到守着老屋为体弱的父母端上一杯热茶的儿孙。因为村里没有钱路，为了手头的宽松，能走的都走了，一年又一年，一茬又一茬！城里的钱好赚，这是那些年村民们在城里的感受。城里各式各样的工厂里，洗脚上岸的农民们脱下蓑衣和斗笠，穿上蓝色工作服，或拧着螺丝，或缝着衣领，一天到黑在一个工位上不用挪窝，一个月下来赚的钱够在农村种一年的地，村民们欢呼雀跃。更不用说还可以把头发烫卷，把皮鞋擦亮，偶尔在大排档前喝一顿啤酒，在电影院看一场功夫片，那个热闹以前在农村从来没有见识过，时间久了就习惯了，怎么还想得起回到村庄？村庄就这样不知不觉中失去了活力，变得死气沉沉。

面对这样的情景，很多人都把农民进城看作是最后的归宿，认为这就是不变的规律，是不可抗拒的潮流，因此下结论说，已死的村庄再也不会复活！然而，世界就像老顽童，总喜欢开玩笑。2008年不仅来了一场寒潮，一辈子没有见过的大雪在那年见到了，从没想到的失业潮那年也经历了，天气的冷可以经受，经济的冷就让人绝望。往常雪片一般的订单突然不从海外飞来，很多的加工企业歇业停产，村民们一下子被阻挡在城市的工厂门外，不能回到原来的工位上去干活，这就是全球金融危机带来的影响！从那时起，有人又慢慢想起那被遗忘的村庄，安徽、江西等劳动力输出大省，几十万农民工返乡的新闻不断见诸报端，村庄成了城市失业农民工的港湾，回家成了很多农民工的心灵寄托，那个常被自己嫌弃的村庄，一下子变得亲切起来！

村庄会复活吗？这是很多人的疑问！长期待在城里的人会历数城市的好，那是他们没有经历过城市里群体蜗居、骨肉分离的痛苦。他们断言村庄已死绝不可能复活，强调资源配置给村庄那是天大的浪费，但是，他们不知道，资源配置给城市让他们过上的好日子，落在农民工的头上，至少要经历数代人才有可能。如果我们问问，当初的村庄为何而死？答案其实并不难，因为大家都把村庄看作除了向城市供给粮食之外没有别的用处，因此也就没有向村庄投入的打算。任何生命都需要营养，种一棵小树都需要不断浇水才能成活，更何况一个村庄呢？幸好政府明白这一点，相比于城市里的专家，政府对村庄的信心要强得多。2007年中央政策说，鼓励农民工带资金带技术返乡创业，于是政府加大对农村的基础设施投入："要想富，先修路"，现在公路硬化实现村村通；"要赚钱得有电"，现在村村点电灯；"帮农民得用网"，现在村村4G覆盖有宽带。村庄不再像以前那样泥泞，不再像以前那样闭塞，洋房小汽车，村里不少见。在村庄"血管"里开始流动着以前只有城市才有的"营养液"，外出的村民回来自然也就能够适应，理性的农民工开始思考下一步的去向。

有人说，中西部农民工朝着东部发达地区的城市流动，是规律，不可能回头，我总说这样的结论下得没有逻辑。终于，在最近几年国家统计局发布的《农民工监测调查报告》里，看到了东部就业的农民工大幅度下降，中西部就业的农民工快速增加，城市里就业的农民工呈逐渐下降的迹象，乡镇里就业的农民工上升很快，如今已经有超过1.1亿的农民工回到家乡乡镇就业，居住在村里，工作在镇上，已经不再是梦想。甚至，不少农民工开始回到村里创业，种水果、蒸家烧、办民宿、做乡旅、搞电商，想着法子变"绿水青山"为"金山银山"，回乡不等于回村，回村不等于种田，这是很多回来的村民的新认知，中央文件给农民工返乡的这些创举，取名叫作"一二三产业融合发展"，村庄开始有了种田之外的新业态新产业，也许不是原来的鸡犬之声，但终究有了血脉气息，有了能量循环，村庄的复活当然就会有指望。

中国村庄几十年的变化隐含着一个道理：任何的地方，有人就有生气。

其实不管是村庄还是城市，如果没有人就会死气沉沉。俗话说"人往高处走，水往低处流"，表明人是理性的，只要不设置障碍，还他们以行走的自由，人们就知道选择适合于自己的方向。所以，鼓动农民进城和限制农民进城，都是忽视人的理性，不可取。村庄会死还是会活，取决于村庄有没有吸引人前来的条件。我们看见过大量人口外流死气沉沉的"鬼城"，也看见过人声鼎沸的村庄，没有哪条规律说村庄必定死亡，城市必定兴旺。中国有很多的村庄，不是每个村庄都能活，也不是每个村庄都会死。对那大概一半左右仍然没有城市户籍的农村人口，我们没有必要给他们只留一条路，是留在村庄里还是让他们走进城市，完全可以交由他们自己去选择。我们需要做的，仅仅是出于公平和效率的综合考虑，对那些尚有较多人口居住的村庄，继续完善那里的基础设施，对目前尚没有得到城市户籍的农村人口，增加他们享受公共服务的权利，就会出现一个和谐共生的城乡关系。千万不要再次人为制造出一个令人向往的城和一个令人绝望的村，城市与乡村对于一个完整的世界，都是不可或缺的。

村庄没有完全死，但也不会全部活，这也许就是辩证法！

2021 年 5 月 20 日

农民工兄弟，疫情过后会留在乡村吗？

谁也没有想到2020鼠年的春节会这样度过，新冠肺炎疫情肆虐，把全国人民困在家里，以"吃喝拉撒睡"的方式默默做着贡献！这场疫情之所以影响范围如此之广，以至于边远的乡村都不能幸免，则与我国的城乡人口流动有关。中国农民在城乡之间的"钟摆式迁徙"，使如今的城市与农村都面临着疫情扩散的重大考验！

面对突如其来的疫情，无论是城市还是乡村，应对的主要办法都是极力强调——停下流动的脚步！然而，一旦人的流动成为谋求生计的主要方式，脚步还能停得下来吗？显然是很难。如果说春节假期人们还可以一改传统，放弃走亲访友拜年的脚步，那假期过后回归工作岗位的脚步，停留下来就不是那么轻而易举了，因为它关系到农村人一家老小的生计。所以在我看来，根本的办法是，不要让农民总停留在依靠外出的脚步寻找生计的怪圈中，应该让流动的农村稳定下来，成为"物"的创造空间，将农村经济社会发展方式由"人的输出"为主转变为"物的输出"为主。若能如此，不仅可以更好地实现农村小康，也能减少诸如这次疫情那样来自大城市的风险。

传统的乡村是一个相对封闭的系统，村子里自给自足的经济形态，使农村可以完全独立于城市而生存。一旦像今天这样的疫情发生，只要把进入村庄的路一断，基本上就可以自保。这几天待在家里，总听见我80岁的老母亲说，她活到现在从来没有见过今天的情形，我问起2003年的"非典"，她似乎一点印象都没有，这也许因为那时的"非典"疫情是发生在春节之后，或者是因为那时的城乡人口流动不像今天那样频繁吧。今天看到一则发展改革委专家的专访报道,说相比于2003年的"非典"疫情,由于城市群的发展及交通基础设施特别是高铁发达,今天的人口流动规模大约是2017年前的6倍,所以在"非典"时期农村的疫情,远不像今天的新型冠状病毒那样难防难控。百度百科里说,武汉市2019年末户籍人口大约908万,流动人口却有510万,武汉市成为湖北地市及邻近的河南、重庆、湖南等省份农村青年进城务工的主要目的地,因此专家时刻提醒要防止疫情向农村蔓延,绝不是杞人忧天!很多人在这次疫情发生之后,改变了原先对大城市优先战略的看法,领悟到"农村存在的意义"。在那些保持着一些乡村本色的地方,视野开阔,空气新鲜,门前一块菜地,新鲜蔬菜随手可摘,完全不像城里人,尽管口罩手套全副武装,硬着头皮进一次超市,回来许久还要提心吊胆!可是,如果没有这次疫情,乡村是贫穷落后的代名词,是人们争先恐后逃离的地方,谁能想到今天乡村的好处呢?

我想问的是,农民工兄弟,疫情过后会留在乡村吗?我猜想,很多农民工兄弟可能还是迫不及待地盼着疫情快点结束,他们好重新收拾行囊,奔赴外乡,继续打工生涯!对许多农民工兄弟来说,这既是一种惯性,也是一种现实选择。但是,如果要我来说,经过这次疫情的洗礼,农民工兄弟如果条件允许,请留下你的脚步,留在乡村要比继续出去打工更有前途!

首先,外出打工能谋得眼下的生计,但会累积未来的风险。我们知道,传统农业年代的农村收入很低,外出打工是一种理性选择,打工收入远高于在家种田。早期的农民通过外出打工,回家盖起了房子,改善了生活,这是事实。但是,随着城市产业结构的调整,农民工就业跟不上城市产业结构调整的能力需求变化步伐,不断下沉到城市劳动力市场的最底层,从而使农民工成为拉低城市工资平均收入水平的主力,工资收入水平较高的就业岗位,大多数被大学毕业生所获得,这是农民工与大学生能力差距的结果。与此同时,随着城市房价物价的攀升等原因,生活消费水平也不断上升,农民工的收入除了应对房租和高涨的物价水平,很难有剩余。因此,外出打工的农民在外一年,增长的是年龄,消耗的是健康,顾及的仅仅是眼下的生计。没有积蓄与事业基础的农民工,随着年龄的增长,累积的生计风险越来越大!2020年疫情之下,我们发现那些常年在外的农民工回到家乡,生活所需的一切依赖于市场,一年打工的节余勉强维持过个年,相比之下那些在家的农民,田里有蔬菜,仓里有粮食,不管怎么说心里还是要安稳得多。之前很多人说,

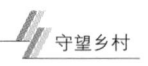

农村土地的社会保障功能几乎不存在了，这次疫情告诉大家，农村土地的社会保障功能到底有多强大！另外一件事情是，因为疫情控制的需要，各地都不得不推迟开学，于是出现一个令人激情迸发的新式口号——"停课不停学"，造就了轰轰烈烈的线上课堂。然而在农村，尽管国家已经把网线拉进了大多数村庄，但那些常年没有人在家的农户，屋里很少有安装 Wi-Fi 的，相反，那些没有外出的农户，大多数都用上了 Wi-Fi，这样一来，农村家庭的孩子是否能够平等享受新式教育，就跟家庭的流动性相关，这从一个侧面反映出流动的农村存在的局限性。

其次，留在乡村能得到国家政策的支持，具备条件发展新事业。我们应该清楚，如果让农民留在乡村只能回到传统农业去种田，那无论如何也阻挡不住他们迈开外出的脚步。我之所以认为经过这次疫情之后，有条件的农民工兄弟可以考虑留在乡村，是因为从目前的条件来看，留在乡村已经可以逐步摆脱"回到传统农业"的老路，展开双手去开创自己的新事业。这是因为，一方面有国家政策的大力支持。从 2007 年中央一号文件鼓励农民工"带资金带技术返乡创业"之后，国家政府几乎每年都有相应的激励政策，近几年更是密集。比如，2018 年中央一号文件提出"鼓励引导工商资本参与乡村振兴""吸引支持企业家……以投资兴业等方式服务乡村振兴事业"；2015 年国务院出台了《关于支持农民工等人员返乡创业的意见》，同时颁布了《鼓励农民工等人员返乡创业三年行动计划纲要（2015-2017 年）》；2016 年国务院颁发了《关于支持返乡下乡人员创业创新，促进农村一二三产业融合发展的意见》；最近，国家发展改革委等 19 部门又出台了《关于推动返乡入乡创业高质量发展的意见》，在营造创业环境、加大税收支持、创新金融服务、健全用地政策、完善配套设施和服务、加强组织保障等方面，给予乡村创业以优先支持。这些国家政策的出台，为农民工兄弟留在乡村发展新事业提供了坚实的制度保障。另一方面有相对完善的基础条件支撑。农民工兄弟留在乡村，当然不能再掉进传统农业的陷阱，这就需要有在农村发展新事业的基础条件。我们看到，从 2005 年提出建设社会主义新农村以来，乡村的基础设施条件和整个社会的创业基础条件都得到了极大的改善：如今的农村已经很少看到脸朝黄土背朝天的传统耕作方式，农业栽培新技术和机械化水平的提高，已经大大解放了农业劳动力；农村硬化道路村村通，高速公路县县通，高速铁路市市通的基本实现，完全改变了农村市场的可达半径，为农村拓宽渠道发展新产业奠定了坚实的基础；农村水网、电网、互联网改造升级逐步推开，基础设施条件得到较大改善，为乡村创业提供了物质条件。2020年中央一号文件更是就补足乡村产业发展所需的农村基础设施和公共服务短板给予了高度关注，涉及农村公路交通、供水保障、人居环境、教育质量、医疗卫生、社会保障、文化服务、生态环境等诸多方面，也许在不久的将来，乡村与城市在基础设施与公共服务方面的差距将会大大缩短，若如此，农民工兄弟留在乡村开展新事业，能够享受到的生活条件将与城市一步步靠近，到那时，与进城务工相比，留在乡村的优势就会不断显现出来。

最后，留在乡村通过各种资源的整合利用，可以不断夯实事业基础。农民工兄弟进城务工如果仅仅是赚点低廉的工资，又没有办法在城市站稳脚跟，那么，我倾向于认为，选择留在乡村慢慢开启自己的新事业更合适。因为现在的农村已经不是20年前的农村，无论从政策保障上还是硬件设施条件上，农民兄弟都有更大空间去整合资源，走出传统农业的困局，开创自己的新事业。这需要树立三个意识：一是回家不等于种田。2020年中央一号文件指出，要发展富民乡村产业，"加强绿色食品、有机食品、地理标志农产品认证和管理，打造地方知名农产品品牌，增加优质绿色农产品供给"，所以，农民工即便是回家种田，只要密切关注市场需求的高端化发展，及时调整种养结构，注入技术要素，就有可能获得与传统农业不一样的收益。另外，如今农产品的销售市场不仅仅局限在乡村周边，已经具备拓展更宽阔市场的条件，从而需要更多的农业服务业来支持。将来的农村需要在农产品加工、物流、营销、服务等全价值链上去补足短板，这给农民工兄弟留下了极其广阔的创业空间。所以，农民工兄弟留在乡村，既可以更有技术地种田，也可以积极开拓乡村新型服务业、"互联网+农业"等新业态。二是乡村不只有农业。农民工兄弟之所以年年外出打工，一个传统的观念就是认为回家干农业没有出息。事实上，随着城乡联系日益频繁，乡村空间衍生的许多新业态，成为城市生活消费的必需品来源。2019年《国务院关于乡村产业发展情况的报告》显示，乡村旅游、休闲农业、乡村民宿、健康养生、农村电商、乡村产业服务业等，在互联网、大数据等新技术的支持下得到快速增长。农村这些新业态的衍生，为农民兄弟留在乡村创业提供了广阔的空间，农村一二三产业融合发展的新态势，已经完全改变了农村只有农业的产业结构格局，这是谁也改变不了的趋势。三是农民不只有耕地。人们常把"三十亩地一头牛，老婆孩子热炕头"的传统农村生活，当作小富即安、没有追求的生活象征。从今天的情形来看，农民工兄弟之所以外出务工，其实就是对这种生活不满意的一种反抗。这次疫情让我们反思，能够过上有土地、有耕牛、有老婆、有孩子还有热炕的生活，不是挺幸福的吗？长期在外务工的农民兄弟回到家乡，土地荒芜，耕牛不在，老婆已疏远了丈夫，孩子也淡忘了爹，这样的生活难道幸福吗？如果现在选择留在乡村，农民兄弟不仅能够把土地找回来，耕牛换铁牛，孩子生二胎，老婆热炕头，还能够通过整合乡村诸多资源，开创新的事业。国家现在允许宅基地流转，集体建设性用地入市，乡村新业态发展，让一段残垣断壁变成乡愁的记忆，一片油菜黄花变成乡村美景，农民兄弟只要学会整合这些资源，就可能带来多元收入，不断夯实自己的事业基础，这哪里是"外出务工，两手空空"所能比的生活方式呢？

  所以，农民工兄弟，疫情过后你还会出去吗？如果不出去而留在家乡创业，或许会成为你人生的一次具有转折意义的选择。当然，留下来需要有勇气、有耐心、有智慧。在我看来，耐心最重要，很多返乡创业者之所以失败，主要在于不顾条件地误把自己当作了天生的企业家。对大多数农民工兄弟而言，尚不具备一夜成为大老板的实力，如果盲目追求规模，不要说管理能力是否够得上，就是那沉重的经营成本负担也会将自己压垮。所以，我主张大家要以外出打工的心态来对待返乡创业，大家出去打工，是将其当作一种谋生的手段，而没有一夜暴富的期许，返乡创业也应如此，沉下心来，不断摸索，不断学习，慢慢积累，这样才能做出持久的事业！我们要意识到，尽管在中央政府的政策支持下，返乡创业机遇期已经来临，但地方政府在如何营造乡村创业环境上，还有很长一段路要走，创业者要与地方政府在返乡创业认识上形成默契，这个磨合期才刚刚开始！

  但愿农民工返乡创业能够蔚然成风，以阻挡住乡村流动的脚步，实现农村稳定、持久、小康与安宁！

2020 年 2 月 12 日

究竟是农村城市化还是城市乡村化？
——美国的印象

如果要问中国人对哪个国家最熟悉，那一定要数美国了。之所以这么说，是因为在中国无论男女老少，说起美国都头头是道，不过大家所说的究竟是真还是假，就另当别论了，原因在于真正去过美国的人并不太多，或许是因为路途太过遥远吧！我算是个粗人，长期研究中国的"三农"问题，最喜欢走的是农村，尽管20年前去过日本，但之后就很少出国，即便出去也是三五天时间，而且足迹始终没有离开过亚洲，对美国的认知也是停留在网络、书本和电视新闻里。美国对我来说是一个陌生的国度，知道那是世界上最发达最强大的国家，但究竟强大成什么样子，脑袋里一点概念都没有。2019年我夫人在美国访学，我借此机会利用暑假时间踏上美国的旅途，想去那个世界头号发达国家看个究竟。7月13~29日这半个多月时间里，我乘飞机、坐火车、搭巴士、租车自驾，在美国东部的波士顿、纽约、华盛顿、布法罗、匹兹堡、宾夕法尼亚等地转了一圈，粗略地感受了一下这个国家，留下了深刻的印象。我想把这些印象及我对这些印象的思考写出来，作为一次旅游的心灵记录，与大家共享。不过需要说明的是，由于印象来自于我所看到的，而对看到的东西进行判断，则会因不同价值取向而存在差异，所以我只强调这是我所见到的现象，至于如何判断，则是大家的自由了！

都说美国是高度城市化的国家，尤其是美国东部城市，更被认为是现代化的典范，所以我的行程安排就先去看看美国东部的城市群：波士顿、纽约与华盛顿。由于美国没有高铁，我是乘坐一种叫作"灰狗"的巴士从纽约州的锡拉丘兹前往波士顿，再从波士顿乘坐火车到纽约，从纽约乘坐"灰狗"

大巴到华盛顿的。美国首先给我的印象是地广人稀，从一个城市往另一个城市的沿途很少见到人家，都是一片片连绵不绝的森林，偶尔在森林中有一两栋房屋，周边是大片大片的草地或者农田，或许那农田就是传说中的美国农场吧。记得读过一本叫作《大国大城》的书，里面为了论证发展大城市的重要性，多次强调说美国的人口迁徙也是像中国一样，越来越多的年轻人离开农村，聚集于东部的大城市。于是从锡拉丘兹出发时我心里就想，即将到达的波士顿、纽约、华盛顿一定会是人声鼎沸吧！

然而，上述想法在我到达波士顿之后便消失得无影无踪！无论是跟中国的北京、上海、广州相比，还是跟日本的东京、大阪、京都相比，美国的波士顿、纽约和华盛顿都算不上人声鼎沸，甚至是我生活附近的南京、苏州，也比这些城市要热闹得多。不过这三个城市倒是各有各的特点。波士顿是座有些历史感的城市，这一点从坐上地铁的那一刻就能感觉到。地铁站很陈旧，不像东京地铁那么高大上，但无论什么时候上车都会有位置，完全没有大都市的拥挤，地铁里也几乎没有手机信号，因此可以不看手机，用心感受这座城市的一切。城市没有多少高楼，也看不出多少流光溢彩，但造访过哈佛和麻省理工两所世界顶级大学之后，能够感受到这座城市处处弥漫着对知识的崇敬！我从波士顿公园开始，沿着"自由之路"（The Freedom Trail）一直往前，踏着把美国殖民时期及独立战争时期的重要历史事件串在一起的红砖线，一路感受着这个国家的历史与这座城市的坚强。当然，来到波士顿是不会忘记到华人街去走一走的，在那个写着"天下为公"的牌坊下，我听到了熟悉的广东乡音，感到格外亲切，情不自禁地在广东乡亲开的饭馆里，美美地尝了一顿波士顿龙虾，据说那是来波士顿旅游的标配！

相比于波士顿，纽约就要繁华得多。曼哈顿中央广场周边的高楼直冲云霄，高楼丛中的华尔街上，熙熙攘攘的人群摩肩接踵。街上最受欢迎的是那头象征财富的铜牛，游客们排起长龙，等待着与它合影，都期望能沾点财气。再往前走，就到了著名的世贸中心大厦，尽管没有机会再看到原来的双子楼，但新建的大厦依然豪华，在这座新楼前面的广场尽头，便是当年世贸中心双子楼原址吧，现在已经变成了"9·11"纪念遗址，不少游人送上白花，为当年在事件中逝去的冤魂祈祷。之后我乘船去参观自由女神像，途中随着游船翻起的波浪望去，远处的繁华楼宇就像一座大山，山峰高高低低、错落有致。我忽然感觉这情景有些眼熟，哦，原来这就是几十年前看过的电视剧

《北京人在纽约》中的真实画面，这让我不免有些激动起来！游船行程20分钟左右，我们来到了自由女神雕塑跟前，这座雕像比我想象的要大很多，简直占据着整个岛屿。作为纽约的重要景点，岛上尽管不像中国黄金周旅游中人头攒动那样劲爆，但也绝对算得上是游人如织了，好在旅客的相互礼让，让大家在这个惬意的小岛上跟自由女神雕塑合个影还不算困难。

作为世界上最发达国家中最繁华的大都市，没有人知道纽约究竟聚集了多少财富。但是，市场经济下的人们从来就是奔利而来的，因此即便是在纽约，也不是处处得见繁华与现代。我离开曼哈顿，乘坐地铁去法拉盛，想看看那被称为"海外华人首都"的所在，却让我感觉到即便在纽约也有不那么现代的地方。首先就是被众人吐槽最多的地铁，设施陈旧、热浪逼人，完全没有手机信号，隧道里不仅凌乱，甚至还夹杂着难闻的味道，显得跟这座世界上财富最为集中的城市有点格格不入。有人说，这是因为纽约地铁作为世界上最早的地铁，已经运行了100多年的缘故，因此陈旧也在情理之中。但作为一位游客或者乘客，坐上地铁自然是希望享受舒适，了解历史可以去博物馆。纽约地铁给我的印象，既没有现代的舒适感也没有沧桑的历史感，究竟原因是什么我不得而知。其次是法拉盛的街头，完全没有曼哈顿的现代气息，路过的街道有很多垃圾，路边各式摊点、商店显得有些拥挤，黄昏时分行走在街道上，时不时出来一两个醉汉，把我一阵惊吓，本来就听说这一带的治安不够好。再就是在纽约还能见到一般发达国家城市中很难见到的情形，即行人闯红灯、当街要小费及繁华街道边坐着的流浪汉！20年前去日本，不管是在小镇上，还是在东京街头，无论行人如何来去匆匆，见到红灯都会停下脚步。以前中国人没有"红灯停，绿灯行"的习惯，但是随着经济发展和人们见识的增长，如今起码在我生活的长三角地区，已少有路人闯红灯了。当街扮演米老鼠唐老鸭拦着路人合影要小费的情况，说实话我是第一次遇到，而且是在纽约，这是极其超乎我的意料的，毕竟这是世界头号财富聚集的现代化大都市啊！不仅如此，在纽约的地铁和餐厅里，总能听到人们大声说话、大声接听电话的情景，原来这些长期被认为与"现代文明"格格不入的行为举止，在纽约也是如此的普遍。难怪电视剧《北京人在纽约》中说，"如果你爱他，送他去纽约，那里是天堂；如果你恨他，送他去纽约，那里是地狱"！在纽约果真能够见到想象不到的奢华，也能见到想象不到的粗简！

因为在纽约坐地铁和在法拉盛街头遇到的种种不适，来到华盛顿就感觉清新多了。本以为美国首都华盛顿应该也是人头攒动、高楼林立的，没想到来到地铁站的那一刹那，就被这里的古朴宁静吸引了。华盛顿的地铁虽然说不上豪华，但非常雅致清新，一改纽约地铁站设施陈旧不堪，隧道热浪逼人，车内脏乱的窘境。从地铁站出来到住宿地，一路上尽管骄阳似火，但路面行人很少，路面宽敞整洁，多少给人一种清凉。原来，作为首都的华盛顿，只有不足70万人，这似乎与我们的想象相差太远。北京也好，东京也罢，人口都是千万级的，显然华盛顿是一种完全不同的首都风格。果然，到白宫、国会大厦参观的路上，最常见到的不是高楼，而是浩大的草坪，还有路边接连呈现的各种博物馆。在林肯纪念堂前的大草坪上，三三两两的游人冒着酷暑在逗着松鼠，人与自然的天然合一得到极好的彰显。来到国会图书馆，我只能用富丽堂皇来形容，里面装饰金碧辉煌，墙壁各种绘画底蕴厚重，阅览室里设施齐全，安静舒适，的确是读书人的好去处。

  从城市功能角度来说，波士顿红砖线串起的历史，以及哈佛和麻省理工两所世界顶级大学透出的智慧，说它是美国的历史文化中心也不为过；纽约曼哈顿的华尔街，就足以让其成为美国乃至世界经济中心；华盛顿的白宫与国会大厦，自然标志着这里是美国的政治中心。不过，如果从人口聚集度来看，这几个中心城市都算不上太高。作为美国第一大城市的纽约，2017年的人口不过862万，而波士顿和华盛顿的人口更是不足百万，因此，用美国东部城市来证明大国需要大城，显然是一个不够完美甚至难以自圆其说的证据。我特别好奇的是，美国人口总数已经接近3.4亿，按理来说要聚集起一两个千万级人口的大城市完全有可能，因为日本只有不足1.5亿人口，但仅东京市人口数就超过了1000万，如果说东京都市圈，则其人口更是可达三四千万之多！那么美国的人口都去哪儿了呢？从华盛顿回到锡拉丘兹后，我决定体验一次美国自驾游。据说美国人的出行方式，主要是"飞机+汽车"，所以美国有超过1.5万个投入使用的飞机场，这些机场同时也是租车行，下飞机就租车，是很多美国人出行的标准方式。我很顺利在锡拉丘兹机场租到一辆吉普车，花了一周时间驶向布法罗、尼亚加拉瀑布、克利夫兰、匹兹堡、斯泰特科利奇、伊萨卡，最后回到锡拉丘兹，行程刚好1000英里（约1600公里），这一路看下来，对美国多了一份自己的理解。

  以我十几年的开车经验看，美国的高速公路网络可以说是十分发达的，驾车途中我所见到的，仍然是连绵不绝的森林带，偶然出现的一两栋房屋，伴随的是大片大片的庄稼地，田间地头很少看到人，倒是能够看见一些喷灌设备、大型农机器械等。高速公路四通八达，隔不了多久就会有一个出口，因此即便开车走错出口，也能在不远处拐回来，路边指示牌写着的地点，是一些小城镇，偶尔离开高速公路，到类似于我们省道的道路上，就可以看见这些小小的城镇。美国这样的小镇很多，而且都很漂亮。在后来的游玩中，我了解到这就是美国所谓的城市，这些小镇式的城市大多只有几万人，能够拥有10万人以上的就算是比较大的城市了。像康奈尔大学所在的伊萨卡，就只有不足3万人，而锡拉丘兹的人口也不过15万，这已经是纽约州第四或第五大城市了！这些密集分布的小城市，似乎给出了美国大城市为什么普遍人口较少的答案：美国人口不是集中在大城市里，而是均匀地分布在众多的小城镇当中。资料显示，只有不足3.4亿人口的美国，拥有的城市数量超过1万个，所以存在大量3万~5万人的城市也就不足为奇！住在小镇上的人们生活很悠闲，尤其是住房条件很好，家家住的都是别墅，并有宽敞的草坪和庭院，十分精致。由于每家每户占地面积很大，自然小城市的面积范围也不小，因此显得有点人烟稀少，在这些城市里晚上不太敢出门，实在安静得有些可怕！

　　从这些小城市沿着公路往外延伸，就是美国的农村了。到美国的第二天，一位当地朋友带我去参观了一家小农场。虽说是小农场，土地面积却有5000亩之多，想想我老家的村庄，住着30多户人家，土地不足200亩，这跟美国的农村相比，我们的农村就实在是太小了。朋友告诉我说，这家小农场一共有三户人家合伙，一个买了这一大片土地，一个购置了大量的农用机械，还有一个开了一家农家乐。三户人家以什么方式合伙我不清楚，但我那天去，因为刚好是周末，看见小农场里来的客人不少，许多城市家庭带着孩子到农场玩耍、吃饭。小农场里有一个小商店，里面卖的东西绝大多数是他们农场自己加工制作的，面包、酒水、蜂蜜、点心等，品种很多，很受顾客欢迎。不远处的餐厅里，吃饭的客人排着队等待就餐，面包房里有一些年轻人在忙碌，朋友的儿子也正好在那里帮忙，据朋友说，她儿子正在读大学，学校放假，就来这家农家乐里打零工。城里的大学生到农村农家乐打暑期工，这在中国人眼里还是比较新鲜的事情，因为我们的人口流向，主要还是从农村奔往城市，尽管性质差不多，都称之为"打工"！

　　我自驾的沿途，有很多这样的农场，大片大片的森林、草地、庄稼，旁边散落着几栋房子，草地上放着大型农机设备，一些房子的墙上用大大的英文字母写着网址，大概这就是他们销售农产品的方式吧！跟我一路同行的，是许多物流运输的大卡车。这给了我一个美国农村的清晰画面：农场里的农民，依靠大型农业机械，耕种着数千亩的土地，土地上收回来的农产品，通过互联网让产品信息迅速传递，买卖很快能够在网上完成，接下来就是那一辆辆的大卡车把农产品运输到各地，然后走进城镇的超市，你就可以看到十分丰富的各种农产品，供应给生活在城里的人们。当然，与此同时，互联网也可以将农民所需的各种服务信息变成一个个交易，化肥、农药、病虫害治理、土壤检验、灌溉支持、产品分级分拣运输等，都可以自由地交给那些城里的专门服务公司来完成，难怪在一个介绍美国农村的视频里，农场主说美国农民需要掌握的技能，就是驾驭大型农业机械，手握方向盘或者操纵杆，是农民需要具备的基本素质！

  1600公里的自驾让我长了不少见识，我感觉有必要重新认识美国。大家都说美国是一个高度城市化的国家，但是在我看来，与其说这个国家实现的是高度农村城市化，不如说它实现的是高度城市乡村化！在美国广袤的大地上，如果将人口集中在少数几个大城市，是避免不了大面积的农村地区出现凋敝趋势的。美国的农村没有凋敝，主要在于大量发展小城镇，将千千万万的小城镇与农村连接起来。小城镇里有大量的企业为农村农业提供专业化的服务，造就大量的就业岗位，才使从事农业的农村人口大幅度减少。事实上，在田里干活的美国农民，跟我们的农民不是一个概念，那些能够操纵大型农业机械，能够使用互联网完成农业服务外包及农产品销售各种交易的农民，是对农业极为了解的农业专家，是真正意义上的农场主。有人说，美国农民的务农工具就是一部电话，这非常形象地说出了美国农业领域的专业化分工与合作。说美国是城市乡村化，一方面是指大量的城市其实是在乡村小镇里，这是一个空间概念，这些小城镇都与自然生态相毗邻；另一方面是指这些小城市里，人们从事的职业也很多与农业相关，比如提供农业服务的各种公司、从事农产品加工的各种企业等。有资料说，美国农户（包括牧场户）全国只有200多万户，占全国户口总数的1.6%，直接从事农业的人口只有300万人左右，种出来的粮食却可以养活20亿人。我认为这种说法并不准确，因为在美国，所谓种田的农民，其实只是操作了农业机械，其他的事情大多都是由城镇里的农业相关企业提供的服务来完成的，农民跟那些农业服务企业经营者并没有本质区别，区别仅仅是不同工种而已。因此，美国农产品不是农场主个人耕种的结果，是高度社会分工基础上，企业合作的结果。在这种分工合作中，很难分清谁是农民，谁不是农民，比如，在田里开农业机械翻地收割的是农民，而给庄稼提供施肥喷药灌溉的城市农业服务企业主却不是农民，这是难以理解的。

我突然意识到，今天的中国正在实施乡村振兴战略，也希望农村产业兴旺，但农村产业兴旺的道路在哪里呢？来美国一趟，我更加强化了自己在之前提出的一个理念：农村产业兴旺既不能依靠农业，也不能脱离农业！以农为基，沿农衍生，形成新业态，构筑农业全产业链，是未来的方向与出路。如果我们要沿着这条道路走下去，相较于美国来说，我们至少有以下两个方面需要加强：

一是农村基础设施建设。美国农民或者说农场主，能够跟城镇里的农业服务组织紧密结合，分工合作，最为重要的就是农村（包括乡镇）的基础设施条件完善。在农场参观时朋友告诉我，美国农村都有完善的自来水、煤气、供暖供热系统，政府将这些基础设施延伸到农村主干道的路边，农民把这些系统接入自己家中的费用是自费的。这种制度安排有一个好处，就是能够将农户的居住尽可能集中，因为你要是住得离主干道太远，就要花费很多钱才能享受这些基础设施的服务。难怪我在十几天的旅游中，总是看到农户居住在道路两侧的森林边呢！也恰恰是这种相对集中居住在便利的交通线上，大大降低了农业经营的交易成本，比如运输、服务的交通成本，同时，相对集中居住也使基础设施使用效率能够得到提高。因为有这些基础设施，使农村的生活与城市一样便利，人们在农村才能待得下来；同样是因为有了这些完善的基础设施，小城镇里的农业服务公司、企业才有衍生的可能性，这些与农业相关的企业要在城镇里繁衍，才能给附近的农场提供必要的服务，才能与农村农业实现要素共生。但是在中国，一方面正是城乡公共基础设施与服务的巨大差距，才使得有一点能力的农村人都巴不得早点离开农村，奔向城市！另一方面乡镇中的基础设施发展滞后，约束了农业服务企业在农村的就近繁衍，从而不能在乡村地区形成有效的农业产业链分工与合作，农业变成了农民的农业，没有农业服务的农业，农民就难以减少，要减少农民就只有牺牲农业效率，这是中国农业发展面临的一大难题。

二是农民文化教育水平。农村基础设施的完善只解决了物的问题，而产业的发展关键还是人。农业要形成完善的产业链分工，就需要很多能够担当产业链节点主体的创业者。我们知道，创业是需要有创业家才能的，没有一定的文化程度，没有吸纳知识的能力，可能连创业念头的产生都很困难，更不要说办起一个个有活力的公司企业了。前面说过，美国的农民其实都是农场主，是创业者，能够与城市的各类农业服务企业开展良好的分工与合作，这是得益于这些农民的文化教育程度。有资料说，美国的农民高中以下教育程度的占7%，高中毕业或专科教育程度的达68%，有1/4具有大学或以上学历。他们对农机非常熟悉，很多农业机械都是农民买回来后自己改装，甚至就是他们自己设计的。美国农民何以有这么高的文化教育程度？这使我想起美国大学与中国大学的区别。我这次去美国，游览大学是主要目的之一，去了波士顿的哈佛大学与麻省理工学院，纽约的哥伦比亚大学，匹兹堡的卡耐基梅隆大学，如果说这些大学都跟中国一样坐落在大城市的话，那么坐落在克利夫兰的凯斯西储大学，坐落在锡拉丘兹的锡拉丘兹大学，城市人口都在40万以下，有点像我们的地级市甚至是县级市，而坐落在伊萨卡的康奈尔大学和坐落在宾夕法尼亚州斯泰特科利奇的宾夕法尼亚州立大学就只能算是在小镇上了，因为这两所大学所在的小镇都只有三万人，而且这两所大学都有非常强的农业领域相关专业，尤其是康奈尔大学的农业经济专业与宾夕法尼亚州立大学的农业工程专业，堪称世界顶级专业。据称，美国的大学，绝大部分是建设在这样的小镇上，一方面可以节省成本，因为美国的大学绝大多数是私立的，需要自负盈亏；另一方面也是让大学可以远离大城市的喧嚣，安心于学问。但正是众多大学分布于小镇，一方面使小镇因大学而变得充满着知识智慧，大学因小镇变得格外有情调；另一方面也使与小镇相连的农村地区，能够得到最新知识的外溢。这些大学里的学生毕业之后，总有一部分留在当地，由此充实着这里农村的人力资本。除此之外，美国从19世纪开始，就逐渐以法案形式加强对农民的职业培训与教育，这对提高农民的文化教育程度与素质，有着不可估量的作用。相比之下，我们这方面的工作就要滞后许多。中国的农民，基本上是上不了学，又无法走出去打工的人，才留在农村种地。文化知识的缺失，让农民根本不知道如何参与社会分工，农业发展的专业化与知识化就变得十分遥远。

从美国旅游回来我感觉到，如果以一个城市人的视角去看美国，的确不觉得它有多值得我羡慕，甚至在很多方面，还没有生活在国内城市那么方便。

比如出行，尽管美国有四通八达的高速公路，有十分便利的租车服务，有十分发达的民航业，但由于城市分散，城市人口居住分散，在城市与城市之间，以及城市内部公共交通上，跟我们的城市是无法相比的。要去一个地方，坐飞机总比坐高铁麻烦，而且没有时间上的便利。坐飞机到了一个城市，很少看到出租车，有类似于滴滴打车那种服务，价格也贵得惊人。我来到克利夫兰，想见我的一个在凯斯西储大学访学的学生，相隔虽只有十来公里，但如果不是我自驾前往，就很可能见不上面，因为市内的交通完全不像我们想象的那样方便。尽管很多人把美国自驾视为惬意的出行方式，但中国的家庭并非没有车，中国的高速公路路面状况其实比美国还要好，至少长三角地区是如此。但是，在中国没有多少人愿意长时间驾车出行。也许大家要说我们的汽油太贵，过路费太贵，当然这也是事实。但其实我想，在中国城市的中产阶层中，不为汽油费和过路过桥费担忧的家庭大有人在，然而，在有高铁加城市出租车的情况下，他们一般不会选择驾车出行。自己驾车出行是需要体力的，且要有较好的身体条件。对于个人来说，能够方便地雇别人服务，就很少有人会雇自己服务。美国劳动力价格高昂，只要牵涉人来提供服务的领域，价格都十分昂贵，住酒店不放几美元小费在房间，不会有人替你收拾床铺，吃饭只要有人给你端盘递碗，就会被友情提醒小费最好给够消费额的15%以上。在大排档里的自助餐，一律使用纸质餐具，随用随丢，没有洗碗工。所有这些，让我这个在长三角享受惯了的城市人感到颇不习惯，觉得还是我们的城市要方便得多！

但是，如果以农村人的视角来看美国，就会有完全不同的感受。美国的农村，水、电、气、热、暖等一应俱全，跟城市没有区别；农村人干活，只要学会掌握方向盘和操纵杆；农田里的辛劳，大部分只要手里电话一拨，就会有诸多专门公司上门服务；在周末闲暇，农民们用自家的卡车，载上自己农场生产的各种物品，到城里的农贸市场图个热闹，颇有情趣；农民的收入水平也不输给城市人，一样可以出去旅行，出去散心；农村住的乡村别墅，房前屋后大片碧绿的草地，时不时出来游动的小动物，让你享受天人合一的自然妙趣。

城乡发展不均衡，乡村发展不充分是我们面临的难题，乡村振兴关键在于产业振兴，产业振兴需要完善农村公共基础设施与服务，需要大力提升农民的人力资本。如果有一天，我们的农民有足够的能力参与社会分工，能够在城镇里衍生出更多与农业相关的公司、企业，让大量的农民离开土地而从事农业生产活动，那么，这种基于产业链上的城市资本与乡村资本共生关系，比之现在的工商资本下乡圈地、农民进城打工，要有活力得多，引发的矛盾要小得多。毕竟，在农民尚不具备以自己的能力创造新事业的情况下，城市资本来到农村只收走农民的土地，或者即便是组成一体化组织共同经营，也会由于利益边界难以厘清，利益冲突在所难免。像美国那样，基于农业产业链基础上的农业企业之间的合作，也是一种城乡要素共生方式，而且这样的方式由于合作共生的各方有清晰的利益边界，共生也会变得更持续、更和谐。所以，从这个角度上来说，加强农村基础设施建设，努力提高农民人力资本投资力度，是乡村振兴的关键！我们落后的不是农村城市化水平，而是城市乡村化水平，这是我从美国旅游回来的最大感受！

2019 年 8 月 6 日

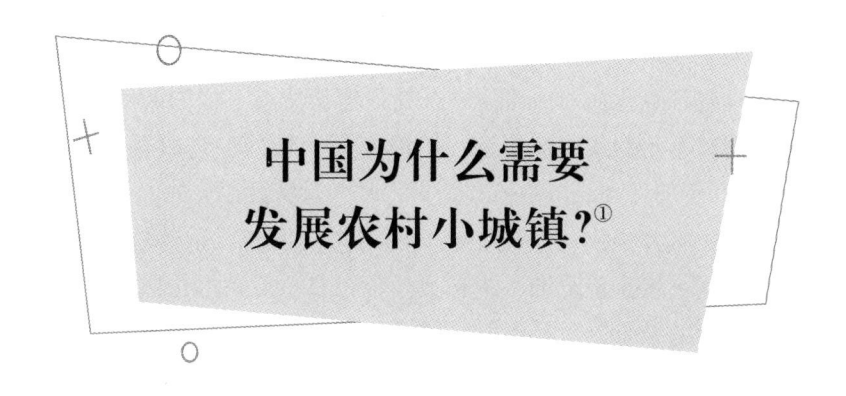

中国为什么需要发展农村小城镇?[①]

论及如何打破城乡二元发展的格局,大城市化是一种十分时髦的观点,通过发展大城市把农民赶进城,既有规模经济,又能实现真正的农民市民化,农村城市化,似乎一切都那么完美!然而,几十年来我们一直按照这个思路走过来,这样的美好却没有如期出现,倒是造就了越来越严重的城乡"人口钟摆式"迁徙。2020年遭遇新冠肺炎疫情,突然让农村流动人口"摆"回农村之后,无法及时"摆"回城市,形成两个奇特现象:一方面城市工厂复工找不到工人;另一方面大量农民滞留乡村找不到工作。于是出现很多所谓"硬核"做法:城市政府或者企业包飞机、包高铁到中西部地区接回农民工!很多人褒扬一些地方政府或者企业的这种开先河的做法,但是我却在这种褒扬后面存在着种种担忧:这不是一个值得夸奖的好现象,因为它说明两个问题:一是许多发达地区的城市产业结构,几十年没有完成转型升级,仍然停留在劳动密集型产业中,农民工断档对产业发展形成毁灭性打击,所以不得已要包飞机、包高铁抢民工;二是许多中西部地区农村产业结构仍然是单一农业,无法提供就业岗位,农民的收入增长依然依赖跨区域外出打工,一旦这条道路被疫情阻断,基本的生计都成了问题。所以,包飞机、包高铁接民工返城复工,不是什么"硬核",而恰恰是"软肋"!

大城市论者经常抛出三个理由来证明自己观点的正确性:一是农村衰退

[①] 本文发表于《山西农业大学学报(社会科学版)》2020年第2期,作者为庄晋财、黄曼。略有改动。

是必然的，农村人口走向城市是趋势；二是大城市才有规模效应，资源配置到大城市才有效率；三是控制大城市发展的政策总是失效，无论国家如何控制大城市发展规模，还是不能阻挡人们奔向大城市的脚步。事实果真如此吗？在我看来，这些论点存在两大谬误：一是没有历史观。中国的城乡差别是规律使然吗？当然不是！我们都知道，1949年后实行的"进口替代战略"，我们用差不多30年的计划经济手段，依靠行政力量将大部分的农村剩余用于城市建设，奠定了城乡差别的基础；然后随着市场取向改革开放政策的实施，市场机制的作用下城乡差距进一步扩大。现在农村劳动力往城市跑，不是什么追求美好生活的结果，而是农村要素被城市定价造成的无奈，城乡差距是历史形成的，如果不顾历史事实，却把它当作了历史规律，对中国的发展将十分有害。二是颠倒因与果。农村人往城市跑说明控制大城市的政策无效吗？先得问问我们是如何控制大城市规模的。最常见的控制大城市规模的政策，就是设置人口落户大城市的门槛。大概就是因为无论怎么设置门槛，我们都看到很多农民会想办法进入大城市的缘故，才有一些专家学者关于大城市趋势是控制不住的观点。但这显然是因果倒置，我们将绝大多数资源用于建设大城市，然后设置进城门槛，这被理解成控制大城市发展，显然是不恰当的，也是控制不住的，因为人都是理性的，城乡基础设施和公共服务差别那么大，这就决定了人口的流向。真正控制大城市应该是在政府公共资源的配置上去控制，如果今天中国有城乡一体化的社会保障，城乡有相对接近的基础设施与公共服务条件，人口流动的走向才能够说明究竟什么是趋势！

如果不走大城市化的道路，中国有什么办法让农民走出"钟摆式迁徙"过上好日子吗？我认为，最理想的道路是以发展城市群、城市圈的思维，构建大中小城市协同的城市网络！要说清楚这个问题，得先从概念说起。我们知道，所谓城市，是一个空间聚落，在历史上是先有用于防御的"城"，后因为要满足"城"里的生活需要才有了"市"，随着"市"的繁荣进而发展出为"市"交易的产业，造成人口聚集，成为今天所说的"城市"。从这个意义上说，所谓走大城市化的道路，就是指把一个城市做得很大，人口很多，就像有人主张的把上海建成5300万人的城市那样。怎么建呢？一般的做法就是从城市中心开始，不断摊大饼似的往外拓展，一圈又一圈，城区的范围不断增大。中国的大城市基本上是这样建起来的，许多如今的大城市在20年前只有一环二环，如今都有五环甚至更多环了，这就是大城市发展的思路。

如果我们讲城市群，那就不是大城市的概念了。因为"群"不是个体，要有很多个体聚在一起才能称为"群"。城市群就是在一定的空间范围内，聚集着数个城市，这些聚在一起的城市，既有各自的独立性，又有相互的关联性，城市之间形成分工合作的关系。我们说长三角城市群，就不单单是上海这个大城市，而是在包括浙江、上海、江苏、安徽在内的一定空间范围内的10多座城市形成的"群"，显然，发展城市群跟发展大城市是两个完全不同的概念，发展大城市往往强调的是"规模效应"，而发展城市群更强调城市之间的"协同分工"，思路是不一样的。现在是分工的时代，城市之间形成的分工合作关系所带来的"协同效应"，比"一城独大"的"规模效应"，对区域经济发展的促进作用要大得多。

最近网络上不少比较江苏与浙江的文章，似乎对浙江的褒奖要远远超过江苏，不管是这次防疫还是疫情之下的复工举措，似乎浙江都是领先于江苏的硬核榜样。但在我看来，浙江和江苏是长三角地区两个各有千秋的发达省份，地理虽相近，发展道路却不同，这种不同在早前的"温州模式"和"苏南模式"的区别中已经得到很好的体现。从城市化道路来说，浙江是"省城独大模式"，杭州在浙江的地位远超过南京在江苏的地位，这就是人们常常对浙江津津乐道的一个原因，其中还产生了一个专门的词叫作"省会城市首位度"！江苏走的则是"城市群模式"，沪宁线上短短的300公里距离，摆着苏州、无锡、常州、镇江、南京5个城市，经济实力最小的镇江，人口只有不到320万，GDP总量却在4000亿元以上，更不要说苏州、无锡了。因此，尽管江苏与浙江的地理面积相差无几，但要比GDP总量、人均量、公共预算收入、财政收入、税收收入、公路交通基础设施条件等，浙江离江苏还是有不小差距的。再进一步比较就会发现，浙江是靠以家庭私营经济为主的"温州模式"起家的，因为家族式的私营企业规模相对较小，选择的产业基本上也是劳动密集型的轻工业为主，这样的产业选择，专业型市场变得非常重要，所以造就了"义乌小商品城"的辉煌。同样在今天，还是因为浙江轻工业产品需要聚合销售的特点，像原来"义乌小商品城"这样的专业型市场，在互联网时代就演变成阿里巴巴这样的电商平台，所以有人说，在互联网时代浙江比江苏早了一步，其实并不说明浙江的优势，而只是历史原因使然。江苏由于是靠以集体社队企业为主的"苏南模式"起家的，集体企业规模比家庭私营企业大一些，所以江苏的产业结构以资本密集型的现代制造业为主。江苏的现代制造业水平在全国是首屈一指的，在这次疫情中的火神山、雷神山医院的建设中得到了非常好的展示。浙江和江苏产业结构上的差异，导致两个省份有诸多不同：浙江劳动密集型的轻工业产业发展，需要包飞机和高铁去西部地区拉农民工，江苏资金密集型的现代制造业对普通农民工的需求就不是那么急切；浙江做的大多是轻工业产品，只需要城市之间的产品分工，比如海宁做皮革、嵊州做领带，不太需要城市之间的产品内部分工，而江苏做的大多是现代重型制造业，就需要有城市之间的产业内部分工，比如镇江做的很多零部件，是为南京和苏州等城市的整体组装服务的，城市之间的协同在江苏显得非常重要；浙江家庭式的私营中小企业比较多，而江苏现代公司制的大型企业比较多，所以江苏GDP总量大，但城市人均可支配收入就要比浙江少很多，这就是很多人说浙江藏富于民、江苏政府有钱的重要原因。

从浙江与江苏的比较中我们发现，城市群的发展有不同的模式：浙江以杭州为核心，省城独大，可以称之为"轮轴型城市群"，由一些骨干城市围绕省会城市这个核心来布局经济发展，省会城市就像一个平台，聚合着各个骨干城市的经济力量；江苏的地级城市如苏州、无锡、常州，不是围绕南京转，个个实力非凡，号称"十三太保，散装江苏"，可以称为"马歇尔式城市群"。由此看来，区域城市化发展模式并不止一种，没有必要在全国强行推动"大城市化"道路，各种不同的城市群发展模式，都有其清晰的历史路径依赖。

但是，无论是何种城市群发展模式，除了需要骨干城市之外，都需要大量的小城镇作为支撑，这倒是一个非常普遍的现象。大城市论者喜欢用东京来证明大城市化的正确性，但是如果看看这个城市的人口数量就会发现，东京都核心区的人口910万，外层的东京市（底下管着好多个城市）人口1370万，再外一层的叫作东京都市圈，人口有3700万，像埼玉、千叶、横滨、神奈川都囊括在内。因此我们看到一个新的概念，叫作"城市圈"，这是一个圈层结构，由核心城市、骨干城市、中小城镇组成。我们今天可以把长三角看作是一个城市圈，核心城市是上海，骨干城市是长三角的其他十几个城市，而最外围的则是众多的小城镇。长三角之所以发达，关键是因为在核心城市和骨干城市底下，存在无数的小城镇，可以源源不断向它们输送物质资源，最终汇聚出巨大的动能，实现区域经济的持续繁荣！

从概念上说，如果中国今天的城市化道路选择只建设像上海这样的大城市，那叫"大城市化道路"，就是把某一个核心城市建得大大的，一环又一环；如果我们选择的是建设"城市群"，就不一定要扩大某个核心城市的规模，而是要让众多骨干城市能够突破行政区划的限制，形成城市与城市之间的分工与合作，就像现在所说的"长三角一体化"；如果我们选择的是建设"城市圈"，那除了要注意在城市群建设，还需要在此基础上加强外围的小城镇建设，以提升各骨干城市的能力，这样才能提升城市群的竞争力。比如说，要是没有昆山、常熟这样的县级城市做支撑，就不会有苏州的城市实力，那长三角城市群的能力也就要弱得多。

由此我们看到，一些具有协同分工关系的城市连接在一起，可以形成城市群，有众多小城镇围绕着城市群里的骨干城市，可以形成城市圈，由小城镇、骨干城市、核心城市形成的城市群、城市圈这样的城市结构，可以称之为"城市网络"，这才是我们将来城市化发展的方向！有学者说，大城市化才有规模效应，才有效率，这其实是一个伪命题。因为规模总是有边界的，超过一定的规模边界就会出现规模不经济，这次疫情的发生，充分说明了这一点。疫情的发生也许跟城市大小没有关系，但疫情控制的难度，一定跟城市大小有关。广东疫情最严重的是广州与深圳，浙江疫情最严重的除温州的特殊性之外是杭州，江苏也是南京与苏州，这不需要多少知识去证明，因为这接近于常识。反过来看规模效应，则不是城市越大效率越高，不信可以看看江苏苏州市下面的昆山，这是一个县级市，但人均 GDP 是上海的约 2 倍。广东的专业镇经济、浙江的块状经济、江苏的产业集群，大多都是在像昆山这样甚至更小的小城镇上，一点也不影响其规模经济的实现，也就是说，规模经济不是城市越大越好！

那么，如果中国要发展城市群，建设城市圈，构建城市网络，缺的是大城市还是小城镇呢？答案显然是小城镇。中国现在有近 680 座城市，其中 4 个直辖市，2 个特别行政区，290 多个地级市，380 多个县级市。这些城市是目前中国公共资源的主要流向目的地，有着与农村完全不一样的基础设施与服务保障。如果大家出去走走就会发现，坐落在中国东中西部的地级以上城市，繁华的程度并没有太大差别，但东部地区城乡差别很小，中西部地区则是人们所形容的"城市像欧洲，农村像非洲"。由此可以判断，如果现在要在各区域建设城市群、城市圈，形成城市网络，关注点一定不是核心大城市，也不是骨干地级市，而是农村小城镇。东部经济发达地区的唯一经验，就是注意发展小城镇，让众多的小城镇围绕地级骨干城市，使区域经济有强有力的基础支持。这不仅是中国的经验，也是大多数发达国家的经验。大家最喜欢拿来跟中国比较的美国，一个3.2亿人口的国家，拥有1万多个城市，大多数城市的人口都在10多万人，甚至只有几万人，这其实就是小城镇。美国最大的城市纽约，其实只有857万人，排位第二的洛杉矶也只有不足400万人，超过100万人口的城市不足10个，我们有什么理由以美国为榜样还说要发展大城市呢？

中国现有380多个县级市，1300多个县，近2万个建制镇，这些都属于小城镇的建设范围，只有把这些县级以下的小城镇里的产业发展起来，成为地级骨干城市的经济支撑，区域城市群的发展能力才有可能得到不断提升，才能形成城市圈，建构出经济活跃的城市网络。若如此，像今天疫情之下的农民兄弟就不会有那么多的焦虑，因为他们不再需要依赖遥远城市的工作岗位来谋生，他们可以通过自己在附近小城镇里的工作岗位来求得生计，通过在小城镇里创造的财富的流动来替代自己"钟摆式迁徙"，以谋求生活的改善，因此，当下的中国，最需要发展的是农村小城镇。农村小城镇的发展，需要依赖于包括农民工兄弟在内的各类人员入乡创业，这些创业者在多大程度能够入乡，则取决于城乡一体化的公共品供给政策体系何时能够真正形成并发挥实质性的作用！

2020 年 3 月 6 日

如何实现让"农二代"主动返乡？

改革开放已经40多年了，自从城乡之间那道闸门打开之后，我国农村劳动力流向城市的脚步就一直没有停止过，而且累积的人数越来越多，2017年底我国农民工的数量已经上升至2.8亿人。40年前进城打工的那代人与如今进城打工的那代人，在很多方面甚至不能同用"农民工"一词来标识，因为他们之间的差别实在太大。有学者比较了两代农民工的不同，认为"农二代"与"农一代"相比：文化水平高了，种田技能低了；喜欢城市了，不想回村了；花钱舍得了，寄钱变少了；进城拖家带口了，家里没有留守了；学会城里的生活了，不再土得掉渣了；回村开小车住宾馆了，不太待见乡土村民了。因此，我们"别指望'农二代'再回农村，也不能把他们当城市局外人"，"如果他们被迫回到自己的村庄，那将是中国转型的失败"。道理上说，这个判断是正确的，毕竟我们的改革目标就是要消除城乡隔阂，实现共同富裕，当然不能再把已经习惯了城市生活的"农二代"赶回农村！

不过话说回来，不让"农二代"被迫返乡和"农二代"是否会返乡不是一回事。在我看来，不要让"农二代""被迫返乡"是对的，但不能说不要再指望"农二代"会"返乡"，毕竟现在"农二代"返乡也不在少数。就现实情况来看，"农二代"是否返乡取决于两方面的条件：一是"农二代"进城后能否得到安生；二是"农二代"返乡是否有发展前途。如果"农二代"在城里很难安生，而返乡后可以寻找到发展机会，那么他们返乡就不是"被迫"，而是一种合理的选择。

"农二代"进城后能否得到安生？目前看来是困难重重。正如我们所经历的那样，20世纪80年代开始，农民工陆陆续续进城务工，目的是寻求比农村更好的工资性收入。那时的制度设计也是聚焦于缓解农村剩余劳动力就业压力，增加农民收入来源。由于一开始制度设计上没有考虑到让农民工进城之后留在城市，因此户籍制度一直没有放开，城乡户籍隔离制度打消了农民工留在城市的念想。如果时光可以倒流，放开那时候的城市户籍，让农民工随城市户籍制度放开而来的小孩在城市受教育没有障碍，或许会有不少农民工能够在城市里买房扎根，今天留在城市的农民工就会大大增加。可惜我们一直没有那样做，户籍制度以及与之捆绑在一起的教育、医疗、养老等一系列保障的长期缺失，让我们在城市房价相对比较低的阶段，错过了促进农民工留城的最佳时机。

现如今，尽管专家们呼吁的"农民工入城权""就业权""子女教育权"等在制度上有所改善，但农民工进城却已面临两道难以逾越的门槛：一是城市住房价格与农民工收入差距太大。大家都知道，这些年涨得最快的就是房价。在农民工的主要流入地即东部经济发达地区，比如长三角、珠三角，三四线城市的房价都已经越过每平方米1万元的高峰。对于依靠双手干活挣钱的农民工来说，就是天天省吃俭用，靠工资在城市买个能够安置一家老小的房子，哪怕付个首付，都不是一件容易的事情。好在"农一代"早年在外打工赚的钱，由于没有留城念想，非常及时地在农村老家建起了房子，为今天的"农二代"提供了很好的栖身之所。二是城市工作与农民工越来越不匹配。尽管"农二代"比"农一代"体现在学历上的文化水平要高，但我们知道，经过20世纪90年代以来的大学扩招，如今仅有初中、高中文化的"农二代"，与以大学生为主的城市劳动力相比，在文化水平上的差距其实是进一步扩大的。20世纪80年代中期我上大学那年，全国高考录取人数不到60万人，还是包括绝大多数的中专生，20世纪90年代后，中专生的招生几乎是随报随读。"农二代"的初中高中学历在现在还谈得上是提高吗？随着工业化进程加快，城市的产业结构也在不断升级，由传统的劳动密集型不断向知识密集型转变，以初中高中学历为主的"农二代"，与城市工业要求的知识技能越差越远。因此，如今的"农二代"在城市的就业压力，不但没有因为制度放松而减轻，相反是由于产业转型升级而变得越来越大。我们看到，以往城市里主要从事制造业的农民工，现在的工作几乎被自动化的机械臂所替代，《2017年农民工监测调查报告》的数据也显示，从事制造业的农民工比重处在持续下降当中。另外，由于时代的进步，生活条件不断改善，如今的"农二代"又不像"农一代"那样能够吃苦耐劳，生活观念日益城市化。"农二代"的知识能力与城市产业发展的需求不匹配，加上吃苦精神的缺失，使他们在城市找到一份合意工作的可能性越来越低。这就是现实中我们经常看到的情形：一边是制造业等实体经济领域招工找不到人，一边却是许多"农二代"找不到工作！

所以，即便我们十分努力地在制度上避免"农二代""被迫"返乡，但基于房价攀升之后的城市生活成本，以及基于工业化推进的城市产业结构升级，使"农二代"的留城道路并没有变得通畅多少。高昂的房价让"农二代"在城里没有办法找到安心的住所，产业结构调整让"农二代"找不到一个安稳的饭碗，住所和饭碗都不安稳的"农二代"，在城里如何待得下去？所以返乡仍然是他们的一个选项，而且有可能是一个重要的选项。从现实情况来看，原来中西部地区的农民工大量涌进东部地区，现在慢慢呈现出中西部地区农民工在省内流动的数量持续上升，尤其在西部地区，省内流动的农民工数量已经超过了半数，这从侧面说明了"农二代"留城的不易及返乡的可能。现在的问题是，既然"农二代"返乡是正在发生的事实，那么，如果我们不能让他们"被迫返乡"，那就应该创造条件让他们"主动返乡"！可以从以下几个方面着手：

一是加强乡村基础设施服务建设，便捷联系村庄与城镇。的确，"农二代"早已经习惯了城市的生活，生疏了农业劳动，因此哪怕回到家乡，也很难让他们像父辈那样走进农田干农活。对他们来说，能够在城镇找到一份工作，像当初在城里一样拿到一份工资收入，那是最为理想的，城镇的生活不仅成本相对较低，还能经常回家看看。显然，乡村的基础设施服务等条件对他们的返乡决策起着十分重要的作用：如果家乡交通不便，没有 Wi-Fi，水电不通，对如今的"农二代"来说生活就如同地狱。这些年有许多"农二代"愿意主动返回家乡，在家乡城镇就业，一个重要的原因就是如今从城镇到乡村通了水泥路，有了互联网，能用电视冰箱，洗澡也有太阳能，甚至还在村里配备了体育文化设施，如阅览室、棋牌室。农村基础设施和公共服务条件的改善，实现城镇与乡村的便捷联系，使"农二代"感觉到回到乡下也能跟城里人过的生活大差不离。他们平时在县城或乡镇上班，闲时骑个电动车、摩托车甚至开个小汽车，风风光光回到村里，还能吃到城里没有的土鸡土鸭，享受一家人团聚的天伦之乐，这样的返乡对他们来说，还是乐意的！简单设想一下，如果从城镇回到乡村，要路没有路，要灯没有灯，洗澡没热水，手机没 Wi-Fi，"农二代"还有勇气返乡吗？从客观上来说，"农二代"主动返乡有着十分积极的作用，他们给城镇产业发展带来了希望，也给农村的消费带来了活力，从而把乡村与城镇有效联系起来，打破了村庄的封闭，既缓解了农村劳动力的就业压力，也解决了农村产业发展缺乏人力资本的矛盾，有效推动着乡村振兴。因此，农村基础设施与服务条件的改善，让农村能够像城市一样享受到现代文明，成为"农二代"返乡变"被迫"为"主动"的重要基础。

二是完善农村医疗养老社会保障，解除就业养老后顾之忧。作为经过城市市场风浪洗礼的"农二代"，哪怕城市再艰苦也愿意蜷缩在城市的另一个重要原因，自然是就业与养老风险的规避。我们常说的城乡差别，对于一个劳动力来说，集中体现在就业过程与退休之后是否有充足的保障上。在就业过程中，比如出现伤病情况，在以前的农村就只能躺在家里，依赖家人的照料，能不能恢复劳动，就看病的重轻和家里钱的多少。所以农村人最怕年纪轻轻遇到病，不仅拖垮自己，更是连累家庭。城市就不同了，在任何一个企业上班，按照国家的规定，企业与个人共同努力，必须购买相关的医疗失业保险，给自己的就业不确定性安了一把放心锁。再有就是养老，人都有老的一天，在以前的农村，老了就得依靠子女，现如今子女一个比一个忙，一个比一个对生活的追求更高，如果老人完全需要由子女养老，一要看子女是否有孝心，二要看子女是否有能力。在市场经济价值观的导向下，这两个条件带来的不确定性都在增加。城市里完善的社会养老保障制度，大大降低了这种不确定性，因此成为人们的向往。如果现在要"农二代"能够主动返乡，显然要给他们在农村构建起完善的就业与养老保障，能够让他们在家乡就业由战战兢兢变得安安心心。现在农村开始有了合作医疗制度，60岁以上老人有最低社会保障，尽管水平不高，但毕竟开始尝试，而且逐步健全，这让"农二代"看到了希望，让他们返乡有了信心。

三是构建农村草根创业支持体系，实现创业圆梦人生理想。人人都有梦，大小各不同。"农二代"尽管是草根，但草根也有草根的梦。当初闯荡城市江湖，也有不少"农二代"是抱着"城市机会多，没准能成事"的理想去的，只是后来城市里的机会，越来越多地给予了那些文化学历比自己高的人群,比如"海归创业园""大学生创业园""高科技创业园"等,这些"园"的围墙很高,对于只有初中、高中学历的"农二代"来说,没有办法翻越进去,所以城市里的机会对他们来说是越来越少。"农二代"中一些不甘平庸的人,开始把目光转向自己的家乡。因为他们知道,产业发展是有梯度的,如今城市里的产业正在不断向高阶梯攀登,原来那些"农二代"比较集中的低阶梯产业在城市里不断被驱离,导致"农二代"在城里找工作越来越难。但是,人类的生活又不能完全没有这些低阶梯产业,正是"农二代"的家乡农村,慢慢承接了这些低阶梯产业,维持了社会产业生态圈的平衡。对"农二代"来说,这样的产业梯度转移,不正是自己机会的来临吗?返乡创业正是"农二代"继续自己梦想的最佳选择。所以,农村创业支持体系构建得如何,对"农二代"是否选择返乡有着决定性的作用。如果家乡在创业融资、企业用地、交易公平、市场公正、信息服务、技术支持、工商税收等方面有完善的创业支撑体系,无疑会大大增加他们的返乡意愿。如今的乡村振兴战略实施,正需要这些"农二代"返乡,让他们在农村传统农业里捣鼓出新的业态,给农村活的生机。所谓万事俱备,只欠东风,如果农村草根创业支撑体系的东风能够吹起,"农二代"返乡施展创业才华的局面是可以预期的。

我十分赞成不能让"农二代""被迫返乡"的观点,但是否不能再指望"农二代"返乡倒是值得商榷的话题。乡村振兴为"农二代"返乡提供了历史性机遇,如果我们在农村基础设施与服务、就业养老社会保障、草根创业环境建设等方面有足够的进步,"农二代""主动返乡"未尝不是一个可以期待的潮流。让城市接纳"农二代"尽管是我们努力的方向,但让"农二代"有条件"返回家乡"也是我们的努力方向,因为这才符合城乡要素双向流动的基本法则,否则,我们就只能是在无法打破的"乡—城"要素单向流动的陷阱里打转!

2018年9月22日

农民进城换"规模经营"能实现乡村振兴吗?

党的十九大提出乡村振兴战略后,大家围绕如何实现乡村振兴的讨论十分热烈,在这些讨论中,两个问题成为焦点:一是农民去哪里;二是土地怎么种。这两个问题是相互联系的,归结起来,讨论的分歧在于乡村振兴的载体究竟是农村还是城市!我曾在公众号里写过一篇文章,题目叫作《为何乡村振兴的着力点是农村不是城市?》,主要想说加大向农村的投入对中国乡村振兴有多重要。我始终认为乡村振兴的着力点是在农村,通过城市要素及公共财政向农村投入,让农民在农村享受到现代文明,才是乡村振兴的真正内涵。但是,也有一些学者坚持认为"振兴乡村的根本在城市化",也就是说,认为乡村振兴的载体是城市,而不是农村。因此,我想再就此说说这个问题。

说起来,城市化论者的主张也是颇符合教科书的。他们认为,由于中国城市化滞后,很多农业劳动力留在农村,使每个人拥有的土地都很少,导致农村土地碎片化严重,土地碎片化必然导致粮食生产没有规模经济,生产成本很高。为了保证农民收入,国家需要大量补贴农业,从而一方面造成我国粮食在国际市场上没有竞争力,另一方面国家大量财政收入浪费在农业补贴上。在他们看来,如果推行城市化,让农村劳动力进入城市,加大基础设施等资源要素向城市的投入,不仅可以避免这些要素投入到农村的低效率,还可以推进农民进入城市之后的土地流转,进而实现土地规模经营,降低粮食生产成本,这样留在农村的农民收入就会增加。因此他们的结论是,城市化水平越高,农民转入城市越多,规模化经营越能够实现,农民收入也就越高,乡村振兴才有可能实现。一切听起来都是如此的美妙,正因为美妙才能成为教科书的经典！当然，城市化论者的这种自信，是因为他们确信的世界先例，这个先例自然就是大家十分羡慕的美国。他们宣称，"大农场的美国模式"比"小农经济的日本模式"更有竞争力，所以许多发达国家比如法国、加拿大、澳大利亚都是按照美国模式而不是日本模式做的，从农业发展来讲，这些国家都比日本成功。听到这样的分析，我个人的感觉是，如果我们有条件实现美国模式当然再好不过，如果农村人能够去城市，农村的田能够规模化经营，小农还有必要存在吗？然而，以我每年带着学生在中西部地区的农村，尤其是山区农村调研的经历，总是很难把那里的景象跟美国挂上钩，由此心生许多疑虑：

第一个问题，需要多高的城市化程度，才能在中西部农村地区尤其是山区，实现所谓的美国农业的"规模经营"呢？教科书上说的道理我们都懂，农村里的农民如果一部分进城了，农村土地的碎片化程度就会降低，农业生产的规模就会扩大。但规模能够扩大到什么程度呢？这是一个非常关键的问题。有研究指出，美国2014年的农场平均规模是177.3公顷，也就是约2660亩，而在我国农村人口相对较多的中西部省份，如广西、四川、湖南、江西、重庆等省份，人均耕地多的不过一亩三分地，少的只有几分田，要凑拢一个美国农场的平均规模，得要2500人以上，在中西部地区拥有2500人的村庄或许也没有多少，因此要实现美国的农业经营规模，或许会要求所有的村民都离开农村进入城市也不一定能够达成，大家想想这可能吗？

第二个问题，中西部地区尤其是山区农村，能够找到像美国农场所经营的质量一样且适合规模化经营的土地吗？按城市论者的说法，农村人走了，土地规模化经营了，农民收入就增长了，不需要向农村投入基础设施，关键是要把农村人弄到城里去。可是我们如果去过中西部农村就知道，我们跟美国农场还有一个无法相比的条件是农村土地的质量。马克思说过，土地耕种是有优先顺序的，人们总是先种优等地，在优等地被占有完毕，才会有中等地，甚至劣等地加入耕种。美国人少地多，农场土地基本上是优等地，至少是中等地，而中国人多地少，尤其在山区，不仅要耕种中等地、劣等地，甚至要耕种根本算不上土地的土地！我在广西河池都安县做调查时，那里喀斯特地貌山区的农民告诉我，他们种植玉米，根本找不到一块像样的平整土地，只能将玉米种一颗一颗放进有一点泥土的石头缝里，放完2.5斤就算一亩。当然这是极端的情况，但在山区要找到适合机械化操作的成规模的土地，的确不是一件容易的事情。因此，即便这些山区的农民能够全部进城，也不是那么容易能够凑齐具有一定质量及规模要求的土地以实现"农业规模经营"的，如何能够指望一部分农民进城后剩下的农民就能够通过"规模经营"改善收入状况呢？

第三个问题，中西部地区尤其是山区农民，是否完全具备离开农村进入城市过上"体面"生活的能力？城市论者把今天的农民明天进城就自然变成城里人当作一个前提，认为只要农民愿意离开农村进入城市，就能够像城里人一样过上体面的生活，剩下的农民留在农村将剩下来的土地"规模化经营"，就一定会提高收入水平。如果是这样那自然是好！但是，如果真的到中西部农村去走一走你会发现，劳动力这一要素跟其他要素不一样的地方，就在于人的劳作需要"情境"，经济学上讲的以数量为单位的人，跟实际"情境"下的人是完全不一样的。一个人在农村老家自己的"情境"下总是能够找到办法生存的，所以在许多的边远山区都有人在那里生活，但离开这样的"情境"，就有很多人难以适应在城市谋生。在中西部山区农村，由于语言、习惯、风俗、文化等缘故，农民对于故土是有一种黏性的，到城市后失去这种黏性，语言不同、习惯不同，就会失去生存的条件。所以我们看到，尽管城乡劳动力流动的限制放开了很长时间，总还是有大量的农民滞留在农村，尤其是山区少数民族地区的农民，离开自己的家乡远足，会有极大的不适应性。我们经常听到一些山区的农民，尽管政府在城市为他们提供了比在农村好得多的生活条件，他们仍然住不了几天便要回到自己习惯的山村，这种对故土的"黏性"不是个别现象。需要注意的是，我国农村人口比较多的省份，恰恰是中西部地区这些山区比较多的省份。正如习近平总书记所说，我国城市化率即便达到70%的高水平，都还会有4亿~5亿农民在农村，如果考虑这种"黏性"，恐怕会更高，这四五亿的农民如何能够通过城市化而使生活得到改善？

从上述三个问题来看，主张推进城市化便可以实现农村的"土地规模经营"，进而实现乡村振兴，并在政策主张上反对"在农村地区大规模兴建基础设施"的城市化论，是将中国农村高度抽象成均质性的观点，完全忽略了幅员辽阔的中国农村现状的千差万别！且不要说大力推进城市化是否能够让进城的农民像市民一样安居乐业，只说这些农民进入城市后留在身后的土地真的有人去完成所谓的"规模化经营"吗？如果不能，中国是否有条件让这些土地"退出耕种"呢？

在我看来，仅仅从农业"规模经营"来看乡村振兴过于简单。乡村振兴不是简单的农业振兴，而是农村产业振兴及由此带来的农民安居乐业。或许从农业现代化的角度来说，中西部地区农村很难实现像美国那样的辉煌，但并不意味着这些地区的农民、农业、农村发展就没有必要。如果跳出农业看乡村发展，这些山区反倒是有着无比的优势：山区多元化的产业资源要素，为以农业为基础的产业衍生提供了非常好的条件，而农村三次产业融合发展所形成的新业态、新产业，不仅可以使当地的农民省去搬迁入城的经济成本与心理成本，还可以造就中国经济的多元化成长。显然，要实现这样的目标，现在所欠缺的就是完善的农村基础设施与公共服务，关于土地碎片化问题完全可以通过产业组织创新加以解决，比如土地入股的合作社。因此我们目前要做的，不是减少对农村基础设施及公共服务的投入，让这种投入继续在城市扩大，恰恰相反，扭转产业要素及公共财政的城市偏向，才是当务之急！

2018年5月15日

政府在改变城乡要素单一流向中如何作为？

有一种观点说，应当优先发展大城市，因为把资源投到大城市的效率比投到农村高，是经济的行为，这样使大城市能够提供更多的工作机会给农村人，有利于农民市民化的实现。我想不通：农村本来就穷了，还要把资源要素挤出来拿到大城市去，资源的效率是高了，可是要素流出的农村怎么就发展了呢？如果我们要使农村得到发展，就应该让农村的要素尽量留在农村，甚至能够吸引城市的要素进入农村，让这些要素能够为农村发展服务。不过，一个显而易见的困难是，我们不能通过政府命令（尽管做得到，但坏处很多）让市场将最好的要素都集中流向农村。因此我们得问一个问题：农村要素为什么要留在农村？城市要素为什么要流向农村？农村发展需要要素流入，市场机制却会导致要素流出，而我们又必须遵守市场规律，这就是矛盾！

乡村振兴如何克服这个矛盾？不能用政府命令，我们还是要从市场机制本身去找办法。古人云"天下熙熙，皆为利来；天下攘攘，皆为利往"，在市场经济的条件下，要素总是往报酬高的地方流动。要想改变要素的城市单一流向，就要改变农村的要素报酬条件。在刘易斯的二元经济理论中，把"落后的农村传统社会"和"先进的城市工业社会"看作是天生的，因此认为农村存在大量边际劳动生产率为零的劳动力，这些劳动力即便全部离开农村，也不会造成农业产量降低，从而农村要素会源源不断地从农村流向城市。在工业化主导一切的发展思维里，农村农业就被完全忽视了，农业农村的存在似乎只是为了使用这些资源来支持城市工业的发展，而不是为了农村生活着的人们。然而，农村社会是天生落后的吗？对此最先提出怀疑的是舒尔茨，他说落后的农村地区并不存在边际生产率为零的剩余劳动力,他的一句名言是"只要有了适当的刺激,农民也会点石成金"。这里的适当刺激是什么呢?舒尔茨讲到了人力资本投资,这种投资形成的教育和知识,对强化农民优化资源配置能力,提高要素的边际报酬率有着极其重要的作用。由此看来,我们要实施乡村振兴战略,当然不能够像刘易斯的主张那样,把农村视为是天然存在"要素边际生产率为零"的地方,而应从舒尔茨的理论中得到启发,即通过强化村庄公共品的供给来改变农村要素报酬低的境况,以实现农村要素留在农村甚至吸引城市要素流向农村的目标。"要想富,先修路"这句话大家耳熟能详,说明这个道理大家都是明白的。现在城市要素不愿去农村,在很大程度上就是因为农村的公共品缺失造成的要素使用成本过高,降低了要素的边际报酬率。大家想想,如果一个老板要去农村投资,所面临的是小孩在农村没地方上学,自己在农村没地方看病,甚至在农村连自来水、上网等基本生活条件都没法满足的情况,只能在农村做事,回城里生活,这成本该是多高,还不要说在农村的投资还会遇到交通、信息、员工培训等基础设施问题。

加强农村公共设施与服务的建设,是政府在改变城乡要素单向流动中能够而且必须有的作为,其他的事情由市场去做,这个事情政府应该义不容辞。以我的观点,政府应该在以下几个方面着力:

一是更新思维方式,从城市单轮驱动到城乡双轮驱动。二元结构理论深入人心,使我们把农村当作天然就是落后的,直到现在也没有太多人认可农村一样可以成为经济增长的驱动力。这种思维反映在政府公共政策上,就是政府财政的公共设施及服务的投入,大多数是倾向于城市,能够涉及农村的少之又少。在我居住的城市,制定了一个"2017~2020年的基础设施提升行动计划",里面的项目绝大多数是关于城市的,轨道交通、城际铁路、港口码头、市区危桥、通用机场,甚至海绵城市建设等,涉及农村的只有一项即"农村公路提档升级",这还是在长三角经济发达地区。我的家乡在中部地区农村,每次从县城回家路过那灰尘滚滚的乡间公路,就感觉好像改革开放才刚刚开始。在城市单轮驱动的思维下,农村的落后是必然的,要素从农村流出也是必然的,其结果则是导致城市产业发展无形中失去农村广阔的市场。大家想想,如果没有城乡电网改造,今天家电下乡就难以实现,家电不能下乡,很多城市传统制造业就会失去庞大市场。所以,现在要对农村公共设施与服务的投入补课，政府在财政政策安排上，要想办法保障农村的公共设施财政投入，要努力安排农村公共服务，缩小城乡之间的公共设施与服务水平差距，唯有如此，才能启动经济发展的城乡双轮！

二是转变投入偏好，从倚重经济性公共品到经济性与社会性公共品并重。在过去的几十年，为了改变我国经济总量与人口规模不相称的格局，实施了追求 GDP 的快速增长的政策，并以此作为考核地方政府官员的重要指标。从历史的观点来看，那个时期的战略是正确的，否则就不可能有今天中国人民迅速提升的生活水平。但正是因为这个原因，使政府也变成像追求利润最大化的企业，在农村公共品投入上具有明显的偏好，即倚重投入经济性公共品，而对社会性公共品的投入存在严重不足。道路、交通、灌溉、农田改造等领域是农村公共品投入的重点，而医疗卫生、农村教育、文化娱乐等公共设施与服务就受到忽视。按照舒尔茨的观点，这些社会性的公共品都是关系到人的素质的公共品，缺乏这类公共品导致农村劳动力素质提升受到极大限制，最终影响到农村人力资本的累积，而农村人力资本提升是他们能够"点石成金"最为重要的保障。所以，在经济发展到一定阶段，我们的公共品投入也要符合马斯洛需求层次理论，相应提升层次，要能够适应农村居民提升素质的需求，毕竟只有劳动者才是最活跃的生产要素。农村有了高素质的劳动者，才有可能满足城市产业要素下乡对创造价值的追求，从而吸引城市要素到农村来。

三是注重投入效果，既要投入基础性公共品又要投入产业专用性公共品。我们以前对农村公共品的投入，一般是锁定在基础性公共品上，比如道路交通、水利灌溉、农田整治等，这是把农村等同于农业的思维。农村之所以不能成为要素的吸纳地，也是因为在这种公共品投入模式下，发展农村的二三产业缺乏必要的基础设施支撑。事实上，农村农业具有相当丰富的产业链衍生条件，比如发展休闲农业、发展农产品加工业、发展创意农业等。不同的农村要有差别化的发展思路，就要发展差异化的产业，发展差异化的产业就需要有差异化的产业基础设施，不是仅仅把道路修通、电线架通就可以发展出农村产业来的。记得在广西三江调研时，就发现那里的乡镇政府为了发展禾花鱼养殖业，并在此基础上利用侗族少数民族的传统文化发展"禾花鱼节"等乡村旅游项目，而根据养禾花鱼的需要进行相关的稻田设施建设，正是这种具有产业专用性的基础设施的供给，让那里的农业衍生出新的业态。

所以，我们在向农村提供公共品及公共服务时，需要有更周全的思考，既要有基础性的公共品，又要有产业专用性的公共品。城市要素下乡总要进入某些特定的产业，需要特定产业基础设施的支持，如果农村公共品供给考虑到这一点，无疑能够增进城市要素下乡的吸引力。

2017 年 12 月 29 日

城乡要素如何在乡村产业振兴中共生发展？

党的十九大报告提出的"乡村振兴战略"中，农村"产业兴旺"是抓手，因此特别强调通过城乡融合发展的体制机制和政策体系，促进农村一二三产业融合发展。各地为了推动农村产业发展，也提出了许多措施，比如：发展"互联网+农业和休闲创意农业"、发展"一村一品"特色农业、发展"农业园区+特色旅游"、打造"农业特色小镇"、推进"家庭农场"规范发展等。显然，这些措施旨在改变家庭联产承包责任制下的土地碎片化经营难以培植农村优势产业的状况，从大方向来看是正确的。问题在于，上述任何一种农村产业发展模式，都不能仅仅依靠农村尤其农户自身的力量而实现，引入城市生产要素，促进城乡要素融合共生，是实现乡村产业振兴的前提与基础。

然而，在我国的城乡要素流动中，长期以来都是呈现出"乡—城"单向流动的特征，这部分原因是制度安排所致，部分原因是市场机制作用所致。如何改变要素的这种流向，以促进城乡要素共生来实现乡村产业振兴？我觉得需要做三个方面的工作：

第一，加强农村基础设施环境建设，让城市产业要素下得去。中国经济经过近40年改革发展，已经取得了长足的进步，尤其是城市化水平有了极大的提高，目前已经跃过了50%的水平，最为发达的长三角地区，常住人口城市化率已经接近70%，城市累积的资金、技术等为乡村产业振兴提供了重要的要素基础。不过，在市场机制作用下，这些要素是进入农村还是留在城市，取决于要素的边际收益比较。要改变产业要素的城市单一流向，最为关键的是降低要素进入农村的成本条件，其中最重要的就是农村的基础设施与环境。

由于我国区域经济发展水平存在显著的差异，对农村基础设施条件的要求也不一样。对于整体经济发展水平已经处于工业化后期的发达地区来说，城市要素进入农村所需要的条件也必然相对较高，而不是仅仅满足于道路交通设施那么简单，需要在以下两方面下功夫：一是提升与现代产业融合相衔接的农村硬件基础设施水平。比如，提升气、电、网、商、运、医等生产生活的配套设施水平，加强农村光纤宽带网络、4G通信网络、无线局域网络建设，推进农村互联网提速降费；提升农村垃圾的处理回收和污水无害化处理服务水平；规范山、水、田、林、路等的改造标准等。二是提升与现代产业融合相匹配的农村软件治理制度环境的建设水平。比如，推进地方政府的职能下移，服务下沉，强化政务服务及公共服务的及时性；融合乡贤等农村精英元素，搭建高效有序的村民自治和互助平台，提高自我服务和管理能力；加强对农村山水人文、习俗技艺、古迹故居等本土文化的保护宣传，提升村民的认同度、归属感和自信力；等等。通过上述与现代高端产业发展相匹配的硬件与软件设施建设，降低要素进入农村的成本，提升要素的边际收益水平，吸引城市要素流向农村。经济欠发达地区的农村经济发展相对滞后，有的甚至还处在传统农业的落后状态。对于这样的地区，农村基础设施建设是农村农民实现制度变迁的前提，因为依靠他们自己的力量，要改变传统制度安排的制约十分艰难。因此，需要政府对这些地方通过改善基础设施条件来推进制度变迁。一方面，加强交通、道路、水电等硬件设施，让那里的农村能够与外界建立起必要的联系，才谈得上产业发展问题；另一方面，仅仅有这些基础的设施还不够，还需要有适合于特定产业发展的公共品的供给才行。比如要想让这些地区通过种养来致富，就需要有专门的种养条件，这些条件的满足不能依靠农户力量，而需要政府的支持。在广西调研的时候，发现桂林、柳州地区下面的很多县里的少数民族地区都有养禾花鱼的产业，发展得非常不错。据了解，就是因为当地政府除了在公路交通、水电设施等公共设施改善上下功夫之外，还针对这种特殊的养殖业提供了必要的基础设施，比如修建养禾花鱼的水泥水沟、技术支持等，这才使农户能够通过养禾花鱼带动乡村旅游而改善原本属于自然经济的传统农业，公共基础设施及产业基础条件的改善，使城市许多生产要素流入乡村，把乡村旅游办得红红火火！

第二，推进农业农村为基础的产业融合，让城市产业要素留得住。我们国家许多地方已经进入到工业化的后期，与此相适应的农业农村发展起点也相对比较高，因此农村发展需要城市要素的注入。但是，农村产业发展的目标在于让农民"生活富裕"，因此，城市资金、技术等产业要素进入农村，一定要依托农业，才能让农民真正从土地上获得更多收益。由此看来，城市要素进入农村是需要与农村的土地、劳动力等要素结合来催生新产业的，这就需要克服"工商资本下乡与民争利的矛盾"，形成城乡产业要素的共生关系，让城乡要素通过共生融合在一起。我们可以从以下两方面着力：①鼓励城市产业要素通过农业产业链的节点衍生新业态。比如，在传统农业基础上，发展农业休闲、高附加值农产品加工业，把农村发展成集农业、休闲、生态、养生、旅游于一体的产业聚集地；在传统农业的产业链节点上融入文化、体验、加工制造等内容，形成现代新农业。②利用已有的要素聚集空间打造城乡产业要素共生平台。目前全国各地都有不少的现代农业示范园，休闲农业与乡村旅游示范点（村）、农业观光采摘园、休闲农庄等。结合乡村振兴战略，利用这些要素聚集相对良好的空间区域，吸引城市资金、技术和人才等产业要素，结合当地县域农村的特色，通过打造特色小镇、特色田园乡村、田园综合体等方式，促进原有园区转型升级，就有可能使传统产业聚集区成为乡村产业振兴的先发地。在这里，通过农业延伸新业态非常重要，过去我们认为农业分工程度低，无法迂回形成像工业那样的产业链，因此认为农村经济发展没有指望，把经济发展的期望都寄托在城市，尤其是城市工业上。那是一种线状产业链的思维模式，随着技术的进步，社会分工格局发生了很大的改变，由原来的线状产业链变为网状产业链，也就是从原来线状产业链的节点上蘖生新的产业链，这就给农业产业的分工提供了新的机遇。比如传统农业的种植节点，在其成长的季节性周期里，通过旅游业的嵌入，就可以在农业的自然生长期形成新的价值，江西婺源的油菜花就是一个典型！网状产业链形成的新业态，因为有了新的利润增长点，改变了传统农业的边际报酬率，成为吸引城市产业要素进入农村的一个契机，才使农村一二三产业融合成为可能。

第三，形成与农民共享的利益机制，让城乡产业要素共生能持续。城市产业要素进入农村，与农村要素相结合衍生新业态、催生新产业，实现城乡要素融合与共生，最重要的前提是共生利益的分配机制，要能够促进城市要素与农村要素的利益共享，这不仅是要素共生的基础与前提，也是"乡村振兴战略"的归宿。在我生活工作的城市——镇江市，有一个在全国闻名的"戴庄模式"，最突出的经验就是"农民参与，富裕农民"。赵亚夫先生坚守科教兴农，率领农民组建有机农业专业合作社，带领农民共同致富，事业越做越大。尽管这个案例中赵亚夫先生的个人特质无法复制，但他始终把村民当作是农村产业发展的主体是值得学习的。在吸纳城市要素下乡振兴乡村产业过程中，需要注意以下两个方面：一是创造条件让农民参与乡村产业振兴的过程。乡村产业振兴以农村农业为基础，而农民对农业及其衍生产业的熟悉具有天然优势，让农民参与其中，让城市产业要素与农村的生产资料与劳动力相结合，提供具有浓烈乡土气息的产品与服务，利用乡土差异化实现价值增值和财富增长，不仅使农民的生产生活正常延续，也使农村特色能够吸引更多人群进入农村，产业聚集才有可能，产业延续才有保证。二是完善制度让农民在乡村产业振兴中得到合理的回报。乡村产业振兴在做大蛋糕的同时，需要更多关注利益分配，尤其是要关注如何使产业发展的成果能够惠及更多的农民。城市产业要素进入农村，不能形成简单的资本雇佣劳动的关系，因为这种"偏离共生关系"或者"非对称的互惠共生关系"都不利于城乡产业要素的长期共生，不具有持续性。应当通过完善产业组织形式，形成多种方式让农民手中的产业要素参与到利益分配当中。比如，农民作为乡村产业的参与者获得劳动的报酬；作为土地要素承包权的所有者获得土地租金或者土地资产入股分红；作为产业发展的经营主体获得经营收入；等等。现在各地都有家庭农场、农业专业合作社等产业组织，在未来的发展中，就需要学习"戴庄经验"，积极培育新型农业经营主体，让农民成为乡村产业振兴主体，并能够从中获得合理的利益回报，这样才能使城乡产业要素共生得以持续，乡村产业振兴目标得以实现。如果没有农民的参与，那种简单的"资本雇佣劳动"的模式，会使城市产业要素进入农村遭遇信息不充分、契约不完全下的逆向选择和道德风险问题，最终难以持续发展。一般来说，城市产业要素进入农村，都具有资产专用性程度比较高的特性，纵向一体化对解决事前的逆向选择和事后道德风险有很好的帮助，专业合作社作为一种类似于纵向一体化的组织值得好好研究。

乡村产业振兴是一项复杂系统工程，发挥农民的主体地位，利用乡村的聚集空间，注重农民的利益共享，是城乡要素共生催生农村新业态新产业值得关注的问题。

2017 年 12 月 18 日

城市资本下乡应该"进村"还是"入镇"?

大家知道,党的十九大报告将我国社会基本矛盾表述为"人民日益增长的美好生活需要和不平衡不充分的发展之间的矛盾",这意味着接下来我们需要重视"城乡发展不平衡,乡村发展不充分"问题。所以,国家确定在"十三五"结束时,也就是 2020 年,要稳定实现农村贫困人口不愁吃、不愁穿,义务教育、基本医疗、住房安全有保障(即"两不愁,三保障"),打赢脱贫攻坚战。我特别期待这个目标能如期实现。说实话,自 1949 年以来,中国工业化与城市化,农村付出了极大代价,才使我们建立起相对完整的现代工业体系和实现高达 60% 的城市化水平。但如今,却还有大量农民工在城乡间"钟摆式迁徙",许多农村日渐凋敝丧失活力,日益严重的土地抛荒使农业面临危机。因此,从城乡公平发展的角度来说,的确已经到了"城市支持农村,工业反哺农业"的时候。

但是,论及"城市支持农村,工业反哺农业",经常招致一些人的反对,理由是"支持"也好"反哺"也罢,总带有政府干预的影子,不符合自由经济的原则。在他们的观念里,中国城乡关系的重塑,只能依靠市场的力量,否则就会失去资源配置的效率。因此有人主张,现在应该完全打通城乡要素流动的制度闸门,城乡资源的配置完全交给市场机制去完成。在他们看来,只要城乡要素流动的制度闸门一打开,一方面由于人是活的,劳动力要素价格是城市高于农村,因此定价权就在城市,农民为了追求高的劳动报酬,自然就会放弃农村而选择进城;另一方面由于土地是死的,但资本可以流动,土地要素价格也是城市高于农村,这就可以使资本从城市流向农村,与廉价的乡村土地要素相结合，实现农业的规模化经营。这样一来，"人往城市走，钱往农村流"，即"人出来，钱进去"，既实现了农村人口城市化，又推动了农业的土地经营规模化，可谓一石二鸟。

不过在我看来，这样的思路其实没有太多好处，而且也很难成功。说没有多少好处，是因为像我这样出身于农村的人，既不希望将来的农村没有了我们的"乡土"，由此变成"回不去的故乡"，也不希望城市资本按照现代化标准去支配农村要素，让农村再也不能"看得见山，望得见水，记得住乡愁"。人毕竟是有感情的，市场经济强调造物的效率，却忽视关注人的情感，让物支配着人，听物的摆布，这不是什么好事情。说很难实现，是因为现在尚不具备这种思路实现的假设条件。要想通过市场机制的作用实现农村"人出来，钱进去"，一个前提条件是农村人要能够出得来。现在的大城市生活成本居高不下，再加上城市劳动力市场需求结构与农村劳动力的供给结构不一致，农民工只能在城市低端劳动力市场就业，由此获得的收入虽比农村略高，但尚无法实现在大城市安家落户永久生活的梦想，更不用说还有许多制度上的障碍，足以阻挡农民进城的脚步。另一个前提条件是城市的钱要进得去。城市资本进入农村，看中的是农村廉价的土地，要谋求大面积的土地与之相结合，才能够按照现代工业的标准去实现农业规模化经营，获取规模经济。但是，一方面，如果农民进城困难重重，目前又没有建立起让农民放心的社会保障体系，他们如何会放弃以法律形式固定下来的农民土地承包权？土地对于农民，现在还是一份不敢轻易放弃的保障，这次疫情让越来越多的农民更加强化了这一意识。农民对土地不敢松手，就会导致城市资本下乡的交易成本陡升，从而吞食其利润空间。另一方面，城市资本下乡要实现土地的规模经营，需要有足够的要素配套条件才有成功的可能，目前这些配套条件尚不具备。正如学者周振2020年的研究指出，城市资本下乡遇到自身管理能力与农业生产不相适应、发展现代农业所需的要素供不足需、市场环境与企业要素高效配置不对称三大矛盾，简单一点说就是，城市资本缺乏搞农业的能力，农村没有搞现代规模化大农业所需的信息、技术等高级要素，政府诱导下的城市资本下乡过分集中于相同领域导致恶性竞争等，使城市资本进入农村经常出现"跑路烂尾"现象①。

追溯历史,在我国改革开放以来的城市化进程中,农村要素进入城市产业形成的产能,基本上是依靠国际市场来消化的,形成"农村要素—城市产业—国际市场"的发展路径,这条发展路径让中国受益极大,尤其是2001年加入WTO之后。但是,这条路径的一个软肋,就是国际市场的高度不确定性。只要国际市场有一点风吹草动,就会形成一个反向潮,冲击城市产业,进而阻挡乡村要素向城市流动,其中影响最大的当然是农村劳动力,即农民工。这样的农民工返乡潮曾经发生过两次,一次是1998年的亚洲金融危机,另一次是2008年的美国次贷危机催生的全球金融海啸。共同的特征都是因为金融危机导致国际市场无法接纳中国城市产业的产能,市场萎缩就容易产生失业,最先淘汰的自然是没有受过高等教育、没有特殊技艺,奋战在劳动密集型产业一线的农民工。事实上,一旦出现国际市场萎缩,不仅首先让农民工失去工作,而且还要农村率先站出来消化过剩的城市产能。大家一定记得,2008年12月中国政府实行过的家电下乡政策,那就是为了应对从美国开始的全球金融海啸所造成的消费性电子产品外销急速衰退,才实施对农民购买纳入补贴范围的家电产品给予13%财政补贴的政策,以扩大内需市场,解决因国际市场萎缩带来的产能过剩问题。

2020年,全球产业链再次面临断裂的风险。面对疫情带来的全球供应链断裂的冲击,我们再次想起了农村,认识到强调优先发展农村,并不是工业化后期的城市"支持与反哺农村"那么简单,恰恰相反,我们可能再一次需要启动"农村保卫城市"工程。如今,因为疫情导致农民工进城找不到工作而无奈返乡留乡的情况已经出现,而且,从现在的情形来看,这次疫情造成的国际市场萎缩,并不是依靠农民工暂时返乡,或者依靠农村消化城市过剩产能就能应对,有可能是一项长期的战略,需要启动农村经济,通过城乡产业分工合作,形成国内市场的内循环,以减少国家经济面临的外部冲击。所以,赢得脱贫攻坚战阶段性胜利之后的农村,不仅要通过自身的产业兴旺来稳定脱贫成果,还要肩负起疫情之后产业链向内重构的重要任务。原来的"乡村要素—城市产业—国际市场"的路径受到冲击,就需要有"城乡要素

---

① 周振. 工商资本参与乡村振兴"跑路烂尾"之谜:基于要素配置的研究视角[J]. 中国农村观察, 2020 (02):34-46.

流动—城乡产业互补—城乡市场内循环"的路径来弥补，通过扩大国内市场需求来填平国际市场萎缩的损失。所以，在疫情对全球化的巨大冲击之下，这次需要农村担当的角色，核心是要改变传统城乡二元社会中城市发展工商业，农村发展农业的格局，重构城乡产业联系。如果这样来看，现在城市资本下乡以流转农民土地从事农业规模化经营为主的所谓"人出来，钱进去"的方向就存在偏差。试想，一边由于国际市场萎缩导致进城的农民工要返乡，另一边城市资本流入乡村要流转农民承包的土地，那返乡的农民如何就业？这势必会造成两个结果，一是农民就业问题得不到解决，二是土地流转成本不断攀升。两者交织在一起，不仅无益于稳定脱贫攻坚战的成果，更无法推进农业现代化实现。

那么，应该如何优化城市资本下乡的方向呢？我认为，城市资本下乡的方向应该是"入镇"而不是"进村"，应该主要在镇里从事非农产业，而不是直接进村发展农业。在中国，从行政区划上说，乡村空间分为"镇"和"村"两级，"镇"是乡村的经济、政治和文化中心，那里聚集着乡镇行政区域内的工业商贸、政务服务、文化教育等活动。小时候我们生活在村里，农家菜园里吃不完的辣椒、番茄，要拿到镇上集市去换钱；在村里念完小学之后，要到镇上继续念中学；种田要买农药、化肥，也得到镇上才能找到；乡镇政府干部也是集中在镇上机关里，隔三岔五才会到村庄指导工作。镇与村的分野，形成次一级但又是典型的"城乡二元社会"。从乡村空间内部来说，一个乡镇的经济是否发达，百姓的生活是否富裕，不仅取决于田里的收成，也取决于镇与村的分工水平。像我老家的镇里，除了聚集着上述的集市商贸、政府机关和医院学校之外，产业发育程度很低，村与镇之间没有更深的产业链分工合作，村里种植的农产品在镇上的集市销售，对象也大多是来自附近的农村人，市场容量非常有限。村里的农业发展大多依靠农民的经验，很难在镇上得到及时有效的技术、信息、市场、加工、品牌等要素支持，因此农民增收十分困难。镇上其实也就逢年过节略显热闹，平时也是冷冷清清。但是，在一些发达地区，形成的所谓专业镇经济，情况就完全不一样，这些地方镇上有着发达的非农产业，不仅为村里的农民提供充足的非农就业岗位，而且由于产业聚集形成的人口聚集，为村里的农业产出提供了巨大需求，使农产品价格得以保障，进而促进村民能够增产增收。与此同时，镇上非农产业发展带来的人口消费与服务需求的多元化，也使村里农业生产能够多元化，镇与村在产业互动中相得益彰，实现共同的繁荣。

所以我认为，城市资本下乡，如果按照中央政府的要求，多办农民"办不了、办不好、办了不合算"的产业，这样的产业显然不在村里，而应聚集在镇上。因此，城市资本不应该"进村"去跟农民抢地，因为在中国，学习美国的农业规模化经营，在北方平原地区也许可行，对于其他大多数地方的农村来说，基本上是做不到的。更重要的是，在现有的基础设施和技术条件下，乡村农业发展只需要社会服务规模化，无须土地经营规模化，也能够确保农业现代化的实现。如果以现在的镇为基础，引入城市资本发展以乡村农业相联系的农产品加工业、农业种养服务业、农业科技服务业、农业生态循环服务业、农村环境整治服务业等，退一步说，即便城市资本要进入村庄，也不是主要谋求流转农民承包的耕地，而是利用荒山荒坡，农村休闲旅游开发等领域，在镇里衍生的农业新业态支持下，谋取发展空间，让农村小城镇成为围绕乡村农业衍生的新业态聚集中心，形成产业集群，以镇带村，促进乡村产业振兴，使返乡农民在更高层次上实现"离土不离乡"。

综上所述，疫情之后的逆全球化，使乡村在国家向内重构产业链中扮演着重要角色。乡村产业振兴，要以农民为主体，以农业为基础，一方面需要城市资本下乡弥补乡村要素资源的缺失；另一方面又要求城市资本不能成为驱赶农民的力量，而是要形成吸纳农民就业的动能，一个可行的方向就是，让城市资本"入镇"围绕乡村农业衍生新业态，而不是"进村"与农民争土地。如果城市资本下乡能够在镇里通过新业态的衍生，形成镇与村的合理分工，催生农村产业集群，对激活国内市场需求，减缓逆全球化带来的冲击，将是大有裨益的。

2020 年 5 月 1 日

工商资本下乡能干些什么？

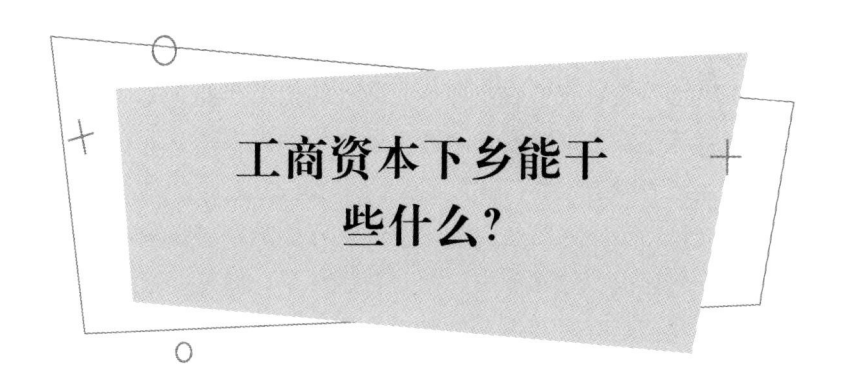

这些年，随着乡村振兴战略的提出，人们越来越意识到乡村产业发展的重要性，要发展乡村产业，城乡要素流动就成为一个绕不开的话题，这其中谈论最多也是争议最大的，当数"工商资本下乡"了。赞成者和反对者尽管观点不一，但我发现他们都有一个共同点，那就是将工商资本下乡理解为工商资本投农：赞成者说工商资本下乡投入到农业中，可以实现土地的规模经营，把禁锢在土地上的农民解脱出来向城市转移，这样既可以推进农村城镇化，又可以实现农业规模经营，改变目前土地经营的碎片化状态；反对者说工商资本下乡投入到农业，会由于只追求自身增值而通过种种方式剥夺农民的土地，却不让农民平等分享利益，同时还有可能将耕地进行非农化使用，从而影响国家粮食安全。应该说，如果把工商资本下乡仅仅理解为工商资本投农，赞成者和反对者的观点都有现实存在性，以此来判定该不该鼓励工商资本下乡，不仅难以达成共识，而且难以全面理解工商资本下乡的重要性。

我对于工商资本下乡搞农业土地规模经营是持审慎态度的，因为从理论上来说，工商资本的逐利性不太能够顾及到国家的粮食安全、农村的生态环境及农民的合法权益，从现实来看，工商资本下乡投资农业也是成功者寥寥，失败者众多。但是即便如此，我并不反对工商资本下乡，在我看来，农业并非工商资本下乡的唯一领域，甚至可以说不是一个重要的领域，而在农业之外，工商资本却可以成为农村经济繁荣的重要支持力量！

我们知道，过去的农村之所以贫穷落后，一个很重要的原因就是产业结构单一。农业的分工程度低，仅仅依靠一亩三分地种植农作物，农民能够获得的收益自然是少之又少，能够勉强糊口就算不错。所以只要有点能耐的人，为了寻求更好的出路，都会千方百计离开农村。因此今天有不少学者一提起回乡就认定是回去种地，也就不足为怪。按理说，乡村与城市都是一个空间概念，在城市里可以发展除了农业种植业之外的很多产业，那么在乡村应该也可以发展很多除了重化工业或者制造工业之外的很多产业。之所以在乡村不能搞重化工业或者制造工业，一方面是因为乡村发展这些产业难以得到足够的人力资本支持；另一方面是因为这些产业可能给乡村带来难以遏制的环境污染。毕竟乡村里的"绿水青山"要是被破坏了，修复起来就不是件容易的事情，这方面我们是有极其深刻教训的！那么，乡村里除了种植业还能发展什么产业呢？工商资本下乡能够做些什么？

要弄清楚这一点，得先了解一下产业演化的一般规律。我们知道，传统的乡村只有种植业主要是受制于分工。由于分工水平很低，农民种田几乎包揽了产业链的全过程。农业的产业链很短，中间节点很少，这就导致两个结果：一是乡村里的交易频率很低。由于农业产业链短，导致中间品交易很少，没有交易发生就没有利润形成的机会，农村经济就只能处在自给自足的自然经济状态。二是乡村里的新产业衍生困难。由于农业产业链短，产业链的节点数量少，从而大大降低了从节点蘖生新的产业链的可能性，由此导致农业产业与其他产业相互交叉融合发展的可能性也就大大降低，结果就是单一种植业在乡村里一统天下。但是，这种状况并不是一成不变的，随着技术的进步，农业生产过程中各个环节的可分性大大增强，比如，收割机的出现就为农业生产的收割环节分离出去提供了可能；无人机的出现就为农业生产中施肥喷药的田间管理环节分离出去提供了可能。如果农业生产过程中这些环节可以实现服务外包，农民的家庭农场就可实现作物种植的规模化。我们通常说美国农业都是规模化经营，事实上就是因为有相关的农业服务组织的支持，使农户家庭农场将农业服务外包的结果。农户的家庭农场达到一定的规模，就可以在农场里发展农家乐，甚至是农业观光休闲旅游，乡村里的产业结构由此就实现了由单一性向多样性的转变，乡村由此成为多产业交叉融合发展的空间，这正成为未来乡村产业发展的重要趋势。

由此看来，在乡村里实现农业产业链延伸与拓展，增加乡村产业中间品的交易，推动乡村种植业基础上的新业态衍生，提高乡村交易频率，是改变乡村产业结构单一的根本出路。但是，依靠乡村里农民自身的力量，很难完成这个任务，工商资本下乡就成为一种不可或缺的力量。以此为方向的工商资本下乡，能够做的事情就很多，主要包括以下几个领域：

一是促进乡村农业分工深化的领域。我们知道，产业分工程度受制于两个条件：第一个条件是技术，产业链分工首先要有技术上的可分性；第二个条件是市场，产业链的环节独立出来，需要有足够的市场获利空间。就农业而言，如果将除草、施肥、喷药、收割等生产环节从农户手中分离出去，由单独的组织来完成，首先需要有相应的技术，使承担这种服务外包的组织完成这些事情更专业高效，否则分工就没有必要。在我江西老家农村，由于有用联合收割机为农民提供水稻收割服务的专业组织，极大地提高了水稻收割的效率，水稻种植的收割环节在联合收割机这种农业机械技术的支持下，就从农户的水稻种植过程中分离出去了。也许在不久的将来，除草、施肥、喷药等环节也会不断分离出去，只要技术上是允许的，服务外包的量是足够的，这样的分工就能实现。显然，承担农业服务外包的组织需要有相当的资本能力，因为专业化的农业机械是昂贵的，单个农户购买这样的机械不仅资金能力上有困难，也不具备规模经济的条件需求。将来的农业发展，会出现服务外包规模化替代土地经营规模化，农业从品种培育到最后收获、销售，在技术支撑下可分离的环节越来越多，可成为工商资本下乡的重要领域。比如，现在农产品销售开始使用电子商务平台，那么开发销售电商平台，培训使用电商平台的人才，配合农村电商发展的物流分拣、配送、运输等服务环节，都可以成为工商资本下乡充分施展能力的领域。

二是促进乡村农产品加工深化的领域。在传统的乡村社会里，由于受到技术的限制，大多数农产品仅仅是被当作食物进入消费领域的。随着技术的进步及消费文化的演进，农产品的功能会越来越多元化。比如大家熟知的辣椒，除了有菜用功能，还有药用功能、观赏功能、军用功能、饲用功能和调味功能等。开发这些农产品的功能，不是乡村普通农户能够做得到的，需要拥有技术与资本的实体来完成，因此成为工商资本下乡能够进驻的重要领域。2019年6月，我们团队去贵州遵义调研辣椒产业，在一个叫作虾子镇的乡村，就有不少辣椒酱生产企业，还有培植观赏性辣椒盆栽的企业，也许将来还会有提取辣椒素、辣椒红的企业，制造辣椒喷雾剂的企业。一棵小小的辣椒，在技术的支持下衍生出许许多多新产品，这种衍生依靠的力量主要就是工商资本，工商资本发挥作用越大，新产品衍生的宽度与深度不断延展，乡村经济也就越繁荣！对于工商资本来说，到农村去进行农产品的深加工，不仅可以获得规模经济，还有获得范围经济、创新经济的可能性，因此这是一个十分广阔的领域，将给工商资本提供巨大的空间。

三是促进乡村农业产业跨界融合的领域。传统乡村社会里的农业，被看作是解决吃饭穿衣问题的产业，满足的是人类最基本的生存需求。农业说起来很重要，是因为关系到生存，但随着人们温饱问题的解决，温饱需求的重要性就逐渐被淡化，因此人们普遍不愿意花大价钱为农业买单，农业也就成为收益相对低廉的弱质产业。如果要使农业走出低收益的陷阱，就需要让农业实现跨界融合，抓住消费者的喜好。随着城市化的发展，人们对生活的追求逐渐出现多样化和丰富化，乡村产业因此有了极好的跨界融合空间。一方面，农业的生态功能，赋予了农业焕发青春的价值。每年清明前后都有大量城市人口涌入江西婺源去赏油菜花，吃农家菜，吸新鲜空气，这些城市人来到这里，个个精神抖擞，青春焕发，潇洒自然。放眼全国，这样的特色乡村越来越多，但仍满足不了人们的需求，以至于国家乡村振兴战略把发展乡村休闲旅游看作是农村产业兴旺的重要方向。另一方面，农业的康养功能，赋予了农业延续生命的价值。生活越好，人越怕老。在过去几年，许多老人总不惜一切，把口袋的钱拿来购买各种各样的保健食品，期望能够延年益寿，让不少骗子赚了好处。如今，醒悟过来的老人们开始寻求康养，乡村环境成为老人康养的好去处。在广西巴马长寿之乡，许多北方老人聚集在那里，喝着当地人爱喝的火麻汤，吃着当地人平常吃的土菜肴，给自己一个放松的心情，怡然自得。这应该是最初级的康养产业了，都能导致当地民居一房难求。中国已经慢慢进入老年社会，有人预测，康养产业将成为下一个最具前景的产业。综上所述，农业产业具有很强的跨界融合能力，但是这种跨界融合需要知识、技术和资金投入，也需要很强的组织能力，乡村农民难以胜任，这就为工商资本下乡提供了广阔的发展空间。

总的来说，随着分工的发展，农业服务外包，农产品加工深化，农业跨界融合出现，是未来乡村产业发展的潮流与趋势。不同地区的乡村拥有的条件不同，究竟乡村产业发展走什么样的路径，应该因地制宜，但改变乡村单一产业结构，是促进乡村繁荣的必然。诚然，不是每一个乡村都需要振兴，不是每一个乡村都能够培植出多元的产业，在城市化的潮流面前，有些乡村会消失，但乡村终究不会灭亡，正如有学者所言，我们不能假定乡村会消失，就像我们不能假定身处一个没有城市的国家。改变中国城乡发展不平衡状态，需要向乡村注入资本，促进乡村产业的多元化发展正是工商资本下乡的重要舞台。反倒是论及工商资本下乡，就想到流转农民的土地搞规模种养，不仅存在城乡要素共生的冲突，而且工商资本以此获得成功的可能性也不是太大。工商资本下乡去开拓新事业，提供新服务，不比下乡去与农民争利更有前途吗？

2019 年 9 月 17 日

为什么不能仅从"需要"来对待外来农民工？

2017年，某市一外来农民工集中租住地发生大火，造成了严重的人员伤亡，死伤人员大多属于外地的农民工。火灾发生后，全市立即部署安全隐患大排查大清理大整治专项行动，由于个别基层政府和组织要求住户在几天内搬走，引起舆论哗然。舆论大多数都担心这次专项整治可能导致大量外来农民工不得不提前返乡，而且许多农民工几乎没有充分的返乡准备时间，因此不赞成政府因为一场大火而用"一刀切"的方式对所有群租户进行专项整治。不过，就为何不应该"一刀切"让农民工返乡的考量，有一种声音倒不是担心农民工的城市生活权利受到侵害，也不是担心这些农民工返乡之后可能导致生活没有着落而陷入困境，而是出于"大城市对这些外来农民工的需要"！在我看来，这种声音听似温柔，其实却暗含着城市的傲慢，值得商榷。

他们认为不应该对大城市农民工"一刀切"专项整治的理由就是：这些农民工在大城市大多居住在狭小的群租房里，火灾并不是因为他们群租所致，而是因为防火措施不当所致。若如此，政府需要做的工作是完善消防措施，而不是清理群租。外来农民工的群租不能被清理，因为大城市需要这些群租者，正是因为有了这些群租者住在这狭小的空间里，才能给城市带来价格相对便宜的服务！一旦群租被清理，他们的居住面积扩大，要么他们无力承担而选择离开，就会没有人为城市提供服务；要么就是把他们居住面积扩大的成本转嫁到服务报酬上，导致服务价格大幅度上升。因此，在他们看来，这些群租者的居住面积狭小对于大城市来说是一件"好事"。

尽管他们也主张改善大城市低收入人群的居住环境，但仅仅是从大城市的需要来考虑的,从他们的政策主张来看,认为国家的发展战略应该聚焦于大城市,一方面他们认为只有实现核心超大城市充分聚集的发展,才能形成对周边农村地区的带动作用,从而使周边农村地区通过人口外迁来增加资源占有量;另一方面他们认为把这些外来农民工留在大城市,是大城市发展"需要"他们,对大城市来说"人口是资源,不是负担"。所以,既不能让进城的农民工因为收入或者居住环境太差而离开大城市,以免造成没有人为城市提供生活必需服务,又不能让进城的农民工在大城市的居住面积太大,以免造成城市服务价格攀升。或许在他们看来,继续执行"城市偏斜"政策让这些农民工回不了家,同时把他们的服务价格定在刚好让他们住得起群租小房屋不影响城市服务的提供,就是一种最好的均衡状况!在他们的观念中,即便以这样的方式让农民工留在城市,也符合"他们对美好生活的追求"目标!

说实话,作为一个从农村出来走进城市的知识分子,我无论如何也不能接受对农民工进城的这种安排或者政策设计,因为这里充满着"城市的傲慢"!大多数主张大城市优先发展的学者,基本上有两个主要的观点:一是现在的大城市人口密度远远不够,世界上的大都市圈都没有关于人口规模的规定,人口流动应该是一个市场行为,没有必要用政府政策限制大城市的人口规模;二是要素流动遵循市场规则,以效率为导向,要素投在城市远比投在农村效率高,投在东部远比投在西部高,因此国家政策应该是"供给随着需求走",将城市建设的用地指标等向东部大城市放开,西部适度收紧,大量用地指标放给西部建空城是没有效率的,从经济意义来说,东部才是资源稀缺地区,中西部是资源富裕地区。这种看似合理的观点,其实是违背历史观的。他们没有问一问,中国今天的城乡差距及东西部差距的形成,历史原因是什么?

我们应该记住,如果没有1949后农村为城市的发展作出的巨大牺牲,怎么会导致了城乡差别的不断扩大?如果没有我国为了快速推进经济增长及实现工业化,改革开放后执行"让东部沿海地区先富起来,再带动中西部地区发展,最后实现共同富裕"的区域"非均衡发展战略"的政策实施,率先在东部沿海地区建立经济特区、开放沿海城市,吸引外来投资,继而引起大规模的中西部地区劳动力往东部流动,东部发达地区的大城市能有今天的辉煌吗?现在东部发展起来了,东部很多大城市已经可以跟发达国家的城市比肩了，我们却说，要素流动按市场规律办事，主张"供给跟着需求走"，那中西部地区，尤其是中西部广大农村地区该怎么办？它们在历史上对中国经济社会发展所做出的贡献，是否可以忽略不计？所以，在今天中西部地区尤其是农村地区仍未发展起来的情况下，大量来自中西部地区农村的农民工们栖息在东部大城市里，是他们追求美好生活过程中的一种无奈的选择，他们回不了家不是因为东部城市有多么吸引他们，而是他们的家乡实在还很落后！面对他们的处境，我们能够仅仅以城市对他们有"需求"来对待他们吗？因为仅仅从"需求"的视角来对待他们，就使他们的生活被框在了"需求者"的接受条件范围内，比如，服务价格多高、居住面积多大、来的人口多少等，都在"需求者"的盘算之内，这些外来的农民工就像掉进如来佛的掌心里，来去都得由城里人来决定，这就是"城市的傲慢"！

  我也不赞成给大城市规定人口规模，也知道资源投放要讲效率，但我们不能以现在既定的状况来"优胜劣汰"，作为国家的公共政策，需要强调社会公平，中国的农村地区、中西部地区为今天国家的繁荣与进步作出了极大的贡献，现在这些地区发展滞后了，经济发展脚步慢了，如果只讲投资效率，它们就只能离发达地区尤其大城市的背影越来越远！它们今天的发展不充分，很大程度上是因为历史上的发展不平衡所导致的，今年中西部地区大量农民工进入东部大城市，也不完全是市场机制发挥作用所致，是历史上中西部地区在国家主导下所做出的贡献所致。因此，今天如果我们要强调发挥市场的作用，那就需要考虑如何把农村建设好，把中西部地区建设好，让大家能够在相对平衡的市场起跑线上去自由选择究竟是回家还是去大城市，因为市场机制发挥作用，最强调的是"公平自愿"，而不是"被迫无奈"。从这一点上说，党的十九大报告抓住了中国发展的不平衡、不充分这一关键所提出的"乡村振兴战略"，才是我们正确的发展方向。如果有一天，我们的农村跟城市不像今天的差别那么大，东西部地区差别不像今天那么明显，农民工们想去哪里不是出于"无奈"，而是真正出于基于自身偏好的"自愿选择"，那才能真正发挥市场机制的"公平、效率"作用。

  今天的农民工由于自己的"弱势"地位，来到城市需要看城市人的"需要"行事，无论如何都不是一种社会进步的表现。不管是农村地区还是西部地区，并不天然就是要素输出者。我们现在需要做的事情是，加强农村地区和中西部地区的建设，尤其是基础设施建设，改变那里经济发展的基础条件，吸引产业要素流向西部，流向农村，催生产业，繁荣经济。的确，我们需要注意的是，国家政策向农村或者中西部地区倾斜导致的要素投入要用到刀刃上，使用大量要素去制造空城，对这些地区的发展于事无补。但就此主张国家应该优先发展大城市，是无法解决农村地区及中西部地区的发展问题的，我们已经尝试过几十年了，城乡差别、中西部区域差别不是越来越大了吗？因为在区域经济理论中，存在"极化效应"与"涓滴效应"一说，通过大城市发展之后带动农村的发展以实现均衡，是一个永远难以实现的梦！与此同时，农民工举家进城不太容易实现，年轻的时候进城，中年的时候回乡村很难改变。所以，农民工进城实现市民化仅仅是理论上的一种设想，现实上是难以行得通的。真正的出路在于，取消城乡户籍差异制度，把农村建设好，农民自己想去哪里去哪里，这样的城市化道路更贴近中国的现实！

2017 年 12 月 4 日

乡村振兴为什么需要鼓励人力资本下乡？

乡村振兴要发挥农民的主体作用，这是毋庸置疑的，但是，仅仅依靠农民来实现乡村振兴，恐怕又会困难重重。原因在于，乡村振兴过程中不可能依靠传统农业实现产业兴旺，也不可能依靠传统村落的自组织实现生活富裕与社会生态文明，在乡村植入现代科学技术和现代文明理念，是乡村振兴绕不开的话题。然而，在当今条件下，经过几十年市场化改革的乡村，各种要素大量流向城市以寻求更高的报酬率，致使许多地方的乡村出现凋敝现象，从而要素回流成为乡村振兴需要面临的第一大难题。如今有人提出"工商资本下乡"，也有人提出"土地增减挂钩以增加农民土地的财产性收益"，我称之为"土地资本下乡"。但是，尽管国家的乡村振兴战略也提出加强"农村专业人才队伍建设"，扶持"一批农业职业经理人、经纪人、乡村工匠、文化能人"，以及培养造就"一支懂农业、爱农村、爱农民"的"三农"工作队伍等，但着力点仅仅是放在"培养"上，这个过程可能会比较漫长。在城市里我们看到，每年都有大量的大学毕业生面临着越来越激烈的城市就业竞争，出现"城市待下来困难，农村走下去无路"的尴尬局面。显然，这一方面是人才闲置，另一方面是人才紧缺的状况，对国家发展来说是一个巨大的人力资本浪费。那么，我们能不能与主张"工商资本下乡""土地资本下乡"一样，也主张"人力资本下乡"呢？我认为这不仅必要，也有可能，不过需要政府的大力支持才行。

乡村发展人才匮乏

我们现在将社会主要矛盾表达为"人民日益增长的美好生活需要和不平衡不充分的发展之间的矛盾",主要的体现就是城乡发展不平衡,农村发展不充分。以我的理解,发展至少应该包括以下三点:一是经济总量增长;二是经济结构改善;三是社会福祉提高。我们的农村之所以落后,一个重要的原因就是产业结构太单一,年年在那一亩三分地里种庄稼,收成再好也就那千八百斤粮食,还得遇到风调雨顺,而且没有"蛛网"的困扰,经济总量增长当然缓慢,甚至可能不增反减。没有收入来源,社会福祉自然也就没有办法提高,在农村如果仅仅依靠种地,能够吃饱饭就算不错,哪里还顾得上娱乐享受和身心健康。然而,人的欲望是无穷的,农村人看着城里人吃得那么好,玩得那么带劲,穿得那么时尚,怎能不心动呢?在家里得不到这些,自然就会选择远离家乡,进城打工增加收入。农村的人走了,尤其是青壮年劳动力走了,农村失去了生产过程中最积极最富创造性的要素,凋敝也就不可避免。要改变这种状况,出路就是在农村要有能够赚钱的地方,这个地方就是产业。也就是说,农村要改变简单的土地种粮食这种单一产业结构,农民有机会进入到像波特所说的具有"长期盈利能力的产业"当中。

然而,农村新业态的衍生本身需要具有专门知识的人才,靠农民自己的力量是很难实现的。现在的情况是,在城乡二元体制的惯性作用下,农村青壮年都出去打工,更何况那些大学生,农村不仅缺乏能够衍生新业态新产业的人才,甚至连维持传统农业的一般劳动力都缺乏,哪里还能奢谈那些能够给村民带来福祉提高的人才!每一次回老家路过村口,看见那个杂货铺里开办的乡村卫生所,我就感叹不已!以前的赤脚医生制度变革后,村里一度没有了医生,村民有一点小毛病也要跑到乡医院。村里的小张由于身体原因,在村口开一家杂货店谋生,或许是看见村民们看病的难处,再加上他家以前有做乡村医生的传统,就到外面跟着师父学了一点中医,然后就在村里边开杂货铺边开卫生所。初中没有毕业的小张,很多年来成了村民身体的保护神,有个感冒发烧自然离不开他。自打乡镇合并后,乡医院并到镇医院,小张在村里的地位就更加重要了,我从父亲口中听得最多的医生名字就是小张,他说得越多，自然我的担心也就越多。这样的窘况不仅仅表现在卫生所，我们村里的小学，如今的师资仍然是依靠当年代课转正而来的吴老师在挑大梁；村里的土地耕种，施肥洒药完全凭的是老农一辈子的经验及家庭的经济状况，土壤到底是酸还是碱，他们听都没有听过，只知道有醋才是酸，豆腐需要碱。如此的人才状况，如何能够支撑得起乡村振兴？

人才入乡需要支持

有人说，农村凋敝是必然的，历史发展的趋势是城市化，应该让农村人迁移入城，享受城市文明，而不是相反去鼓励城市人才入乡以改变乡村。这个看法既误解了城市化的内涵，也不符合现实。我们常说城市化是以人为核心的，是人的城市化，也就是让人享受城市现代文明。农村人在哪里能够享受到现代城市文明，应该不是唯一的，既可以通过现在农村的发展来实现，也可以通过移民入城来实现。从现实来看，要将现有的所有农村人都移入城市去享受城市文明是不现实的，不要说现在的城市是否有能力接纳，就是能够接纳，也要看是不是所有的农民都有意愿入城。我曾经去过日本的农村，在一片片水稻田边，有整齐的街道、学校、医院、乡村车站、自动贩卖机、各种娱乐场所、超市商店等，跟城市没有什么差别，农村人不用离开农村，就能享受到一样的城市文明，这难道不算是城市化吗？因此，从这个角度来说，农村的发展总是需要的。如果我们确定农村的发展是需要的，那么在现有的情况下，改变城市大量人才集聚找不到出路，同时却存在农村人才奇缺影响发展的城乡人才分布不均衡状况，就需要鼓励城市人力资本下乡。然而，市场经济条件下，人才流动的取向是由人才要素的报酬率来决定的，如今农村产业结构单一，社会福利低下，与城市相比显然报酬率是低的，而且不只低那么一点点。要想吸引人才从城市流向农村，唯一的办法就是要提高人才在农村的报酬率。谁能够做到呢？当然是政府，这不仅是政府的能力所在，而且是政府的职责所在！

一方面，如今的城乡人力资本报酬率差别，有部分原因是长期执行城乡二元政策导致的结果，城市基础设施与公共服务比农村要完善许多，这里包含着过去农村支持城市发展的巨大贡献，以及如今还存在的基础设施与公共服务建设"城市偏向"。也就是说,这个城乡差别是政府政策导致的,现在填补这个差别,仍需要政府的力量。我和哥哥、妹妹都是当年从村里考大学出去的大专生和中专生,在20世纪80年代,大学生就业是由政府直接安排的,本着从哪里来到哪里去的原则,我们兄弟大学毕业后回到家乡中学任教,妹妹师范毕业后回到家乡小学任教,才使农村中学有了稳定师资,以及农村小孩能够在家门口接受教育。我和妹妹后来上了研究生返回到城市,哥哥一直在农村中学干到现在,培养出一茬又一茬的农村学生。现如今,师专没有了,师范没有了,农村学校师资匮乏,很多农村人无奈,只能在县城租个房子陪着小孩读书,对农民来说,要么牺牲孩子的教育,要么牺牲家庭的生活水平,这个两难选择是由"城市偏向"的政策导致的。

另一方面,现在吸纳城市大学生人才入村,在学校、医院、技术服务、政府机关、公益事业等部门就业,提升农村的基础设施与公共服务水平,属于公共品供给的范畴,理应由政府来承担。有人提出给予去农村就业的大学生以工资补贴,尽管具体方法可以讨论完善,但通过政府支持拉平城乡人力资本要素报酬率水平,为吸引人才下乡创造条件,这个方向应该是合理的。如果没有政府的支持,城乡人力资本要素的报酬率仍然像现在那样,不要说城市的大学生,就是农村考出去的大学生也不会轻易返回农村就业。在我们兄妹之后,村里也陆陆续续考出来几个大学生,但是毕业后面临自由市场选择就业,他们已经无法回村,因为不要说工资跟城市无法匹敌,回乡谋一个有编制的岗位也是十分艰难。现在的各项人才考试指标,分配到农村的少之又少,由此出现了农村人才招考竞争十分激烈并且农村人才奇缺这样的奇观。最近几年,一些地区在探索大学生村官、乡村教师特岗、乡村医生特岗等人才进村措施,但愿这是一个开端,能够给人力资本下乡带来一丝希望!

人才下乡大有作为

人力资本下乡之所以很少有人提及,有一方面的原因,就是许多人认为现在农村一片凋零,大学生去了也没事可干。这显然是颠倒了因果。正是因为现在农村发展相对滞后,经过几十年的二元体制索取,再加上几十年的市场机制洗礼,农村要素几乎被城市吸纳干净,才导致农村今天的落后,也正因为农村今天的落后,才需要国家想办法改变要素的城市单一流向,让要素入村实现乡村振兴。如果今天农村一片繁荣,这个话题就不存在了。进一步地,农村的落后就意味着大学生去了没事干吗?这恰恰是个误解。因为落后才存在许多未开发的处女地,大学生跟传统农民的不同,就在于他们有专业的知识,这些专业知识能够将农村要素整合重生,形成新的产业或者新的业态。前几天去江苏沭阳县参加农村电商促进乡村振兴研讨会,发现那个地方虽然地处苏北,至今尚未通火车,但当地政府支持建设电商平台,发展草根创业,全县种植花草苗木53万亩,通过电商销售到全国各地,全年从沭阳出港的快件达1.2亿件!不去绝对想不到鲜花可以用电商卖,农民割水稻不是为了稻谷,而是利用稻穗做出插花,一亩地的水稻可以收入6万元。看到田里大棚下一排排的多肉植物,旁边的小业主们用网络直播方式向客人推销产品,简直不敢想象这是在农村。这些创造出一家家淘宝店的小老板,设想出一种种新奇营销模式的小年轻,培育出一个个花草新品种的小园主,大多数就是近几年毕业的大学生。由于他们的到来,这里不仅有专注于花草苗木的淘宝村,还有专注于书籍的淘宝书城,以及专注于塑料鲜花的淘宝工场,形成一个全国赫赫有名的农村电商县。现如今不仅大学毕业生来了,连博士后工作站都在这个偏远县城设立了,不少博士生在这里汲取营养,完成他们的研究工作,再用他们的知识回馈到沭阳的电商产业当中。

所以,城市大学生的人力资本下乡,在农村这块尚未被现代商品经济冲击的地方,是真正大有作为而不是没事可干的。当然,要大学生愿意来农村发展事业,需要有一个宽松的环境和相对好的基础设施与公共服务条件。这正是政府应该努力的领域。据沭阳地方政府的介绍,为了发展电商产业,政府设立了产业发展基金、诚信保障基金,给草根创业者提供三年免租的场地等,正是政府搭建的良好创业平台,使大学生相聚于此,互相帮衬,发挥头脑风暴,从不可能中创造可能,才有今天沭阳农村的繁荣。

综上所述,我认为,鼓励城市人力资本下乡,应该是当前实施乡村振兴的应有之策。在这之前,已经有不少学者提出"工商资本下乡""增加挂钩的土地资本下乡",得到很多人的支持。萨伊说,土地、资本、劳动力是经济发展三要素,大家既然不反对土地与资本这两个要素下乡,有何理由唯独反对人力资本下乡呢?人不是所有要素中最活跃的要素吗?如果人力资本要素不下乡,如何能够实现乡村振兴呢?诺贝尔经济学奖获得者、著名的农业经济学家舒尔茨说过，改造传统农业的关键，是在农村注入新的生产要素，其中的关键就是对农村实行人力资本投资。那么，通过政府支持吸引城市大学生流向农村，可以说是一种最为便捷的向农村进行人力资本投资的路径。尽管具体的方式方法可以探讨，这个方向应该是没有问题的。通过政府支持，吸引人力资本下乡，发展乡村创业，政府需要做好以下几方面的工作：

首先要加强基础设施建设，为乡村创业提供基础条件。乡村创业以农业为基础，但不能局限于农业产业，更不能受制于农村市场，需要改变农村业态，实现一二三产业融合。具体来说，在如今信息化时代，乡村产业发展要有"一根扁担两个筐"的思维，即以农村电子商务为扁担，挑起优质农产品生产和乡村旅游两个筐。因此，传统的农村基础设施条件已经不能满足乡村创业的需要，政府应该加强符合乡村创业发展的基础设施建设：一是提供快速、稳定、完善的互联网硬件设施条件。比如推进"宽带乡村工程"，提高农村的宽带覆盖率，提升农村信息化水平。二是完善农业生产技术服务体系，实施"质量兴农工程"，提升农产品供给的质量水平。三是建立农村产业联系平台，实施"产业链网工程"，实现农业、农产品加工业、乡村旅游业之间的链接，提升农村新业态衍生能力。

其次要引导产业要素汇聚，为乡村创业提供资源条件。乡村创业是以民众为主体的草根创业，最大的难题就是面临创业资源瓶颈。依靠草根创业者自己的力量突破资源瓶颈有一定的困难，需要政府给予必要的支持，主要在以下三个方面着力：一是政府通过设立创业扶持基金给予草根创业者在创业初始阶段必要的资金支持。二是政府促进城市工商资本与草根创业资源的互惠合作，发挥资源拼凑作用，盘活乡村存量资源。比如，农村的老宅旧屋，闲置于农村看似没有价值，但却是一段乡愁的记忆载体，是乡村旅游的极好资源，如果将这些看似没有价值的资源通过拼凑，与城市工商资本相融合，衍生新业态，就会创造出新的价值。三是政府提供有针对性的乡村创业人才培训，提高草根创业者的创业技能及管理能力。比如从事农村电商的技能、农产品质量提升技术、乡村旅游业的管理技能等，只有让越来越多的草根创业者能够参与到与"一根扁担两个筐"相关的创业活动当中，才能形成良好的产业氛围，乡村创业才能成气候。

再次要强化市场监管服务，为乡村创业提供环境保障。乡村草根创业具有主体多、规模小、分散化的特征。一方面，由于创业者掌握的资源少，创业规模小，无法依靠自身力量抵御市场不确定性风险，容易导致创业失败；另一方面，由于草根创业的主体多，分散化，导致监督成本高，容易引发创业者的机会主义行为，造成市场混乱，最终扼杀区域的创业氛围。

因此，政府可以在以下两方面着手，为乡村草根创业提供环境保障：一是通过制度创新，加强市场监管力度，营造公平公正的市场竞争。一方面对违反市场诚信的行为要给予严厉的惩罚；另一方面要弘扬遵纪守法经营，政府可以设立市场诚信保障基金，对创业者的诚信经营行为予以表彰和鼓励。二是政府提供必要的市场服务，建立市场交流平台，促进草根创业者与大市场的对接。比如，通过完善网络交易平台、举办交易博览会等多种形式，营造区域创业品牌，营造良好创业环境。

最后必须强调的一点是，政府支持鼓励大学生到农村就业创业，促进城市人力资本下乡，要尊重大学生等人才主体的意愿，依靠市场机制，愿意留城还是进村，是人才主体自己的选择，而不能强迫或者强制，这是市场经济必须坚守的底线！

2018 年 7 月 9 日

农村土地到底该不该入市？

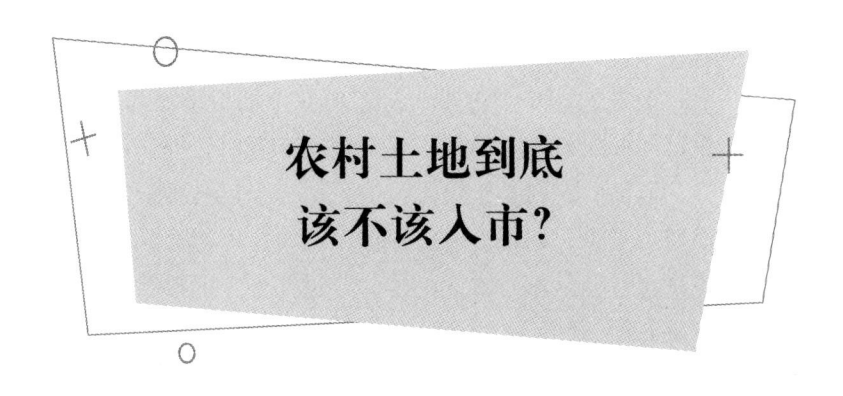

论及乡村振兴，大家都知道目标是让"农民生活富裕"，但要说起怎样才能让农民生活富裕，大家的看法就很难一致起来。时下一种很流行的观点是，要让农民生活富裕，关键要使农村要素与城市要素能够互通。说起来好像也是这么回事：如今城里人掌握的生产要素都可以买卖，比如农村人可以进城去买房子，可以进城去找工作，可以入城市户口，但城里人就不能去农村买房子，也不能到农村入户。这样一来，农村就变成农民的农村，城市的资本进不去，人也进不去，单单依靠农民自己，农村怎么能够发展起来呢？因此，有人直言，只有赋予农民清晰的土地产权，让农地入市，让城里人可以进村买地买房，农村才能实现高质量发展，乡村振兴才有可能！

说实话，对于这个看法，我感到十分矛盾。我自己就是从农村出来的，如今哥哥弟弟都还在农村，如果真要实行城里人可以进村买地买房，对他们的生活会有什么影响呢？首先来看看他们会在什么情况下卖掉土地和房子。以我的判断，大致会有三种情况：一是城市工作好找。如果到城里能够找到一份不错的工作，农村人可能会有不再依赖土地的想法。记得20世纪90年代的时候，村子里进行承包地调整，当时村里的大多数年轻人都去广东打工，而且基本都能找到收入不错的工作。因此很多农户不愿意多要承包地，为把承包地让出去还吵得不可开交。还是我的老母亲有远见，非常乐意多要一点土地，说哪天城里找不到工作，一定会出现抢地的情况。果然，在前两年村里再次调整承包地的时候，村民又开始吵闹，不过这次是因为都想多承包一些土地，因为进城找工作已经今非昔比，很多农民工在陆陆续续返乡。二是家里遇到困难。如今农村各种社会保障尚不健全，尤其是对天灾人祸、生老病死的保障尚处于较低的水平。平日里农民混个温饱没有多大问题，但要是摊上十几万、几十万元花费的事情，就会束手无策。一般情况下，遇到这种事情主要是依靠社会关系网络支持来解决，但在市场经济熏陶几十年之后，社会网络的固性已经开始松动，借钱不仅变得越来越难，即便能够借到，也要支付利息，这在以前的农村是不可思议的，而今天已是理所当然。在这种情况下家庭不幸摊上难事，如果土地房屋可以买卖，可能会成为大多数家庭解决困难的优先选择。三是城里事业稳定。经过几十年的改革，城乡二元藩篱松动，农村家庭开始分化，有的是经过打工积累了较多的财富与人力资本，在城市创下较为坚实的家业，回农村的可能性很小，而由于农村身份，仍然保留着承包地和住宅，但因为不能买卖，大多只能闲置浪费；有的是子女通过参军、考学变成了体制内成员，转换成城市居民，在家的父母随着年龄增长需要照顾，只能随着子女进城居住，同样会形成农村土地房屋闲置问题。如果农村的土地房屋可以买卖，显然会成为他们的合理选项。

那么，什么情况下城里人会到农村去买房买地呢？我现在也算是城里人，如果国家放开政策，允许城里人去农村买房买地，以我的感觉，有这几种情况可能会促使城里人去农村买房买地：一是城里的闲钱遇上农村的廉价地。经济学上说，要素的边际效用是递减的，1万元钱在有钱人心里是个小数字，但在穷人心里就是个天文数字。说实话，我的成长过程是亲自经历过这个转变的。记得上初中的时候，我跟一位很要好的同学打赌，赌他拿不出10元钱，因为在那个时候的我看来，10元钱已经是一个天文数字，一个中学生是无论如何无法企及的，结果我输了。这件事情我现在还记得，是因为贫穷对我想象的限制给我太大的震惊！现在，如果农村的土地10万元能够买到一亩，我可能也会去买一亩来实现自己的农庄梦想，当然如果是100万元一亩，我就只能继续做做梦了。二是城市创业资本遇上农村风水宝地。如今城市人在城里创业遇到了要素瓶颈，地价疯涨、房价疯涨、工资疯涨，就是自己产品的价格不涨，导致创业受挫。如果农村的土地房屋能够买卖，现在无疑是去农村置业的好时机，因此会有动力去物色农村有山有水有基础设施条件的风水宝地。选择农村有价值的风水宝地进行投资，回报是看得见的，所以城市周边的农村是资本最喜欢光顾的地方，土地价格也较昂贵。三是城里的食利阶层到农村去囤地。马克思在《资本论》里说，商品经济下，有产业资本家，职能资本家，也有借贷资本家。这借贷资本家是专门吃利息的食利者阶级，当然食利者阶级也包括专门吃地租的。他们自己不创业，但可以通过占有土地吃租金。现在的城市里，就有不少人买了大量的房屋不是用来自己住，而是用来等待房价上涨赚取差价，或者出租获得租金，成为投资客和包租公。可以想见，如果农村房屋土地可以买卖，一定会出现为将来食利而去囤积土地房屋的食利族，尽管可能在政策层面有一定难度，但只要有利可图，就会有人去尝试，这是资本的本性。

从上面的情况来看，很难回答农村房屋土地入市是好事还是坏事，因为这得看前提条件是什么。对于在城市有稳定工作的进城农民来说，农村的房屋土地如果能够买卖自然是一件"锦上添花"的事情。如果农民进城之后，不能有稳定的就业，也不能享受低保，子女教育只能在临时建立的"农民工子弟学校"，生病只能自己掏钱看私立医院，那他们要是把农村土地房屋卖掉，就不会是一件"雪中送炭"的事情。有学者说，允许农民买卖土地与房屋，既可以吸引城市资本下乡，又可以让农民进城获得资金支持，显然，这是一种想当然的说法。很多人讲到农村买卖房屋土地给农民带来的好处，总是以城市周边的房屋土地价格为参考依据，这完全不符合中国亿万农民的居住地远离城市的现实。现在大多数农村的房屋土地如果入市，即便农民把它们全部卖完，也不足以在一个县级市的城里安身立命。如今一般县城的房价都在5000元左右，农村一家人进城买120平方米的房子就要60万元，不要说还要装修添家具，而现在那些居住在远离城市山村里的农民，有几家的房屋土地能够卖到这个价钱呢？显然，农村土地与房屋之于农民，目前还承担着相当重要的社会保障功能，这是不容否定的事实。

从另一个角度来看，如果农村土地房屋可以买卖，就一定会导致土地集中与垄断！大家想想为什么今天中国的主要矛盾是"城乡发展不平衡，乡村发展不充分"？简单的道理是，改革前国家实行城乡二元政策，用行政手段将农村生产要素调往城市，导致农村发展落后于城市；改革后建立市场经济体制，通过市场机制将大量劳动力、资本等农村生产要素吸引进城市，因为要素总是朝着报酬率高的地方流动。所以，不管是改革前30年还是改革后40年，城乡要素都是朝着城市单向流动的，农村发展的滞后使要素价格变得十分廉价，这就为城市资本垄断农村要素提供了十分便利的条件，如果没有相应的措施来接纳从农村土地与房屋买卖中游离出来的农民，农村即便富裕，也与农民无关，与农民无关的农村富裕，不是我们推行乡村振兴的目标！现在也有不少城市资本进入农村，做旅游开发、生产经营等项目，但跟农民相关的不多，能够带动农民富裕的则更少。

随着市场经济的推进，建立统一的城乡要素市场是必然的，现在已经推行农村集体经营性建设用地入市就是一个信号。不过在农村社会保障还没有完善到与经济社会发展相适应，以及农民进城还不能取得同等市民身份之前，显然农村土地房屋入市的时机是不成熟的。在市场经济下，产权只能顾及效率，但对农村今天的发展来说，我们更需要侧重公平，因为在几十年的发展历程中，农村农民几乎贡献了自己的所有，让他们今天在市场中一同与城市主体相竞争，他们显然是弱者。我以为，乡村要素的市场化如果不以牺牲农民为归宿，就需要有相对高的城市化水平来保证。因此当务之急，不是通过农民土地房屋的市场化来推进城市化，而是要通过提高城市化水平来推进农村土地房屋的市场化。

要农民把土地房屋卖掉很容易，但要用这种方式让农民过上富裕的生活却很难，就当前情况而言，加强农村基础设施与公共服务建设，让农村农民能够同样享受现代文明，比推动农村土地房屋入市更迫切！

2018 年 12 月 30 日

城乡建设用地"增减"真的能"挂钩"吗？

从 1978 年开始改革开放，到如今已经 40 年了，如果要问这 40 年最大的变化是什么，那无疑就是我们的城市越来越大，人口也越来越多。记得我 20 世纪 80 年代上大学的时候，学校周边全是农田，春耕季节的晚饭后散步，来自农村勤劳的学生，还经常下地帮尚未收工的农民插秧，换来许多夸赞声；90 年代初去四川读研究生，成都还只有一环路，踩个自行车就可以转完整座城市，那时一环路外的九眼桥头就算是乡下了；研究生毕业后到南宁工作，跟同事一起骑自行车进市区买东西，由于不熟悉路伙伴走散了，结果会在下一个路口相遇，真心感谢那小巧的城市。现如今再回到这些城市，不管是念大学时的小城市，还是念研究生及后来工作的大城市，已经完全找不到当年的影子：周边的农田全变成高楼大厦，熙熙攘攘的人流车流，足够让你在任何一个街头迷路，当年在田里插秧的农民早已不知行踪，或许在城市工厂的生产流水线旁，或许在路边的小吃摊里，或者在川流不息的人流中干着各种营生，我们这几十年就这样一直努力追求着农村变城市，农民变市民，农业变工业，实现心中的城市化！

但是，不管人走到哪里，吃饭总是头等大事，因此有一句话叫作"手中有粮，心中不慌"。农村人可以离开土地，但粮食生产是不能离开土地的，这就出现一个问题：只要城市像摊大饼一样越摊越大，就会有越来越多本来种粮食的土地被用来盖工厂与各种用途的楼房，进而危及到吃饭这个头等大事。政府知道饭碗端在自己手上的重要性，因此提出无论城市化如何发展，一定要确保"18 亿亩耕地"的红线不能突破，否则大家进得城来，没有饭吃，却回不去农村！于是一个经济学上的二元冲突产生了：一边是城市化要不断占地，另一边是农业生产不能让出更多的耕地。怎么办呢？终于有人想出了一个妙招，叫作"耕地占补平衡"，简单地说就是，在城市化建设中，要求各地政府做到占用的每一亩基本农田，都需要补充数量与质量相当的耕地，以保障18亿亩耕地红线不被突破。到哪里去找耕地用来补充城市建设用掉的土地呢？这显然是一个头疼的问题，因为土地跟其他生产资料不同的地方，就在于它是不可重复生产的，供给曲线几乎是垂直的。不过，只要有利益存在，再难的问题也难不倒人，有人立刻就找到了补充土地的来源：农村建设用地。

1949后，我们逐步建立了农村土地的集体所有制，这个"集体"一般是以"村集体"为管理单位的。几十年来，农村人要建房，只需要取得村集体的同意，没有规定每一户农户的建房面积是多大，农民在自家周边搭个棚，建个猪栏，只要不影响到邻里生活，也不会有人去干涉。农民的房子都是自建自管，许多农村的庭院经济就是在这样宽松的环境下生长出来的。后来人们出去打工赚钱了，回来建了新房，有的是拆旧建新，有的是建新不拆旧，这样就在一些地方形成了没有人住的"空心村"，这样的"空心村"要是能够复垦成耕地，可以避免造成土地的浪费。恰好城市建设需要用地，类似于空心村这种农村建设用地又存在浪费，于是一种被看作是两全齐美的办法诞生了，那就是所谓的"城乡建设用地增减挂钩"，大致意思是：将若干拟整理复垦为耕地的农村建设用地地块（拆旧地块），和拟用于城市建设的地块（新建地块）等面积共同组成建新拆旧项目区，通过建新拆旧和土地整理复垦等措施，保证项目区内各类土地面积平衡，最终实现建设用地总量不增加，耕地面积不减少，质量不降低。

从"占补平衡"到"增减挂钩"，看起来一切如此完美：城市化可以放心用地了，因为"有占"就"有补"，而且通过"增减挂钩"，找到了"补"的来源。如此，摊大饼式的城市化仍然可以继续推进，从理论上说18亿亩耕地不但保得住，而且还有很多溢出的好处：增加农民土地财产性收入、实现农村土地集约利用、农民集中居住实现新农村建设、农村土地整理实现规模经营等，不一而足。然而，理论要跟实际相结合，就会发现这是一个神话，城市用地的增与农村建设用地的减，要真正做到挂起来并不简单，至少有以下三个困难：

一是土地级差。城市建设要用的地是在城市周边，每一座城市翻开她的历史，都有许多美丽的故事，这些故事隐隐约约告诉你，这里之所以成为城市，都与这里的先天优越条件有关，比如靠近河流，交通发达，土地肥沃，等等。人尽管在很多事情面前是非理性的，但在经济收益面前大多数情况下是理性的。因此，早期人们选择聚集在一个地方，很大程度上就跟脚下的土地是优等地有关系。人聚在一起要吃要喝，就得种地，种地也是由近及远，由优及劣，只有在优等地用完了以后，才会去开荒，才会去种劣等地。所以，城市周边的土地比远离城市的农村土地耕种条件好应该是不言而喻的事情。"增减挂钩"要真的能够"挂"上，首先需要考虑的就是这种土地的级差，如果这种"级差"无法消除，怎么可能实现"等同面积"挂钩呢？

二是经济成本。在我们的脑海里，耕地只有面积的概念，没有对土壤的尊重，也很少计算一块生地养成一块熟地需要花费多少成本。我不是这方面的专家，查阅的资料显示，形成土壤的自然过程，少则几百年，成为耕作的熟地，至少也要4~5年，每一块耕地、每一抔土都是自然与人力共同努力的结晶。事实上，在许多国家都把土壤看作是一种战略资源，而不像我们，在城市建设使用耕地过程中将极其珍贵的土壤当作垃圾、渣土来处理。如果要消除城乡挂钩的土地级差，有一个办法，那就是把城市原本是耕地现在想用来做建设用地的土地，将其表层土壤保存，运至要复垦的边远农村地块上，这样可以最大限度减少优质土壤的浪费。如果这样做，需要花费多少成本才可能完成呢？现在城乡增减挂钩中，一亩地的指标卖20万~30万元，其中5万元左右是复垦补偿费，剩下的是给农民的土地转让收入，即所谓的财产性收入，还要剔除村集体提留部分及各种工作的酬金补偿，真正到农民手上的也没有多少。5万元一亩的复垦费，可能将复垦出来的土地还原到城市用掉的土地这样的质量水平吗？还不要说农村清理地块还需要各种流程，要完成各种工作，这些工作样样都要花钱，就这些成本压力之下，城乡建设用地如何能够"真实地"挂得起钩，是值得关注的问题。

三是监督成本。在经济学里，把人看作是经济人，总是有其道理的，在大多数情况下，只要是面对有利的事情，人们就会绞尽脑汁，否则社会就不会发展了。但也正是人的这个特点，落到个体头上的时候，往往会存在个体利益与整体利益的冲突，城乡建设用地挂钩也是如此，甚至更严重。因为在这个过程中不仅有个人与集体，还有不同层级政府之间的博弈。城乡建设用地增减挂钩，城市想用地，农村想卖地，只有中央政府想城市用地不要侵蚀到整个国家的可耕地。显然，中央政府成了监督者，监督着城乡土地买卖之间的关系不能越过中央设定的基本标准，这就是我们看到的"实现建设用地总量不增加，耕地面积不减少，质量不降低"的理想目标。但在现实中，地方政府跟中央政府的目标函数并非是一致的，买卖在地方政府之间进行，利益在地方政府之间分配，信息也是掌握在地方政府手中，中央政府作为监督者存在着天生的信息劣势，根本没有办法阻止地方政府之间的合谋。自从城乡建设用地"占补平衡""增减挂钩"提出以来，"占优补劣""多占少补"的事情就一直在发生，为了拿到更多的土地指标卖给城市，甚至有些地方农村开始"填海造田""填湖造田""挖山造田"，用非常简单的办法，造出象征性的耕地，用以卖钱，让城市耕地改变使用性质。中央政府的监督只能抓几个典型，全国这么大，要使所有的"挂钩"行为规范运作，这个监督成本不知道有多大，甚至可以说根本做不到！

由于上述三个困难的存在，我是无法相信城乡建设用地能够"增减挂钩"的，如果继续这么挂下去，结果显而易见，那就是最多能够挂住"耕地面积"的数据。从现在的情况看，连面积数字都很难挂住了，我们现在的耕地面积守住18亿亩红线了吗？这是值得去盘点的大事。现在大家的目光盯住的是中美贸易危机，其实有人预言，中国真正的危机是粮食危机，"把饭碗端在自己手上"说起来容易，做起来很难，还不要说我们没有认真去做。中美贸易战给我们提了个醒：简单依靠进口粮食解决中国人的饭碗，是存在极大风险的，因此我们必须善待耕地！城市化的发展当然要推进，但应该寻求更好的城市发展用地紧张问题的解决办法。目前，一方面，我们摊大饼式的城市化，土地利用的效率偏低。有研究成果显示，我们的城市容积率与发达国家城市相比要低很多，看看我们的工业园区、生活小区大概能够知道一二；另一方面，我们的城市化重心是在大城市，因而无法充分利用非耕地，同时也增加农民进城的迁移成本。如果能够提高现有城市建设的容积率，同时更多地通过发展城镇化来实现城市化，或许城市化发展的用地问题能够得到有效缓解。事实上，生活在一个约10万人口的小城镇，是一件多么惬意的事情，所以，如今的乡村振兴，我们是否应该把乡镇建设放在其应有的位置呢？

2018年8月10日

后记：满怀期冀守望乡村

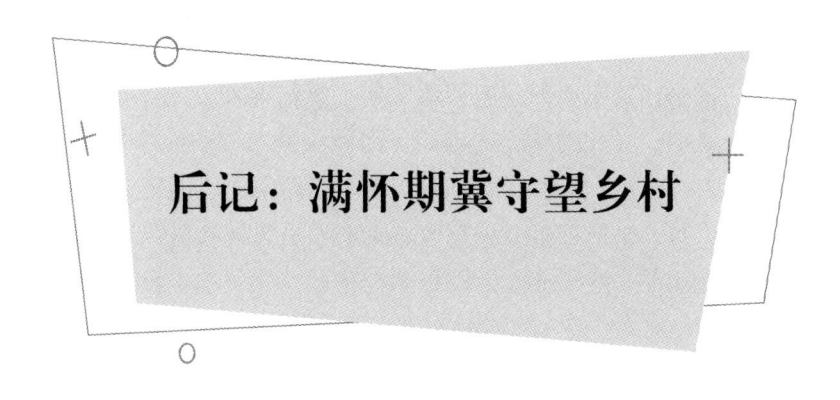

2016年初我开通了"三农庄园"微信公众号，多多少少是因为一种好奇，然而，这个公众号今天成为我最喜欢的乡村记录方式却是有些意外的。转眼已经数年光景，伴随我的脚步在乡村延伸，公众号里留下的文字也与日俱增。承蒙各位读者朋友的鼓励，我以《问道三农》为书名，将2017年10月之前公众号里写的文章集结交由人民出版社出版。托人民出版社的福，这本书出版后，第一次有人为我的文字写读后心得，第一次有官方微信公众号在世界读书日向读者推荐我的书，这无疑给了我巨大的动力。说来也巧，《问道三农》书稿刚刚提交出版社就迎来了党的十九大召开，这次会议的里程碑意义自不必多说，对于"三农"学者而言，还包含着一些特别的意味。会议提出的"乡村振兴战略"，强调"坚持农业农村优先发展"，预示着中国即将结束过去的"城市偏向"政策导向，由此开启"乡村优先发展"的新时代。这激励着我加快走入乡村的脚步，执着地记录着自己的乡村观察。到2020年底，五年时间过去，我的"三农庄园"微信公众号增加了80多篇文章，记录着我五年多时间的乡村见闻与思考，也告诉读者朋友们，我仍在纵横阡陌，问道三农！而且，随着乡村振兴战略的推进，我将更加不忘初心，守望乡村。

五年多来，我带着"三农庄园"的弟子们，领略过贵州的红色乡村旅游，见识过江西老区的乡村特色产业，回顾过安徽小岗村的改革历史，学习过浙江乡村建设的先锋模范，体验过东北黑土地上一望无际的规模农业，也走进过西北黄土高坡的窑洞里与满山遍野的苹果地。尤其是近几年，因为新冠肺炎疫情不能外出，让我能够腾出些许时间，在生活已有10年的镇江走遍了它的各个乡镇。俗话说，百闻不如一见，仅仅靠着书本上的知识去体验乡村，无论如何也无法感知其全貌。祖国的东南西北中，条件各不同，如果只用一把尺子去丈量，就很难做到差异化发展。这五年来，听过太多关于农村发展的争论，比如"合村并居"，比如"增减挂钩"，比如"农民工进城落户"，比如"城乡要素互通"。毫无疑问，这些问题都是大问题，都关乎中国农村的发展，但是，却很难有唯一答案。山东的"合村并居"惹争议，它一定不正确吗？在江苏一些工业化程度极高的乡镇，农村基本没有人种地，一个5万人的乡镇却有260多个自然村，这样的乡镇"合村并居"自然是趋势；"增减挂钩"给一些极度贫困的乡村换得一笔可观的资金，它就一定要推广吗？同样是江苏那些工业化程度极高的乡镇，20世纪留下来的乡镇企业起家的农村非农产业，就因为没有用地指标而无法实现转型升级；"农民工进城落户"还给了农民进城的公平权利，就一定能够解决农村人口市民化问题吗？你去问问返乡的农民工，现在进不了城是因为落不了户还是因为没钱买房？即便城市零门槛，又有多少城乡"两栖"农民的命运能够因此改变；"城乡要素互通"看似符合市场原则，允许城里人下乡买房，似乎是对允许农民进城买房权利的对等匹配，但在社会保障和公共服务尚未实现城乡一体的前提下，如果农民的要素被城市资本收割，他们的后路又在哪里。我走得越多，对农村的担忧就越多。如果按照丛林法则，我们必定很难守得住乡村，如果乡村守不住，3亿的农民工将何去何从？依然在乡土中的5亿农民又将面临怎样的命运？

"看得见山，望得见水，记得住乡愁"其实不仅仅是一种乡村浪漫，也不仅仅是一种乡土情怀，这是我们未来生活的一种希望！在中国哲学里，平衡是最基本的观念，是世界观也是方法论，就如《易经》提出的"一阴一阳之谓道"，这是中国哲学中辩证法思想最光辉的命题，它昭示着万事万物只有通过阴阳依存与制约，才能实现对立统一。在城乡关系中，如果把城市当作"阳"，把乡村当作"阴"，那么，长期的"城市偏向"使乡村发展滞后，一旦城市发展环境改变，乡村的"阴虚"就会导致经济发展难以为继。换句话说，经济发展如果受到城市不景气的拖累，大多数时候都需要乡村来弥补才能重整雄风。比如1998年亚洲金融危机之后的"农村基础设施大会战""西部大开发""农村电网改造"，就曾成功地让中国经济软着陆；2008年的金融海啸之后长达5年的"家电下乡",也让遭受国际市场低迷重创的城市制造业重新走出低谷;近年来的中美贸易冲突和新冠肺炎疫情肆虐,让中国经济再次受到考验,以"国内大循环为主体,国内国际双循环相互促进的新发展格局"必然启动"乡村振兴"的新战略,实施"乡村建设行动"。没有乡村的发展,平衡也就失去了基础。所以,守住了乡村,就等于守住了中国的未来,正如习近平总书记所说,农业强不强、农村美不美、农民富不富,决定着亿万农民的获得感和幸福感,决定着我国全面小康社会的成色和社会主义现代化的质量。

"三农庄园"团队从党的十九大报告中看到了希望,"乡村振兴战略"沁入心扉。我知道,研究"三农"问题遇上了好时候,自己多年的所思所想、提出的一些主张有机会慢慢变成现实,这是一件十分开心的事情。也正因如此,我告诫团队的每一位成员,必须加倍努力,脚踏实地,继续纵横阡陌,问道三农,做一个乡村的守望者!2018年,团队成员申报的国家社会科学基金项目"乡村创业视角下的归巢农民工双重生存困境突破路径研究"得以立项,而我手头主持的国家自然科学基金项目"农民创业、村庄公共品供给与村庄凋敝治理:机理与实证"也顺利结题。2019年,我和另一位团队成员一起,又申报了两项国家社会科学基金项目——"城乡要素共生视角的乡村产业融合发展机制与路径研究"和"乡村价值嵌入的农村特色产业培育机制研究"。幸运的是,这两个项目都顺利获得立项,于是团队成员更有热情与责任深入农村调研,获得农村一线的真实感知,了解农村发展的真实状况。这些年,我们发表过一些论文,作为民建会员和政协委员的我,也有机会将自己的想法与观点,诸如"鼓励乡村创业,发展农村产业""乡村振兴须以农民为主体、以农业为基础、以创业为手段,衍生新业态新产业""需以乡村产业为接口,以农民为主体,以乡村创业为手段,实现稳定脱贫和乡村振兴有机衔接"等,变成参政议政的建议,受到了地方政府的重视。比如,关于"引导城市工商资本下乡,推动乡村产业融合发展"的观点被民建江苏省委采用;关于"稳定脱贫与乡村振兴有机衔接中应矫正三个认知偏差"的观点,被民建中央和江苏省政协采用,我个人也获得了民建江苏省委"参政议政工作先进个人"和纪念中国民主建国会成立75周年"江苏省优秀会员"光荣称号。

值得庆幸的是,尽管三年疫情影响了"三农庄园"团队师生走向全国的乡村调研，但却因为在镇江本地的农村调研让我们与全国脱贫攻坚楷模赵亚夫老师相识，并得到他的亲切关怀和指导。赵亚夫老师退休后深入茅山革命老区带领戴庄村农民成立有机农业专业合作社，实现以农富农，小农共富的事迹深深激励着我们团队的师生。这些年，赵亚夫老师指导下的戴庄村、丁庄村、杏虎村等，成了我们经常调研的地方，因此有机会分享赵亚夫老师关于乡村振兴的心得，也在赵亚夫老师指导下对他所致力的生物多样性农业有了更多的了解和认知。本书的顺利出版，我要感谢赵亚夫老师亲自为本书作序，这是对我的鼓励与支持，将激励我不忘初心，坚持把论文写在大地上；我要感谢"三农庄园"团队的同学和老师，是他们一直陪伴我走入乡村，了解农民，才有我对乡村振兴的这些感知和心得；我要感谢经济管理出版社的曹靖老师，是他的热心鼓励才使我有勇气将近年来的心得整理成书交付出版，他的辛勤付出，才让本书有机会出版并精美地展现在各位读者面前。

我还要感谢我的家人，长期的乡村调研需要经常离家远游，料理家务的重担完全交付给了妻子程李梅副教授，这才让我有充足的时间体验乡村；儿子庄子悦这几年带给我许多欣喜，2017年考上大学，四年后以优异成绩完成本科学业，并成功进入世界名校爱丁堡大学深造，取得"卓越"等级的硕士学位，现在又考取了国内名校的博士研究生，继续在经济学领域探索，让我感到事业后继有人。对我来说，守望乡村，就是守望自己的梦想，这不仅是情怀，也是责任。2022年，我受中央组织部、团中央博士服务团委派到海南省海口市乡村振兴局挂职，有机会在乡村振兴工作一线感受乡村的发展及面临的问题。恰好在这一年，党的二十大胜利召开，乡村振兴奏响了中国式农业农村现代化的主旋律，我要更加努力地守望乡村，展望共同富裕的未来……

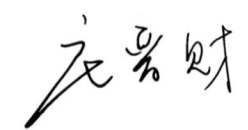

2022年12月18日于海口市